KB262239

한국어 학습사전의 내용 구조

한국어 학습사전의 내용 구조

한국어 학습사전의 내용 구조

정연숙

도서출판 역락

머리말

　외국어로서의 한국어 학습사전은 같은 한국어를 대상으로 하는 일반 사전과는 그 목적이나 기능에서 본질적으로 다르다. 하지만 이런 다름을 인식하고 있음에도 불구하고 한국어 학습자의 수준이나 요구에 대한 이해 및 분석을 바탕으로 한 사용자 중심의 한국어 학습사전에 대한 검토가 충분하지 않은 실정에 있다. 그리하여 필자는 사용자 중심의 한국어 학습사전 모형을 제시하기 위해 먼저, 외국인 학습자가 한국어 학습사전에서 찾고자 하는 단어의 '의미' 특성과 의미 습득 과정에 대해 논의하였다. 그 다음은, 외국인 학습자를 대상으로 하여 외국인 학습자의 학습사전 사용에서의 요구를 설문조사하여 그 결과를 분석하고, 사용자 요구에 따른 한국어 학습사전의 요건을 제시하였다. 또한 한국어 학습사전에서의 의미 정보와 그 기술 방식에 대해 논의함으로써 학습사전에서의 '의미 정보'의 정보화 방법을 의미관계와 사전 내용의 미시구조 내 항목 간의 관계를 통해 살펴봄으로써 학습사전의 내용 구조 모형을 만들기 위한 기초를 마련하고자 하였다.

　이를 기초로 필자는 이 연구에서 사전 사용자의 요구에 따라 외국인 학습자에게 한국어 어휘 의미를 쉽게 이해시킬 수 있고 다양한 의미 정보 제공을 통한 정확한 의미 전달을 할 수 있는 한국어 학습사전의 내용 구조 모형을 제안하였다.

　이러한 생각들을 필자는 2008년 박사학위 논문『한국어 학습사전 모형 연구』에서도 다룬 바 있다. 이 글은 이 논문을 깁고 고친 것이다.

　필자는 이제 막 사전학 연구의 첫발을 내딛는 부끄러움과 설렘으로 이 글을 쓰기 시작하였다. 언어학자의 길을 걸어가야겠다는 생각으로 지내온 지난 시간 동안 필자가 감사해야 할 분들이 참으로 많다.

대학 학부 시절 국어학 대학생 논문 발표 대회를 나가겠다며 연구실 문을 두드렸던, 수줍음 많고 숫기 없었던 필자에게 '그래, 한번 해 보렴.' 하고 흔쾌히 허락해 주시며 도와주셨던 강우원 선생님과 김언주 선생님. 그리고 대학원 시절 학자의 길이 어떤 것이어야 한다며 늘 우리에게 당근과 채찍을 아끼지 않으셨던 김봉모 선생님과 김일웅 선생님. 선생님들의 도움이 없었더라면 학문의 길을 걷지 못했을 것이다.

그리고 지금 이 자리에 있기까지 아낌없이 지원해 주시는, 필자의 학문의 인도자이시며 인생의 든든한 후원자이신 지도교수 박선자 선생님께는 그 감사의 마음을 이루 다 표현할 수 없다. 그리고 사전 연구에 대한 생각들을 논문으로 엮기까지 도움을 주셨던 하치근 선생님, 최규수 선생님, 남길임 선생님, 권경근 선생님께 깊은 감사를 드린다. 먼 훗날 필자가 언어학자로서 학자의 길을 당당히 걷고 있는 모습을 보여 주는 것이 선생님들께 드리는 감사의 화답이 아닐까 조심스레 생각한다.

부족한 생각들을 꾸리는 데 도움을 준 선배 김문기 선생님과 설문조사를 도와주었던 후배 김련옥 선생을 비롯한 여러 선후배님께도 이 고마운 마음을 전한다.

끝으로 흔쾌히 출판을 허락해 주신 도서출판 역락 이대현 사장님과 편집을 꼼꼼히 해 주신 추다영님께도 감사를 드린다.

자식의 바람을 저버리지 않고 지금도 병마와 싸우고 계시는 내 아버지와, 우리들 뒷바라지에 이제 손금조차 보이질 않는 내 어머니께 이 책을 바친다.

2009년 12월

정 연 숙

차 례

제1장
학습자 요구에 따른 한국어 학습사전

1. 학습사전에서 다루어지는 정보

언어사전은 한 언어를 구성하는 언어 정보에 대한 접근을 용이하게 하기 위한 참고 자료(Reference work)로서,[1] 표제어(Headword)와 그것의 의미 정보, 형태·통어 정보로 이루어진 표제항(Entry)으로 구성된다. 한국어 학습사전이 외국인 학습자에게 유용한 참고 자료와 학습 도구로서 그 역할을 다하기 위해서는 사전 사용자와 사전 사용 목적에 부합하는 기능을 갖추어야 한다.

외국어 학습사전의 본질적인 기능은 학습자가 모르는 단어의 '의미'를 쉽게 이해할 수 있도록 정보를 제공하는 것이다. 이의 근거로 보 세븐슨(Bo Sevensén, 1993 : 14)은 '사전 유형에 따른 정보 항목의 중요도'에 대한 분석에

---

1) 하트만(Hartmann, 2001 : 14)에서는 사전을, 여러 매체의 기반 위에서 가치 있는 정보를 포함하며, 정보에 대한 접근을 용이하게 하기 위한 장치를 가진 참고 자료(Reference work)의 한 종류로 본다.

서, '모어가 아닌 단일어 사전'(Monolingual dictionary not in the native language)에서 사전 사용자는 '의미(Meaning) > 문법(Grammar) > 유의어(Synonyms) > 철자(Spelling) > 발음(Pronunciation) > 언어변형(Language variety) > 어원(Etymology)'의 순으로 정보 항목의 중요도를 인식한다고 했다.

그렇다면 한국어 학습사전의 편찬에 있어서도 학습자가 알고 싶어 하는 단어의 '의미'를 얼마나 잘 이해시키느냐가 학습자에게 효용적인 사전인지 아닌지를 가늠하는 관건이 된다.

이에 따라, 이 글에서는 외국인 학습자가 한국어 학습사전에서 무엇을 요구하는지 학습사전 사용자를 대상으로 설문 조사를 실시하여 그 결과를 분석하고, 이를 바탕으로 외국인 학습자가 한국어 학습사전에서 찾고자 하는 '의미' 정보의 특성과 사전에서 그러한 의미 정보를 적절히 구현하는 방식에 대해 살펴보아, 사용자의 요구에 가장 걸맞은 학습사전의 내용 구조 모형을 구축하는 것을 보람으로 삼고자 한다.

특히 한 단어의 '의미'란 사전에서 정의(Definition), 즉 뜻풀이로 나타나기도 하지만 기타 표제항의 미시구조를 구성하는 용례, 관련된 말, 참고 정보, 삽화 등을 통해 구현되기도 한다는 전제하에, 이 연구에서는 사전 미시구조 정보 항목 전반에 나타난 어휘 의미 정보를 아우르는 한국어 학습사전의 의미 기술 모형을 제시하고자 한다. 그리고 이를 토대로 한국어 학습사전의 내용 구조 모형을 제안하고자 하는 것이 이 글의 목적이다.

한국어 학습사전의 모형 제시에 앞서 다루어야 할 문제는 첫째, 기존의 연구나 사전학에서 다루는 '의미'란 무엇인가 하는 것이다. 한 어휘의 의미란 지시적 의미뿐만 아니라 함축적 의미나 화용적 의미, 문법적 의미 등을 포함한다. 따라서 한국어 학습사전에서 의미 기술 모형을 제시하기 위해서는 선행 연구에서의 의미 유형과 분류 기준 등을 우선적으로 분석할 필요가 있다. 둘째, 외국인을 위한 학습사전에서 의미는 어떤 형태로, 어느 위치에서, 어떠한 방식으로 기술되어야 하는가 하는 것이다. 일반적으로 '의미'는 표제항 내의 뜻풀이 항목에서 제시되는 것이 대부분이지만, 한국어 학습사전의 특성을 고려할 때 화용적 의미나 문법적 의미 등은 뜻풀이 항목 이외의 다른 정보 항목에서도 관련 기술되어야 한다. 끝으로 머릿속에 저장되어 있는 단어의 의미와 외국인 학습자가 한국어 학습사전에서 새 단어를 접하여 습득하기까지의 과정에서의 '의미'는 어떻게 이해되고 저장되는가 하는 것이다. 이러한 의미 습득 과정을 규명함으로써 외국인 학습자들에게 유용한 의미 기술 모형을 개발할 수 있기 때문이다.

우선, 일반적으로 사전학에서 다루어 온 '의미'에 대해 살피기로 한다. 기존의 연구에서나 사전학에서 다루는 '의미'는 무엇을 뜻하는지 분명하게 드러나지 않는다. 다음의 (1)은 사전학에서 다루는 사전의 '정의'들이다.

(1) 사전학에서 다루는 사전의 '정의'
   가. Landau(1984)
      사전은 단어들 자모순으로 배열하고 그 **의미를 기술하는** 책이다.
   나. CED2(Collins Dictionary of the English Language 2nd edn., 1986)
      ㄱ-1. 단어들의 **의미**와 품사, 그리고 종종 어원과 다른 품사의 파생어들, 불규칙 활용의 단어들, 수용되는 발음과 분철법에 대한 길잡이로 된 알파벳순의 단어들로 구성된 참고 책이다.
      ㄱ-2. 두 개나 그 이상의 언어들에서 대등한 단어들을 싣고 있는 유사 참조 책이다.
      ㄴ. 특별한 주제나 행위에 대한 용어나 단어들을 싣고 있는 참고 책이다. 그리고 그것들의 **의미에 대한 정보**와 다른 속성들을 싣고 있는 참고 책이다.
   다. NODE(New Oxford Dictionary of English, 1998)
      ㄱ. 알파벳 순서에 따라 언어의 단어를 올린 책이고 그것의 **의미를 싣거나** 다른 언어에 대응하는 단어들을 실은 책이다.
      ㄴ. 알파벳 순서에 따라 배열되어진 어떤 주제와 용어들에 대한

참고책이다.

라. NSOED(New Shorter Oxford English Dictionary, 1993)

ㄱ. 보통 알파벳순으로, 단어나 언어들을 알파벳순으로 설명하거나 번역한 책이고, 그것들의 발음, 철자, **의미**, 품사, 그리고 어원 등을 실은 책이다.

ㄴ. 표제항을 알파벳으로 배열한 어떤 주제에 대한 참조거나 정보에 대한 책이다.

(1가)와 (1나ㄴ), (1다ㄱ)의 '의미'와, (1나ㄱ-1)과 (1라ㄱ)의 '의미'는 서로 다른 차원의 용어이다. 전자는 머릿속에 저장되어 있는 '의미'로 추상적인 것인데 반해, 후자는 사전 내용 구조 내에서 생성되는 '의미'로서, 사전의 구성 요소로 정보화한 '의미 정보'에 의해 생성되는 것이다. 이는 구체적이며 실제적인 것이다. 이러한 차이는 학습사전의 내용 구조 모형을 제시하는 데 있어 가장 먼저 풀어야 할 문제이다.

한편, 한 단어의 의미는 사전의 뜻풀이 항목에서 다루어지는 사전적(개념적) 의미만으로 가늠할 수 있는가? 머릿속에 저장되어 있는 의미는 사전의 뜻풀이 항목에서 제시하는 의미의 값(양)과 같다고 할 수 있는가? 이에 대한 물음 역시 학습사전의 내용 구조 모형을 제시하는 데 있어 중요한 실마리가 된다.

(2) **의미 유형**[2]

의미 논의	단어 스스로가 지니는 의미 (중심적 의미)	언어 내적·외적 관계에 따른 의미 (연상적 의미)
Leech (1981)	개념적 의미	내포적 의미, 사회적 의미, 정서적 의미, 반영적 의미, 연어적 의미, 주제적 의미

---

2) 이는 임지룡(1992 : 35~41)에서 리치(Leech)와 나이다(Nida)의 '의미의 유형'을 재인용한 것이다.

의미 논의	단어 스스로가 지니는 의미 (중심적 의미)	언어 내적·외적 관계에 따른 의미 (연상적 의미)
Nida (1975)	인지적·언어외적 요소에 관한 지시적 의미	인지적·언어내적 요소에 관한 문법적 의미, 표현이 지니는 정서적 의미, 언어 내적 요소에 근거를 둔 정서적 의미

여기서 '개념적 의미'와 '지시적 의미'는 한 단어가 갖게 되는 중심적 의미(핵심 의미)로 단어 스스로가 지니는 의미인데 반해, 나머지 의미들은 언어내적, 언어외적인 관계를 통해서 연상되어 얻어지는 관계의 의미이다. 이는 곧 한 단어의 의미는, 단어 자체가 가지는 의미 외에도 다른 단어들과의 의미 관계 속에서 생겨나는 의미도 함께 다루어져야 한다는 것이다.

그러나 사전이나 사전학 연구에서 다루고 있는 '의미'는, 사전의 미시구조 내의 뜻풀이 항목에서 다루고 있는 중심적 의미에만 집중되어 논의되고 있다. 그러나 실제 언어 사용자나 언어 학습자가 인식하거나 습득하는(학습하고자 하는) '의미'는 중심적 의미를 넘어서서 연상적 의미나 담화 상황 등까지를 아우르는 관계 속의 '의미'이다.

(3) '비'의 의미
   ㄱ. 날씨, 강우량, 일기예보 …
   ㄴ. 우산, 먹구름, 비옷, 장화 …
   ㄷ. 빗방울, 소나기, 비구름, 비바람, 빗줄기, 빗발, 빗물 / 장맛비, 이슬비, 보슬비 / 폭풍우 …
   ㄹ. 굵은 비, 세찬 비, 궂은 비, 억 수 같은 비, 단비, 꿀 같은 비 …
   ㅁ. 비가 오다, 비가 쏟아지다, 비가 떨어지다, 비가 흩날리다, 비가 그치다 / 비를 맞다, 비에 젖다 / 비를 피하다 …
   ㅂ. 흠뻑, 후두둑, 주루룩 …

ㅅ. 비 오듯 하다, 비가 오나 눈이 오나, 비 온 뒤 땅 굳어진다. …

우리가 인식하는 '비'의 의미는 '구름을 이루어 높은 곳에서 떠돌던 수증기가 식어서 뭉치어 아래로 떨어지는 물방울'이라는 개념적 의미뿐만 아니라, (3ㄱ∼ㅅ)에서 제시한 단어나 단어 이상의 단위들과의 관계 속에서 얻어지는(인식되는) 의미의 '비'이기도 하다.

한편, 게라에르츠(Geeraerts, 2003)[3])에서도 사전의 뜻풀이는 지시적 의미(Denotational meaning)만을 제시하는 것이 아니라 감정적 의미, 문법적 의미, 화용적 의미와 같은 비지시적 의미도 제공한다고 했다.

그렇다면 한국어 학습사전에서도 단어 자체의 '의미'(개념적 의미)뿐만 아니라 다른 단어들과의 의미적 관계 속에서 생기는 '의미' 또한 한국어 학습사전에 제공할 수 있어야 학습자의 단어 의미 이해와 표현 향상에 도움을 준다는 입장이다. 이 다양한 의미를 학습사전에서 다루기 위해서는 이를 '의미 정보'로 정보화 하여 기술하는 방법에 대한 논의가 필요하다.

먼저 여기서의 **'의미'와 '의미 정보'에 대한 정의로서, '의미'는 머릿속에 저장되어 있는 추상적인 어휘 지식의 덩이인데 반해, '의미 정보'는 이 지식의 덩이를 사전에서 '문맥, 의미 관계, 길잡이말, 삽화 등' 어떤 형태로든지 정보화할 수 있는 실제적이면서 가시적으로 의미를 파악하는 일체의 지식**으로 규정한다. 이는 마치, 우리가 흔히 단어 맞추기 게임인 '스무고개 놀이'에서 하나의 단어를 두고 이 단어와 관련된 것들을 제시하여 결국 그 단어를 알아맞히는 놀이와 비슷한데, 여기서 맞혀야 할 단어가 '의미'이며, 맞히게 하기 위해 제시하는 것들은 '의미 정보'가 되는 것이다.

하트만(Hartmann, 2001 : 58∼62)에서는 '모든 참조 자료(Reference work)는 그

---

3) Geeraerts, Dirk(2003), '2.2. Meaning and definition', In A Practical Guide to Lexicography, Sterkenburg, Piet van (ed.), pp.88∼93 참조

것의 거시구조(Macrostructure)에 있어서든(단어 목록이 알파벳순으로 배열되어 있을 때), 미시구조에 있어서든(표제어의 다양한 의미에 대한 정보가 번호순으로 묶여 있을 때) 목록의 일종'이라고 했다. 여기서 거시구조는 <그림 1>에서와 같이 일련의 표제항(A sequence of entries) 구조를 말하며, 미시구조는 좌핵(형식)정보 내용과 우핵(의미)정보 내용으로 구성된 구조를 말한다.4)

<그림 1> 사전의 구조

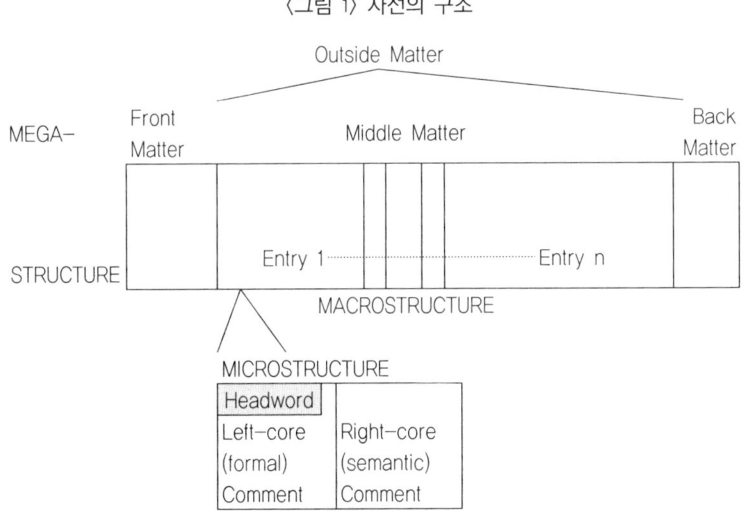

<그림 1>에서와 같이, 표제항(Entry) 내의 미시구조는 여러 정보 항목들로 구성되어 있다. 이 '정보 항목'들은 서로 관련성을 가지면서 상호보완적인 관계 속에서의 존재로, 다양한 의미 정보를 통해서 학습자에게 개별 단어가 가진 총체적인 의미를 제공할 수 있다.

일반적인 언어 사전의 경우 미시구조의 모형을 (4)로 제시한다.5)

---

4) Hartmann(2001 : 58~62)의 <그림 5.1> 'Mega-, macro- and microstructure of dictionaries' 와 <그림 5.2> 'Formal and semantic comment' 참조.
5) 남길임(2007), 「사전텍스트의 화용정보 유형 연구」, 『텍스트언어학』 27집에서 인용함.

(4) 일반적인 언어 사전의 미시구조 모형

> **표제어**(어깨번호)(한자)[발음][활용형] 품사 뜻풀이 용례 관
> 련어 참고 참고상자

위의 미시구조의 모형에 따라 각 항목들에서 제공할 수 있는 다양한
정보들을 <그림 2>로 제시한다.

<그림 2> 미시구조 내의 각 항목에서 제시할 수 있는 정보

미시구조 내의 항목에서의 정보

어깨번호	한자	품사	뜻풀이	용례	관련어	참고	참고상자
◆동음이의 정보	◇단어형성 정보 ◆뜻 정보 ◆동음이의 정보	◆의미부류 정보	◆속성정보 ◆유의정보 ◆대립정보 ◆상하정보 ◆관련정보	◆속성정보 ◆유의정보 ◆대립정보 ◆상하정보 ◆관련정보 □문형정보 □문법정보 ◇단어결합 정보	◆유의정보 ◆대립정보 ◆상하정보 ◆관련정보	□문법정보	◆유의정보 ◆상하정보 ◆화용정보

◆ 의미 정보, ◇ 형태 정보, □ 통사 정보

<그림 2>는, 미시구조 내의 항목에서 제공할 수 있는 정보들 중, '의
미 정보'들은 여러 항목에서 다양하게 제공할 수 있다는 것과, 한 표제항
에서 의미 정보 기술이 다른 정보 기술보다 중요하다는 것을 보여준다.
이로써, 미시구조 내의 '뜻풀이' 항목에서만 다루었던 '의미 정보'에 대한
기존 연구에서 벗어나 다른 여러 항목 간의 관련성 속에서 '의미 정보'를
어떻게 다루어야 하는지에 대한 연구가 필요하다는 것을 알 수 있다.

한편, 부표제어에서도 '연어'나 '관용구', '속담' 등을 통해서 '연어정
보', '관용정보', '주제정보', '화용정보' 등을 학습자에게 제공하고, 삽화
역시 유의정보, 반의정보, 상하정보, 관련정보 등을 제공하므로 해당 표제
어(단어)의 의미에 대한 학습자의 이해에 도움을 줄 수 있다.

한국어 학습사전의 의미 기술에 대한 연구는, 사전의 기능적 측면에 초
점을 두어 미시구조 내의 여러 항목에 제공할 수 있는 '의미 정보'들과, 이
들 관계를 유형화하는 것이다. 이는 곧 학습자에게 단어의 의미를 쉽게 익
히게 할 수 있는 한국어 학습사전의 본질적 기능에 대한 연구이기도 하다.

2. 사용자의 관점과 사전 내용 구성 요소

이 연구는 외국어 교육과 학습을 목적으로 한 외국어 학습자용 사전
(Dictionary for foreign language learners)으로서, 한국어 학습자용 사전(Dictionary
for Korean language learners)을 만들기 위한 연구이며, 성인 학습자용 사전, 외
국인 학습자용 사전, 단일어 학습자용 사전, 이해와 표현을 위한 사전을
만들기 위한 연구이다.[6]

이에 따라, 외국어 및 제2언어로 한국어를 배우는 초·중급 수준의 외

---

6) 하트만(Hartmann, 2001 : 74~79)에서는 교육용 사전의 유형론(A typology of the
pedagogical dictionary)의 측면에서 사전을 '언어 학습자용 사전(Dictionaries for
language learners), 성인 학습자용 또는 학생 학습자용 사전(For adult or younger
learners), 모국어 화자용 또는 외국인 학습자용 사전(For native speakers or foreign
learners), 단일어 또는 다언어 학습자용 사전(Monolingual or interlingual learners'
dictionaries), 이중언어화된 학습자용 사전(Bilingualised learners' dictionaries), LSP 학습
자용 사전(Language for Specific Purpose learners' dictionaries), 백과사전적 학습자용
사전(Encyclopaedic learners' dictionaries), 명칭론적 학습자용 사전(Onomasiological
learners' dictionary), 수용적인 또는 생산적인 학습자용 사전(Learners' dictionaries for
reception or production)' 등으로 나누어 살핀다.

국인 학습자를 대상으로 학습자의 어휘에 대한 이해와 표현 향상을 위한 한국어 단일어 종이 사전을 연구의 대상으로 한다.

한국어 학습사전 사용의 궁극적 목적은 한국어에 대한 이해와 표현 향상에 있다. 그러나 이 연구는 외국인 학습자에게 한국어 학습사전에서의 어휘 정보 제공 방식에 초점을 둔 것이므로, '이해와 표현'의 관점에서 '이해'의 관점에 더 중점을 둔 논의이다.

기존 사전 연구(Dictionary research)[7]에서 다루는 내용은 하트만(Hartmann, 2001 : 5~6)에 따르면 (5)와 같다.

(5) 사전 연구(Dictionary research)에서 다루는 내용
  ㄱ. 과정으로서 사전학 지배원리(Metalexicography) : 참고 자료의 종류, 편찬 목적, 편찬 방법, 사전 편찬의 참여자(편찬자, 사용자, 교사, 연구자)들 간의 상호 작용
  ㄴ. 사전적 전통의 역사적 발달(사전 역사) : 과거 사전 제작자의 여건, 나라·문화·언어권에 따른 특정 사전의 역사
  ㄷ. 사전에 대한 평가(사전 비평) : 참고 자료를 평가하는 기준, 참고 자료에 대해 사람들이 가지고 있는 이미지
  ㄹ. **사전의 구성 요소에 대한 기술(사전 구조)** : 사전에 포함된 정보에 접근할 수 있게 해 주는, 사전의 설계상의 특징
  ㅁ. 사전 분류(사전 유형론) : 참고 자료의 종류 분류, 사전, 시소러스, 백과사전 등의 다양한 장의 분류
  ㅂ. **사용자의 관점(사전 사용)** : 사전의 참고 자료(Reference works)를 찾아보는 사람의 참고 욕구, 참고 기술(Reference skills), 이것을 결정하고 가르칠 수 있는 방법

여기에서 다루고자 하는 한국어 학습사전은 사전 사용자가 한국어 모

---

7) 하트만(Hartmann, 2001 : 4)에서는, 사전학(Lexicography)을 실제적인 분야(사전 제작, Dictionary making)와 이론적인 분야(사전 연구, Dictionary research)로 나눈다.

어 화자(Native speaker)가 아닌 외국인 학습자이므로, 먼저, (5ㅂ)의 사용자의 관점에서 학습자가 한국어 학습사전에 어떻게 접근하고 있으며 무엇을 요구하는지 등에 대해 논의한다. 또한, 하습사전에서의 '의미' 정보를 담당하고 있는 사전 구조 내의 각 정보 항목들 즉, 뜻풀이 항목뿐만 아니라 부표제어, 삽화, 관련된 말 등 미시구조 내의 각 항목들이 제공하는 의미 정보를 살펴보고 이들의 관련성을 분석하기로 한다. 이는 위 (5ㄹ) 항목과 관련된다. 결국 이 연구는 '사용자 관점에서의 사전 사용에 대한 연구'와 '사전 구성 요소에 대한 기술 문제에 대한 연구'로 압축된다.

하트만(Hartmann, 1983 : 4~5)[8]에서 사전 사용자 연구를 할 수 있도록 돕는 5가지 일반 공리(General postulates)를 제안했다. 그 내용은 (6)과 같다.

(6) 하트만(Hartmann, 1983)의 사전 연구의 5가지 일반 공리
　　ㄱ. 사전학은 언어 또는 언어 종류의 어휘를 설명하고 기술하는 것과 관계된다.
　　ㄴ. 사전 편찬의 기본 단위는 '어휘소(lexeme)' 단위이다.
　　ㄷ. 사전은 어휘 전체를 기술하거나, 하나 또는 그 이상의 양상에 집중할 것이다.
　　ㄹ. 사전 제작은 정보를 표현하고 처리하기 위해 '메타언어(상위언어)'를 개발해야 한다.
　　ㅁ. 궁극적으로 모든 사전은 사용자의 어휘 요구에 의해 동기화 되고 평가된다.

위 (6ㄱ, ㄴ)의 원리는 사전학의 대상 문제와 관련된다. 즉, 의미, 소리, 철자와 함께 단어, 구, 텍스트, 담화에 대한 언어 기술을 다루는 것이다. 이들 원리 역시 예상 사용자가 누구인가에 따라 이들 대상의 형태나 범위 등이 결정된다. 한편, (6ㄷ)의 원리는 사전 유형과 관계된 것으로, 사전의

---

8) 하트만(Hartmann, 1983), 『Lexicography : Principle and Practice』, London : Academic Press.

유형은 예상 사용자에 대한 논의에서 출발하는 것이므로 이 원리도 사용자와의 관련성을 찾아볼 수 있다. (6ㄹ)의 원리에서도 '메타언어(상위 언어)'를 개발하는 것은 예상 사용자가 그것을 어떻게 수용하느냐의 문제에 접근해야만 그 해답을 찾을 수 있다. 따라서 (6ㄱ~ㄹ)의 원리는 사전 편찬 과정에 대한 원리이며, (6ㅁ)의 원리는 사전 편찬의 목적과 그 결과에 대한 원리로, 사전 편찬의 시작과 끝에 있어서 사용자의 역할이 고려되어야 함이 틀림없다.

토노(Tono, 2001)에서도 사전 표제어 선정의 기준은 예상 사용자의 참조 요구와 참조 기술(skill), 그리고 사용자에 대한 실험적 자료의 인식에 기초해야 한다고 했다.

요약하면, 본 연구의 연구 대상과 방법은 사전 사용 연구와 사전 구성 요소 연구이다. 사전 사용에 대한 연구를 위한 주요 방법으로는 사전 사용자 요구 조사를 실시하고 이를 분석할 것이다. 요구 조사는 학습자의 설문조사를 통해 이루어지는데, 이를 위해 설문 항목은 경험적 혹은 실제적 상황에서 사전 사용자의 사전 사용 목적, 사전 사용 상황, 사전 정보 유형 등에 대한 정보를 묻는 내용으로 구성되었다. 이러한 설문조사와 그 결과를 분석함으로써 학습자 요구에 의한 한국어 학습사전의 특성이 밝혀질 것이다.

또한, 학습자 요구에 부합하는 사전 모형을 개발하기 위해 이 연구는 사전 내용 구성 요소를 주요 연구 대상으로 한다. 특히, 사전의 '의미 정보'의 제공과 전달에 초점을 두어, 학습자가 사전을 통해 '의미'를 이해하기 위해 필요한 사전 내용 구조의 구성 및 정보 항목의 기술 방안에 대해 살펴볼 것이다. 이를 위해서는 자연언어가 가진 의미의 다양함과 어휘의 의미 관계 등이 깊이 고려되어야 하며 이들이 사전 구조와 관련하여 긴밀하게 분석되어야 한다.

궁극적으로 본 연구는 한국어 학습사전에서의 '의미'의 본질과 한국어 학습사전의 의미 기술 모형을 제시하는데, 여기서 '의미 기술 모형'은 한국어 학습사전의 미시구조 내에서 뜻풀이 항목을 중심으로 하여, 각 항목들의 관련성 속에서 의미 정보를 어떻게 제공할 것인지 그 틀을 품사에 따라 만드는 것이다.

3. 국내외 사전학 연구

이 연구는 사전학(Lexicography) 연구로, 사용자의 관점(사전 사용)에서 사전의 구성 요소에 대한 기술(사전 구조)을 중심으로 한 연구이다.

이상의 논의 내용을 중심으로 해서 국내외 사전학 연구를, 1) 사전학 연구 분야, 2) 사용자에 대한 연구 분야, 3) 학습사전에 대한 연구 분야, 4) 의미론에서의 의미 기술의 분야, 5) 사전에서의 의미 기술에 관한 연구 분야로 나누어 고찰하기로 하겠다.

첫째, **사전학 연구**는 이론(Theory)과 실제(Practice)의 측면, 즉 사전 제작(Dictionary making)과 사전 연구(Dictionary research)의 두 측면에서 '사전학'을 다룬다.

시드니 I. 랜도우(Sidney I. Landau, 1984)[9]의 경우는 사전 제작이라는 실제적인 측면에서, 영미의 사전 편집을 중심으로 사전 편집의 실제에 초점을 맞추어, 사전의 정의와 영어 사전 편집 약사, 사전과 다른 언어 관련 사전류의 주요 요소와 정의, 어법, 사전 제작, 컴퓨터 이용과 사전 제작의 장래, 주변 이야기 등을 다룬다. 이에 반해 세븐슨(Sevensén, 1993 : 1)의 경우에는 이론적·학문적 측면에 초점을 맞추어 사전학 전반을 다루고 있다.

---

9) Sidney I. Landau(1984), 『Dictionaries : The Art and Craft of Lexicography』, New York : Charles Scribners Sons.

한편, 하트만(Hartmann, 1998 : 85, 2001 : 4)은 이론과 실제의 두 측면을 아울러 논의하고 있다. 특히 사전학의 기본서라고 할 수 있는 하트만(Hartmann, 1998)은, 사전학의 사전으로서, 사전학에서 다루어지는 용어에 대해 해설을 해 놓은 용어집에 해당하는 사전이다. 아직까지 사전학의 용어가 정착되어 있지 않은 국내 사전학 연구의 실정을 고려할 때 사전학 연구의 기술에 있어 하나의 지침서가 되고 있다. 이후 하트만(Hartmann, 2001)에서는 사전(Dictionary)과 사전학(Lexicography)의 개념에 대한 근본적인 질문을 던지며, 그 해답을 찾아가면서 사전학 전반에 대해, 기존의 다른 연구자의 연구에 대한 검토를 통해 그의 논의를 펼쳐 가고 있다.

국내의 사전학 연구는, 국어사전의 역사에 대한 연구와 사전 편찬에 대한 연구로 나눌 수 있다. 먼저, 조재수(1984)에서는 국어사전의 역사에 대해 간략히 논의하고, 실제 사전 편찬에서의 문제점들을 사전의 구성 요소를 중심으로 해서 기존의 사전들을 서로 비교하며 고찰하고 있다. 이병근(2000)[10]에서도 사전 편찬의 역사와 사전 편찬의 방향으로, 개화기부터의 근대 국어 사전의 역사와 북한의 국어사전의 역사를 다루고 있다. 그뿐만 아니라 조사나 용언의 어휘·문법적 특징에 관한 사전학적 연구와 사전에서 다루어지는 파생어와 음운에 대한 논의 또한 다루고 있고, 사전의 정의의 유형과 원칙에 대한 연구와 함께 사전 편찬의 방향을 제시하고 있다. 이에 반해 박형익(2004)[11]은 한국 사전의 역사에 대해 집중적으로 다루고 있는 연구이다. 사전과 언어학, 한국어 사전의 표제어 배열순서에 대한 논의와 사전의 역사를 전반적으로 살펴보았고, 국어사전에서의 접두사와 접미사, 전문용어에 대한 논의가 있었다.

둘째, '한국어 학습사전'의 사용자가 외국인 학습자이므로, **'사용자 연구'에 대한 기존 논의**를 고찰해 보고자 한다. 아직 국내에서는 사용

---

10) 이병근(2000), 『한국어 사전의 역사와 방향』, 태학사.
11) 박형익(2004), 『한국의 사전과 사전학』, 월인.

자 연구가 국부적인 연구12)에 그치고 있는 실정이나 국외의 경우, 특히 Tono(2001)의 경우에는 어떻게 사용자의 시각이 사전 연구자와 사전 편찬자들에게 영향을 미치게 되는지에 초점을 두고서 사전 연구의 역사에 대해 논의한다. 이 연구는 '사전 사용'에 대한 연구로서 언어 학습에서의 사전 사용과 사전 사용자의 요구와 기술(記述), 사전 사용 기술(skill) 등에 대해 논의하고 있다. 사전 사용에 대한 다각적인 연구가 이루어진 대표적인 사용자 중심의 연구이다.

셋째, 이 연구는 '한국어 학습사전'에 대한 연구로, **학습사전에 대한 앞선 연구**를 검토해 본다. 먼저, 사용 언어의 측면에서는 반이중언어(Semi-Bilingual Dictionary)을 제안하는 연구13)도 있지만 대부분이 단일어(Monolingual) 사전을 대상으로 한 연구가 많다.

사전 종류에 따른 연구는 통합사전과 특정 분류사전으로 나누어 볼 때, 특정 분류사전에 대한 연구로는 신현숙(1998)의 의미사전, 배희임·강영(2001)의 문법사전, 임승연(2002)의 다의어 사전에 대한 연구, 남길임(2007)의 용법사전에 대한 연구 등이 있다. 한편, 한국어 학습용 사전류로는, 이희자·이종희(2001)의 『한국어 학습용 어미·조사 사전』, 신현숙 외(2000)의 『의미로 분류한 현대 한국어 학습사전』, 국립국어원의 『외국인을 위한 한국어 학습사전』 등이 있다.

사전 편찬 방식에 따른 연구는 종이 사전과 전자 사전으로 나누는데, 대부분의 연구가 종이 사전에 대한 연구를 중심으로 이루어져 왔으나, 최근 전산학, 통계학 등의 학제적 연구의 흐름 속에서 '전자 사전'(온라인상에서의 연구)에 대한 연구도 점차 확산되고 있다.

---

12) 남길임(2005)과 정상근(2001a, b)의 연구가 사전 사용에 대한 연구라고 볼 수 있다.
13) 강현화(2001), 「두말 사전 편찬(Bilingual Dictionaries)—한국어 학습용 이중어사전 역할에 대한 논의—반이중언어사전 구축의 필요성에 대해」, 제2차 아시아 사전학회 국제 학술대회, 1-7, 연세대학교 언어정보연구원.

한편, 연구 방법에 있어서는 대부분이 문헌 조사나 설문 조사에 기댄다. 한상미(2002)는 사례연구(Case study)의 방법으로, 중급 학습자 11명을 대상으로 인터넷 사전과 인터넷 자료 검색을 통한 어휘 학습이 말하기와 쓰기에서 어휘 사용에 미치는 영향을 조사한다.

사전의 구조[14]에 따른 연구에서, 배주채(2001)[15]는 사전의 유형에서 그 외형과 규모, 그리고 사용 언어에 대한 논의와 언어관에 대해 논의하였다. 그리고 이정화(2001)[16]에서는 이미 출간된 사전들은 대체로 학습자 사전의 필요성에 공감한 개인적인 사전 작업으로 그 한계가 있음을 지적하고 이미 발간된 학습자 사전과 교재 분석을 바탕으로 한국어 학습자 사전이 갖추어야 할 요건들을 제시하고 사전 편찬의 효율적인 방법론 등을 검토하고 있다.

사전 구조의 측면에서는, 거시구조 연구보다는 미시구조 연구가 더 활발하게 이루어지고 있다. 전자의 경우, 강현화(2000)[17]에서는 '1) 기초 자료의 제공, 2) 표제어 선정에 근거 마련, 3) 말뭉치 분석을 통한 문법적인 정보 제시, 4) 말뭉치 분석을 통한 화용적인 정보 제시, 5) 학습자의 오류 말뭉치를 바탕으로 한 오류 분석을 통한 학습자의 오류 해소 가능, 6) 전자 사전의 꼴로 만들기에 유리'라는 이점을 내세우며 균형 말뭉치의 구축과 이의 올바른 해석이 바탕이 된 한국어 사전의 기술이 외국인의 한국어

---

14) 거시구조 연구는 사전의 사용 대상이나 표제어 수와 그 선정 및 배열 방법, 그리고 말뭉치 등을 다루는 연구이며, 미시구조 연구는 표제어의 정보들을 어떻게 제시할 것인가에 대한 연구, 즉 발음, 활용, 용법, 화용, 관련어, 길잡이말, 참고 정보, 참고 상자, 삽화, 부록 등의 부분에 대한 것들을 다루는 연구이다.

15) 배주채(2001), 「외국인을 위한 한국어사전의 방향」, 『성심어문논집』 제23집, 성심어문학회, 39~67면.

16) 이정화(2001), 「한국어 학습자 사전 개발을 위한 몇 가지 검토―한국어 교재와 기존 사전 검토를 중심으로」, 『이화어문논집』 제19집, 이화어문학회, 275~293면.

17) 강현화(2000), 「외국인을 위한 한국어사전과 말뭉치」, 『이중언어학』 16권 1호, 이중언어학회, 99~117면.

학습에 도움이 된다고 했다. 그리고 한영균(2001)[18]에서는 한국어 학습자 사전(Learner's Dictionary of Modern Korean)의 개발에 필요한 기초 자료의 수집·정리와 관련하여, 말뭉치의 계량적 분석을 통해 얻어낼 수 있는 어휘 관련 정보로는 형태 빈도, 갈래뜻 빈도, 의미장 빈도(의미장과 단어군), 단어족 빈도 정보를 얻을 수 있음을 논의하고 있다. 이러한 빈도의 정보는 한국어 학습자 사전의 구조에서 표제항 구성 방식을 결정하거나 표현을 위한 학습자 사전으로서의 효율성을 높이는 데에도 기여할 것이라 하였다.

후자의 경우, 남길임(2006)[19]은 외국인을 위한 한국어 단일어 학습사전에서의 기본 어휘 기술 방법론을 한국어의 '시간 명사'를 중심으로, 학습자 사전은 문장의 생성에 필요한 연어, 관용 표현, 고빈도 자유 표현 등을 풍부하게 기술할 필요가 있음을 주장하며 '참고상자(Usage note)'의 활용을 제안하고 오류 말뭉치와 한국어 교재 말뭉치 분석을 통한 사전 기술 방법론을 제시하였다. 이를 위해 말뭉치를 활용하여 용법 정보를 기술하는데, 이때 말뭉치는 바로 오류 말뭉치(Error corpus)를 활용할 것을 제안하였다. 박수연(2003)[20]에서는 『연세 초등사전』의 문제점과 낱말의 연산 실험을 바탕으로 '한국어 학습사전'에서 동형어 구분을 위한 길잡이말 원칙[21]을

---

18) 한영균(2001), 「한국어 학습자 사전 개발을 위한 어휘 계량적 접근」, 『울산어문논집』 제15집, 울산대학교 인문대학 국어국문학부, 65~94면.
19) 남길임(2006), 「『외국인을 위한 한국어 학습사전』에서의 어휘 기술 방법론 연구—시간 표현을 중심으로」, 『한글』 271, 한글학회, 133~160면.
20) 박수연(2003), 「외국인을 위한 '한국어 학습사전'에서 동음이의어의 구별에 관한 연구—길잡이말을 중심으로」, 『외국어로서의 한국어 교육』 28, 연세대학교 언어연구교육원 한국어학당, 71~110면.
21) 길잡이말은 1) 쉬워야 하고, 2) 표준어로 제시하고, 3) 외국인 학습자의 어휘 부담감을 덜어주기 위해 어휘 통제가 이루어져야 하고, 4) 동일한 유형의 어휘들에는 통일성 있는 길잡이말이 제시되어야 하고, 5) 형태적인 면에서 볼 때, 길잡이말은 표제어의 범주에 따라 그 특성을 달리해야 하고, 6) 같은 기능을 하는 단어가 동형어를 이룰 경우, 용례를 들어 각각을 구분해야 하고, 7) 문화 어휘가 동형어의 일원이면 사진이나 그림을 적극 활용해야 하고, 8) 한국어 학습사전에서 외래어의 길잡이말은 주의해야 하고, 9) 품사통용어의 경우 문법적 차이가 분명한 경우는 각각을 표제어

제안하였다. 한편, 뜻풀이에 대한 연구로서는 배도용(2007)[22]에서는 올림말의 뜻풀이 기술 방식을 생성 의미론에 근거한 특질 구조 모형으로 기술하는 것이 효율적이라 보고, 올림말의 뜻풀이 방식에서 뜻풀이와 부가 뜻풀이가 '형상역—구성역—기능역—작인역'[23]의 배열 순서로 이루어진다고 했다.

국외의 연구에서는 외국인 학습자를 위한 사전에 대한 연구가 일찍부터 있어 왔다. 특히 외국인을 위한 영어 사전에 대한 연구들이 대부분을 이루고 있는데, Cowie(1999)에서는 외국인 학습자를 위한 영어 사전에 대해 역사적인 관점에서 외국인 학습자 사전의 기원과 학습자 사전과 어법, 컴퓨터의 역할과, 사용자 등을 논의하였다. 헐브스트 & 포프(Herbst & Popp, 1999)에서는 『The Perfect Learners' Dictionary(?)』의 제목 아래 학습자 사전에 대한 여러 논문들을 모아 둔 것이다. 학습사전과 관련된 여러 논문들이 실려 있다.

넷째, 이 연구는 한국어 학습사전의 의미 기술 모형을 제시하고자 하므로, 의미에 대한 앞선 연구의 검토가 필요하다. **의미론에서의 의미 기술에 대한 앞선 연구**는 '의미는 무엇인가'에 대한 물음에서 시작하여 이전부터 어휘의 의미에 대해 논의가 계속되어 왔다. 여기서는 특히 한국어 학습사전에서의 '의미'의 기술에 중점을 두므로, 어휘의 의미 파악에 그치는 논의가 아니라 파악된 의미를 학습사전에 어떠한 형식과 내용으로 형식화시킬 것인가에 초점을 두고 있다.

따라서 어휘의 의미를 파악하는 데에 어휘 자체의 내부 의미를 파악하

로 삼아 의미나 활용형을 길잡이말로 사용하고, 의미가 동일하고 품사만 바뀌는 경우는 동형어로 다루지 않는 것이 바람직하다고 보고 있다.

22) 배도용(2007), 「한국어 학습자를 위한 올림말의 뜻풀이 모형」, 『언어과학』 제14권 2호, 한국언어과학회.

23) 형상역 : 더 넓은 영역 내에서 대상을 구별하는 것
구성역 : 어떤 대상과 그것의 구성소 또는 고유한 부분들 사이의 관련
기능역 : 대상의 목적과 기능
작인역 : 대상의 기원이나 그것을 초래하는 데에 관련된 요소들

는 것뿐만 아니라 다른 어휘와의 의미적 관계에 대한 파악도 필요하다는 입장에서, '의미 체계와 의미 구조', '의미 구조의 구성'에 대해 살핀 최경봉(1998)[24]의 연구를 살펴본다. 이 연구는 '국어 명사의 의미'에 대한 연구로서 명사의 의미를 파악하는 데 있어, 다른 어휘와의 의미적 관계에서 생산되는 외적 의미 체계 외에 명사 자체의 내부 의미, 즉 명사의 속성 정보를 명사의 의미에 포함시키고자 한다.

　다섯째, **사전에서의 의미 기술에 대한 연구**는 먼저, 김준수·옥은주·옥철영(2001)[25]에서는 사전의 뜻풀이말에서는 표제어의 의미 기술뿐만 아니라 상위·하위 개념, 부분·전체 개념, 다의어, 동형이의어, 관련어(동의어 / 반의어), 의미 속성 등 많은 정보를 가진 양질의 의미 기술자를 가지고 있다고 본다. 그리고 이를 대상으로 '의미 주석 뜻풀이 코퍼스'를 구축하고 사용된 어휘들을 분석하여 사전 편찬용 개념어휘 및 의미자질을 추출하고자 했다. 이희자(2000)[26]에서는 말뭉치 기반 언어 연구의 필요성에 따라 국어 어휘의미 기술에서 역시 빈도에 의한 어휘·문법 기술의 예와 용례 분석으로 새로운 의미를 찾아내어 기술해야 하며, 실질적인 언어 사용의 양상을 담은 정보의 기술 문제와 관련하여 공기 관계, 곡용과 활용의 제약, 명사의 의존적 특성을 잘 파악하여 기술해야 함을 강조한다. 한편, 김혜경·윤애선(2006)[27]은 '－하－'동사류의 사전정의문 3,656개에 대해 여러 가지 규칙과 준거에 의한 중심어 추출 방식에 대해 논의하였다. 또한 의미

---

24) 최경봉(1998), 『국어 명사의 의미 연구』, 태학사.
25) 김준수·옥은주·옥철영(2001), 「사전의 뜻풀이말에서 추출한 개념어휘 및 의미자질」, 『제2차 아시아 사전학회 국제 학술대회 발표집』, 연세대학교 언어정보개발원, 188~193면.
26) 이희자(2000), 「말뭉치(corpus)를 이용한 국어 어휘 의미 기술에 대하여－'말뭉치'를 이용한 『국어사전편찬론』을 위한 서설」, 『사전편찬학연구』 제10집, 연세대학교 언어정보개발연구원, 한국문화사, 81~132면.
27) 김혜경·윤애선(2006), 「동사 어휘의미망의 반자동 구축을 위한 사전정의문의 중심어 추출」, 『언어와 정보』 제10권 제1호, 한국언어정보학회, 47~69면.

에 대한 연구는 그 범위를 넓혀 시소러스(Thesaurus)[28]나 온톨로지(Ontology)[29] 구축 등 전산언어학 분야에 이르기까지 계속적인 연구가 이루어지고 있다.

이 연구는 이상적인 한국어 학습사전을 만들기 위한 기초 연구이므로, 기존 학습사전을 검토하여 새로운 학습사전을 만드는 데에 수렴할 것이다. 기존에 출판된 것 중 통합사전으로서는, 『외국인을 위한 한국어 학습사전』[30]을 들 수 있다. 이 사전은 다양한 언어로 된 한국어 학습사전을 편찬하기 위해서는 기본이 될 수 있는 모범적인 사전이 우선 필요하다는 견해에서 범용 사전으로서 외국인 학습자에게 쉽고 풍부한 정보를 제공해 주기 위해 편찬된 것이다.

그러나 풍부한 정보를 제공하려는 목적 아래 여러 다양한 정보를 제공하고자 많은 항목 설정 등으로 인해 오히려 외국인 학습자에게 해독·독해의 어려움을 낳기도 한다.[31]

그리고 소사전인 『한국어사전』[32]은 기본 어휘를 중심으로 그 뜻을 가능한 한 정확하게 풀이하고 중요한 단어 또는 문제가 되는 단어에 대해서는 그와 밀접한 관련을 가지는 다른 단어와의 의미나 쓰임의 차이를 기술하는 것을 목적으로 편찬된 뉘앙스 사전이다. 이 사전 편찬의 시작은 외국인을 위한 배려였지만 실제 외국인이 이해하기에 힘든 뜻풀이이다. 그러나 예문을 통해서 그 차이를 보여 주고자 한다는 데에 그 의의를 찾을 수 있다.

한편, 특정 분류사전으로서는 『의미로 분류한 현대 한국어 학습사전』[33]

---

28) 용어사전 (用語辭典)으로, 동의어, 상위어, 하위어, 관련어 등 특별한 의미의 계층 구조를 넣은, 정보 검색 등을 위한 용어 사전을 말한다.
29) 온톨로지(Ontology)는 특정한 영역을 표현하는 데이터 모델로, 특정한 영역(Domain)에 속하는 개념과, 개념 사이의 관계를 기술하는 정형(Formal) 어휘의 집합으로 정의된다.
30) 국립국어원·한국어세계화재단(2006), 『외국인을 위한 한국어 학습사전』, 신원프라임.
31) 이에 대한 구체적 논의는 2장에 다루도록 한다.
32) 임홍빈(2004), 『한국어사전』, 시사에듀케이션.
33) 신현숙·김미형·임소영·임혜원(2000), 『의미로 분류한 현대 한국어 학습사전』, 한

을 들 수 있는데, 이 사전은 한국어 학습자를 위하여 간단하면서도 쉽게 풀이하고자 한 사전, 특히 의미를 바탕으로 삼아 분류한 사전의 개발의 필요성에 따라 만들어진 사전이다. 14,000여 단어를 대상으로 43가지 의미 범주[34]로 나누어 차례를 정하고 각 범주에 속하는 단어는 가나다순으로 배열하며 그 의미를 기술한 사전이다.

그러나 학습자가 단어를 찾고자 할 때, 의미를 분류하여 판단해야 하는 부담감과 함께 그 의미 분류 판단이 정확하지 못할 경우 여러 번의 사전 찾기의 반복이 이루어져야 한다. 그리고 용례가 없는 사전이기 때문에 학습용 사전으로는 외국인 학습자에게 부적합하다.

그리고 『한국어 학습용 어미·조사 사전』(2001)[35]은 2,200여 개의 표제어가 실려 있고 상세하고 쉬운 뜻풀이, 풍부한 관용구 수록, ‘한국어 학습용 말뭉치’에서 고른 쉽고 생생하면서도 풍부한 용례, ‘도움말’을 사용한 유익한 학습 정보, ‘옆 참고란’을 이용한 참고 정보 제시, ‘길잡이말’을 이용한 친절한 설명, 시제 결합 정보 제공, 유용한 형태 관련 정보 제고, 자세한 어휘 정보 등을 이 사전의 특징으로 내세운다. 이 사전은 특정 표제어를 대상으로 한 사전으로 한국어를 배우는 학습자에게 도움을 주고자 한 사전이다.

그러나 상세한 뜻풀이 등에서 ‘명제적 내용, 내용절, 완곡, 해체, 해요체, 상호성, 서술어, 무정명사, 입말’ 등 전문 문법 용어들을 사용하고 있

국문화사.

34) 인간과 인간관계, 가족과 친인척, 성과 결혼, 신체와 생리작용, 병과 치료, 삶과 죽음, 감각과 감각기관, 생각과 감정, 성격과 태도, 의생활, 식생활, 주생활, 말과 글, 언론과 출판, 정보와 통신, 교육, 과학과 학문, 종교와 믿음, 문명과 문화, 예술, 취미, 놀이와 게임, 운동, 나라 이름, 국가와 정치, 법과 질서, 국방, 사회와 사회활동, 경제와 경제활동, 직업과 직장, 산업, 연료와 에너지, 도로와 교통, 자연현상, 동물, 식물, 모양, 빛과 색채, 수와 수량, 시간, 공간과 우주, 상태와 정도, 동작.

35) 이희자·이종희(2001), 『한국어 학습용 어미·조사 사전』(한국어 학습용), 한국문화사.

어 역시 외국인 학습자가 이해하기에는 힘든 부분이다.

　이상의 앞선 연구 검토를 통해, 이 연구에서는 기존의 국내 사전학 연구에서 사용자 조사 연구가 미흡했던 점을 고려하여 학습자 중심의 한국어 학습사전의 모형을 제안한다. 한편, 기존 외국인 학습사전의 의미 기술 연구가 뜻풀이 항목에서 다루어지는 개념적 의미를 중심으로 이루어져 왔다면, 이 연구에서는 의미 기술을 '뜻풀이' 항목에서 제공하는 의미 정보뿐만 아니라 미시구조 내의 여러 항목에서도 제공하는 의미 정보와의 관련성 속에서 다루기로 한다.

　한국어 학습사전에서의 의미 정보과 의미 기술의 관련성을 파악하여 학습자에게 단어의 의미를 충분하고 쉽게 전달하고자 하는 연구의 방향에 따라 우선, 외국인 학습자에 대한 사용자 연구를 출발점으로 하여 이 논의를 시작한다.

제2장
한국어 학습사전 사용자 요구 조사 및 분석

이 장에서는 외국인 학습자를 대상으로 시행한, 사전 사용과 관련한 설문조사 자료를 통하여 학습자의 사전 사용 현황과 사전 사용자 요구를 분석하기로 한다. 1절에서는 사용자 요구 조사를 위해 두 차례의 설문 조사 결과를 바탕으로, 학습사전의 역할과 학습자의 사전 사용 현황, 사용 사전에 대한 학습자의 인식과 학습사전에 대한 요구 사항이 무엇인지 그 분석 결과를 제시하며, 2절에서는 설문 조사의 결과를 분석 검토하여 사용자 요구에 따른 한국어 학습사전의 요건을 제시할 것이다.

1. 사용자 요구 조사

1) 사용자 요구 조사를 위한 설문 조사

하트만(Hartmann, 2001 : 80~95)에서 사전 사용자 조사에서 6가지 관점,

즉 1) 사전과 교육 / 학습의 관점, 2) 사전에 대한 인식 / 태도의 관점, 3) 사용자와 사회학적 요소간의 관계 관점, 4) 사용자의 필요(needs)의 관점, 5) 사전 사용 스킬의 관점, 6) 사용자 교육의 관점을 제시하였다.

이 절에서는 먼저 사용자 조사인, '사전과 교육 / 학습의 관점', '사전에 대한 인식 / 태도의 관점', '사용자의 필요의 관점'들을 중심적으로 논의할 것이며, 그 외 다른 관점들은 앞선 논의에 따라 부가적인 언급에 그칠 것이다.

'사전과 교육 / 학습의 관점'의 조사는, 사용자 입장에서 외국어 학습이나 교육에서 학습사전의 역할이 무엇인가를 묻는 설문으로서, 교육 현장에서의 사전 사용 현황 등을 파악하기 위한 조사이다. 그리고 '사전에 대한 인식 / 태도의 관점'의 조사는, 한국어 학습 시 학습자의 사용 사전에 대한 인식 조사이다. 한편, '사용자의 필요의 관점'에서의 조사는 사용자가 학습사전에서 얻고자 하는 정보는 무엇인가에 대한 설문이다. 이와 같은 조사 요소들은 하트만이 제시한 일반적인 사전 편찬의 주요 요소들을 감안하여 잡은 것이다.

〈그림 1〉 4명의 주인공들(The four protagonists)

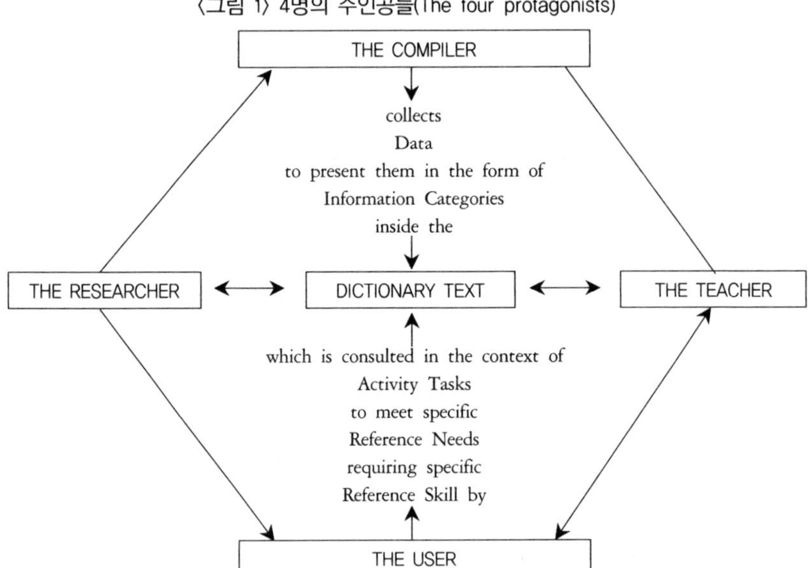

<그림 1>을 제시한 하트만(Hartmann, 2001 : 35)은, 사전 편찬자들은 자료를 모으고 그 자료들을 특정한 형식이나 참조 자료와 관련된 정보 범주 형태로 제시하지만, 사전 사용자들은 특정 과업이나 활동을 하는 데 필요한 참조 필요(Reference needs)를 충족시키기 위해 참조 기술(Reference skill)을 사용한다고 했다. 이와 더불어, 사전 사용법 교육에 있어서는, 교사는 사전 편찬자와 사전 사용자 사이의 중재자로서의 역할을 담당하고, 연구자는 나머지 주인공들(편찬자, 교사, 사용자)을 조망하고 특정 사전 텍스트의 성공과 실패를 결정짓는 요소를 밝히며, 사전이 어떻게 디자인되었고, 강점과 약점은 무엇이며, 필수적인 것과 필수적이지 않은 것 등의 균형을 어떻게 맞출 것인가, 어떤 활동에 가장 알맞은 사전은 무엇인가 등을 밝히는 역할을 맡는다고 한다.

이들의 관계를 이론적으로나 이상적으로 볼 때, 주인공들 간의 관계는 상호작용과 피드백이 얽혀 있는 양방향성이어야 하지만, 현실에서는 사전 편찬자와 사용자, 사용자와 교사, 연구자와 사용자의 상호관련성에 대한 실험이나 연구가 그렇게 많지 않은 실정이다. 이를 극복하기 위해 이 연구는, '연구자'와 '사용자' 간의 양방향성(Interactive)을 고려하여 사용자에 대해 검토한다.

사용자는 사전 사용 요인의[1] 하나이다. 사전 편찬의 궁극적 목표는 '사용자'의 요구와 사용 목적에 있으므로, 사전 연구는 사전 사용자에 대한 검토와 함께 사전 편찬에 직·간접적으로 참여하는 연구자, 교사, 편찬자와의 관계를 고려해야 한다.

이러한 점들을 고려하여, 이 연구의 목적에 걸맞은 두 차례 설문 조사

---

1) 하트만(Hartmann, 1983 : 11)은 사전 사용의 요인으로, 정보(의미 / 유의어, 발음 / 통사, 철자, 어원, 성 등), 작용(찾는 의미, 찾는 단어, 번역 등), 목적(모어 지식의 확장, 외국어 학습, 단어 게임 놀이, 리포터 작성, 읽기와 외국어 텍스트 독해 등), 사용자(아이, 초등 / 훈련생, 교사 / 비평가, 과학자 / 비서 등) 등을 제시한다.

를 실시하였다.[2] 1차 설문 조사의 목적으로, 학습자의 학습 상황에서 사전 사용 현황과 사용자 요구 사전에 대한 인식을 조사하고, 표본으로 제시한 사전에 대한 학습자의 이해도와 평가를 검토, 분석하였다.

한편, 2차 설문 조사의 목적은 1차 설문 조사를 보완하고 추가하는 것으로, 학습자의 사전 사용 목적과 학습사전에 대한 학습자의 요구, 그리고 사전 사용 상황 등과 아울러, 학습사전의 구조에 대한 학습자의 인식과 이해도, 그리고 평가 등에 대해서도 조사하였다.

설문 조사 내용 기술은 세 가지 방향으로서 ;

첫째, **설문 대상자 현황**을 알아보고 이들 항목들이 다른 조사 내용에 어떠한 영향을 주고받는지 살핀다.

둘째, **외국인 학습자의 학습사전 사용 현황과 인식**을 알아보기 위한 설문 내용 기술로, 학습사전과 교사, 사용자 교육 및 학습에서의 사전 사용 현황에 대한 조사와, 학습자 사용 사전에 대한 만족도 및 필요한 요건 등에 대한 조사 분석이다.

셋째, **한국어 단일어 학습사전에 대한 학습자의 이해도와 평가** 등을 알아보기 위한 설문 내용 기술로, '사용자 필요의 관점'에서 표본사전에 대한 학습자의 이해도와 평가를 분석한다.

2) 설문 조사 대상자와 조사 방법

사용자에 대한 분석을 위해, 사용자 조사 대상자와 조사 방법을 제시한 후, 구체적으로 설문 조사에 대해 분석해 보기로 하겠다.

두 차례의 설문 조사에 응한 **설문 조사 대상자**는 다음과 같다.

---

2) 1차는 2007년 8월경에 이루어졌으며 2차는 2007년 10월경에 이루어졌다.

(1) 설문 대상자 현황을 알아보는 설문 조사

[1차]

① 성별(性別 ; Sex distinction) (여자 / 남자)

② 연령(나이 ; Age) (   ) 살

③ 국적(國籍 ; Nationality) (   )

④ 학력(學歷 ; Educational background)

   * (   ) 초졸(初卒 ; A primary[an elementary]school graduation)

   * (   ) 중졸(中卒 ; A middle school graduation)

   * (   ) 고졸(高卒 ; A (senior) high school graduation)

   * (   ) 대졸(大卒 ; A university graduation)

   * (   ) 대학원졸(大學院卒 ; a graduate school)

⑤ 현재 배우는 한국어 급수(Learning level) (1급, 2급, 3급, 4급, 5급, 6급)

⑥ 나의 한국어 능력 정도 (能力 ; Level) (1급 / 2급 / 3급 / 4급 / 5~6급 정도 / 그 이상)

[2차]

1) 해당 급수(韓國語等級 Level) : (   )급

2) 연령(年齡 Years) : (   )세

3) 학력(學歷 An academic[educational] background) : 초졸(小學畢業 An elementary school), 중졸(初中畢業 a secondary school), 고졸(高中畢業 A high school), 대졸(大學畢業 university), 대학원(硏究生 A graduate school)

4) 국적(國籍 Nationality) : (   )

5) 성(性別 A sex) : 남(男 Male)(   ) / 여(女 Female)(   )

1차 설문 조사의 대상자는 외국어나 제2언어로서 한국어를 배우는 학습자 54명을 대상으로, 이를 성별, 연령별, 국적별, 학력별, 급수별로 조사하였다. 그 결과는 (2), (3)과 같다.

(2) 1차 설문 조사 대상자 현황 분석(단위 : 명)

성별	여자 27		남자 27	

연령	18~20세 이하 14	21~23세 이하 24	24~26세 이하 11	27이상 5

국적	중국 47		일본3	태1	프1	교1	베1

학력	고졸 27	대졸 23	대학원 4

급수	3급 26	4급 20	2급 6	5급 2

*태 : 태국 / 프 : 프랑스 / 교 : 교포 / 베 : 베트남

(3) 2차 설문 조사 대상자 현황 분석(단위 : 명)

성별	여자 105	남자 51

연령	18~20세 이하 60	21~23세 이하 82	24~26세 이하 11	27세 이상3

국적	중국 150	대 3	러1	베 2

학력	고졸 117	대졸 39

급수	초급 38	중급 64	고급 54

*대 : 대만 / 러 : 러시아 / 베 : 베트남

2차 설문 조사 역시 1차와 마찬가지로, 대부분이 중국인 학습자로서 다양한 국적의 외국인 학생들을 대상으로 이루어지지는 못했다.[3]

---

3) 이는 현 대학 중심의 부산 지역 한국어 교육 현황을 살펴볼 때, 중국 학생들이 거의 60%에 이르기 때문이다. 전은주(2002 : 370)에서는 부산 지역 한국어 교수-학습에 대한 실태 분석에서, "현재 부산 지역 3개 교육기관에 수강중인 학습자 141명을 대상으로 '전체 학습자 중 여자가 56.03%이고, 연령대로는 20대가 81.56%를 차

1차와 2차의 조사 대상자는 남녀 비율을 제외하고는 연령, 학력 및 급수 등에서 별 차이가 없으나 조사에 정밀도를 더하기 위해 대상자 수를 2배 정도 늘렸다. 이들 항목들의 결과가 다른 조사 내용에 어떠한 영향을 주고받을지에 대한 논의는 이 절의 다른 설문 조사 분석과의 관계 속에서 찾고자 한다.

한편, **설문 조사 방법**으로, 앞선 1차 설문 조사에서는 한국어로 된 설문지와 중국어로 된 설문지를 나누어 초급 수준의 외국인 학습자에게는 '중국어로 번역된' 설문지를 제시하였고, 그 외 중급의 학습자에게는 한국어로 된 설문지를 제시하였다.

그러나 2차 설문 조사에서는, 1차와 달리 한국어 질문지 아래에 중국어로 번역한 것을 한꺼번에 제시하였는데, 초급의 중국인 학습자를 위하여 '중국어로 번역된' 설문지를 제시하고, 학습자의 이해를 정확히 하기 위해서 기술형(記述形) 설문을 제시하였으며, 초급 중국인 학습자와 기술형 설문에 대한 학습자의 정확한 평가와 이해도를 높이기 위해 중국인 설문 대상자에게는 중국어로도 설문에 답할 수 있게 하였다.

1차의 경우, 대학 내 한국어 교육 센터에서 자치 평가한 한국어 능력이기 때문에 배우고 있는 해당 레벨과 실제 한국어 능력이 다를 수 있다는 판단에서 '현재 배우는 한국어 급수'와 '나의 한국어 능력 정도'를 따로 항목을 두어 조사를 했으나, 그 결과는 거의 차이가 없었다. 그래서 이 글에서는 각 대학에서 자치 평가한 한국어 능력 정도를 논의의 대상으로 삼았다.

그리고 몇 개의 한국어 학습사전의 표본을 제시한 후, 그에 대해 설문

지하며, 중국에서 온 학습자가 55.52%, 일본에서 온 학습자가 24.82%로 두드러졌고, 학력은 대학 재학 중인 학습자가 52.48%, 현재 학생인 학습자가 68.09%로 가장 많았다. 부산지역 학습자의 배경 중 가장 큰 특징은 중국인 학습자가 많다는 것이다. 이는 앞서 언급한 부산이 갖고 있는 지리적, 경제적 장점과 더불어 2002년 이후 부산지역 대학이 중국에서 지역 대학에 유학할 학생을 유치하고 이들의 한국어 교육을 전담하는 한국어 교육 기관들이 만들어졌기 때문으로 해석된다."라고 밝힌 바 있다.

대상자의 이해도와 평가에 대해 설문할 때, 먼저, 제시한 설문에 대해 그들의 반응을 객관식으로 선택하게 한 후, 뒤이어 그 이유를 설문 대상자에게 기술하도록 하였다.

한편, 제시한 표본사전 평가 시에, 그 표본사전의 사용법에 대해 어떠한 설명도 주지 않았다. 이는 학습자의 사전 사용 기술(skill)에 대한 학습자의 인식과 함께 사전 사용 교육에 대한 문제점 등을 살피기 위한 의도된 설문 조사였다.

3) 설문 조사 내용 분석

조사한 설문 내용 분석은, '사전과 교육 / 학습의 관점'과 '사전에 대한 인식 / 태도의 관점', 그리고 '사용자의 필요의 관점'을 중심으로 구성한다.

우선, **'사전과 교육 / 학습의 관점'**에서의 분석은, 한국어 학습에서 설문 대상자의 사용 사전 종류, 사용 시기, 사용 상황, 사용 목적에 대한 조사 내용이다.

    (4) 학습사전과 교육 / 학습의 관점에서의 설문 내용[4]
       가. 1차 설문
          ⑦ 지금 가지고 있는 한국어 사전 종류(자세하게 써 주십시오.)
            • 종이 사전 (✔표를 해 주세요.)
            ㉠ (　　) 소사전, ㉡ (　　) 중사전, ㉢ (　　) 대사전(한―한 사전, 한―영 사전, 영―한 사전, 중―한 사전, 한―중 사전, 한―대만 사전, 러―한 사전, 일―한 사전, 베트남―한 사전, 스페인―한 사전, 몽골―한 사전

---

4) 설문지 내용 제시는 설문 기술의 관점에 따라 관련된 항목들만을 선택하여 제시한 것이다. 따라서 설문 번호가 순서적이지 않고 일괄적이지 않다.

　　　기타 (　　　　　　　　)
　　• 전자 사전 (　　　　　　(　　　　　　　　　　))

나. 2차 설문
　　1. 당신은 사전을 사용할 때 무엇을 찾기 위해(알기 위해) 가장 많이 사용합니까? (　　)
　　　你使用詞典的目的主要是爲了找(知道)什么? (　　)
　　　① 문법(語法 grammar)　　　　② 의미(意思 meaning)
　　　③ 발음(發音 pronunciation)　　④ 철자(錯字 spelling)
　　3. 당신은 언제 사전을 사용합니까? (　　)
　　　你在什么時候使用詞典? (　　)
　　　① 자주 수업 시간에 선생님과 함께 사전을 사용한다.
　　　　經常在上課時和老師一起使用詞典。
　　　② 가끔 수업 시간에 선생님과 함께 사전을 사용한다.
　　　　偶爾在上課時和老師一起使用詞典。
　　　④ 가끔 수업 시간에 스스로 사전을 사용한다.
　　　　偶爾在上課時自己獨自使用詞典。
　　　⑤ 수업 시간보다 혼자 공부할 때 자주 사전을 사용한다.
　　　　比起上課, 獨自學習時更常使用詞典。
　　　⑥ 수업 시간에는 사용하지 않고, 혼자 공부할 때만 사용한다.
　　　　上課時不使用, 只有獨自學習時使用。
　　　⑦ 수업 시간에만 스스로 사전을 사용하고 그 외에는 사용하지 않는다. 只有上課時自己獨自使用詞典, 其他時候不使用。

　　(4)의 설문은, 외국인 학습자의 한국어 학습용 사전의 종류, 사전 사용 목적, 그리고 사전 사용 시기를 알아보기 위한 것이다.

　　1차 설문은, 학습자의 사전 종류 선호도를 조사하기 위해 종이 사전과 전자 사전 소유 여부, 사전 크기 선호도 및 단일어 사전과 이중 언어(bilingual dictionary) 사전의 사용에 대한 물음이다.

　　2차 설문은 학습자의 사전 사용 목적에 대한 물음이다. 한편, (4나3)은 한국어 교육에서 교사들의 사전 사용 여부를 묻는 간접적인 물음이다. 이는 사전 사용 기술(skill)을 교육 과정의 일부로서 교사들이 인식하고 있는지를 학생들을 통해서 알아보고자 함이었다. 설문의 결과는 (5)와 같다.

(5) 설문 결과

가. 1차 설문 조사 결과5)

ㄱ. 사전 크기와 제작 유형에 따른 사용자 사용 사전의 종류

(단위 : 명)

사전의 종류		수
종이 사전	소사전	27
	중사전	16
	대사전	0
전자 사전		16
합　계		59

ㄴ. 기술하는 언어에 따른 사용자 사용 사전의 종류 (단위 : 명)

사전의 종류		수
이중 언어 사전	일－한	8
	한중－중한	32
	베트남－한	1
단일어 사전	한－한	20
합　계		61

나. 2차 설문 조사 결과

ㄱ. 사전 사용 목적　　　　　　　　　(단위 : 명)

사전 사용 목적	문법	의미	발음	철자	합계
수	13	157	4	4	178

---

5) 이 설문은 한 명의 설문 대상자가 여러 개의 사전을 가지고 있을 수 있으므로, 합계가 서로 일치하지 않는다.

ㄴ. 사전 사용 상황   (단위 : 명)

사전 사용 상황	①	②	③	④	⑤	⑥	⑦	합계
수	9	5	30	16	87	2	0	149

종이 사전과 전자 사전 사용[6) 여부 조사 결과, 설문 대상자들은 종이 사전을 대부분 가지고 있었으며, 사전 크기 면에서는 소사전을 많이 가지고 있었다. 초·중급 학습자의 경우에 더욱 그러하였다.

그리고 설문 대상자들은 학습사전으로 '이중 언어 사전'을 한국어 단일어 사전보다 많이 가지고 있었으나 이러한 사실이 그 사전에 대한 만족도와 비례한다고 보아서는 안 된다. 이는 이후의 설문 조사에서도 밝혀진다.

2차 설문에서는, 사전 사용 목적에 157명이 '의미'라고 했다. 이 결과는 본 연구의 연구 방향을 제시해 주는 주요한 근거가 된다. '의미'를 알기 위해 사전을 사용한다는 학습자를 위해, 한국어 학습사전에서는 '의미'를 어떤 방식으로 기술할 것인가가 사전 기술의 중요 요소로, 이 연구의 핵심이다.

한편, (5나ㄴ)은 설문 대상자의 사전 사용 상황 조사로, 조사 결과 '수업 시간보다 혼자 공부할 때 자주 사전을 사용한다'가 87명으로 가장 많았다. 이는 수업 시간에 교사들이 학습사전을 교육의 목적으로 사용하지 않으며, 사전 사용 기술(skill)에 대한 교육이 이루어지지 않음을 간접적으로 알 수 있는 조사 결과이다.

이 조사는, 종이 사전으로, 소사전으로, 학습 도구로서, 특히 한국어 학습사전의 연구 방향에서 '의미'를 어떻게 다룰 것인가에 대한 연구가 필요하다는 근거를 마련해 준다.

'사전에 대한 인식 / 태도의 관점'에 대한 분석은, 학습자(사전 사용자)의

---

6) 전자 사전의 사용은 생각보다 많지가 않았다. 그러나 최근 전자 사전 사용수가 급격히 증가하는 추세이므로 이 조사 결과는 가변적이라 본다.

사용 사전에 대한 인식 및 태도, 한국어 단일어 사전(한-한 사전)의 사용과 한국어 능력 향상과의 관계에 대한 인식을 알아본 내용이다. 또 학습자의 사전 정보 중요도 인식과 사용 사전의 뜻풀이에 대한 만족도 및 필요성에 대한 조사 내용이다. 그 설문 내용은 (6)과 같다.

(6) 학습사전에 대한 인식 / 태도의 관점에서의 설문 내용

   가. 1차 설문

      1. 지금 쓰고 있는 한국어 학습사전은 어떤 점이 좋습니까?

      2. 지금 쓰고 있는 한국어 학습사전은 어떤 점이 나쁩니까?

      4. 한-한 사전(한국어로 모두 되어 있는 사전)을 사용하면 한국어 능력이 향상된다고 생각합니까? (   )

         ① 실제 경험해 본 결과 한국어 능력이 향상되었다.

         ② 한국어 능력이 향상된다고 생각하지만 아직 사용해 보지는 않았다.

         ③ 사용해 보았는데 한국어 능력에 향상이 된다고 느끼지만 어려워서 자주 사용치 않는다.

         ④ 가끔 사용하지만 한국어 능력 향상과 관계없다.

         ⑤ 한-한 사전이 있기는 하지만 사용하지 않는다.

         ⑥ 한-한 사전이 없고 번역한 사전으로도 충분하다.

         ⑦ 한-한 사전은 외국인 학습자에게 필요 없다.

   나. 2차 설문

      2. 사전에서 가장 중요하게 다루어야 한다고 생각하는 것은 무엇입니까? 중요도 순서는? (   )

         認爲詞典中最重要的內容應該是什么? 請按你認爲的重要性的順序依次排列。

         ① 문법(語法 grammar)   ② 의미(意思 meaning)

         ③ 발음(發音 pronunciation)   ④ 철자(錯字 spelling)

         • 중요도 순서는 重要性的順序?

            (>   >   >   >   기타 其他)

4. 당신이 사용하는 사전에는 뜻풀이가 되어 있는가?

　你現在所使用的詞典有單詞解釋嗎? (　　　)

　① 없다. 대역어(번역)　沒有。只有翻譯。

　② 있다. 有 (좋다 好(　　/보통 一般(　　)/좋지 않다 不好(　　))

5. 뜻풀이 되어 있는 사전이 학습에 필요하다고 봅니까? (　　)

　你覺得有單詞解釋的詞典有助于學習嗎?

　① 뜻풀이 되어 있는 사전이 꼭 필요하다. 非常需要。

　② 뜻풀이 되어 있는 사전이 있다면 좋겠다. 希望有。

　③ 뜻풀이 되어 있으나 잘 이해할 수 없다. 雖然有單詞解釋,

　　但很難理解。

　④ 뜻풀이 되어 있으나 그 뜻풀이가 틀린 경우(이상한 경우)

　　가 많다. 雖然有單詞解釋, 但有很多錯誤(別扭)的地方。

　⑤ 우리말로 대역되어 있어서 뜻풀이가 필요 없다.

　　因爲有中文翻譯, 因此不需要單詞解釋。

　(6가4)는 학습자 대부분 이중 언어 학습사전을 선호한다는 것이 곧 한국어 단일어 학습사전의 불필요성을 의미하는 것인지를 알기 위한 설문이다.

　그리고 2차 설문은, 학습사전 정보 중요도 인식과 뜻풀이에 대한 만족도 및 학습자 인식을 조사하기 위한 물음이다. 그 결과는 (7)과 같다.

(7)　설문 결과

　가. 1차 설문 조사 결과

　　ㄱ. 지금 쓰고 있는 학습사전의 장단점　　　　　(단위 : 명)

1. 장점	내용	휴대 간편	번역	상세한 해석	용례가 있음	발음	활용	어휘량
	계	25	20	11	10	2	2	5
2. 단점	내용	어휘량 적음	뜻풀이 상세치 못함	문법 해석이 없음	외래어가 없음	관련어 정보가 없음	용례가 적음	생활 단어가 적음
	계	23	13	7	5	5	5	5

ㄴ. 한국어 단일어 사전과 한국어 능력 (단위 : 명)

설문＼내용 번호	①	②	③	④	⑤	⑥	⑦	합계
4. 한-한 사전을 사용하면 한국어 능력이 향상된다고 생각합니까?	12	16	13	7	4	1	2	55

나. 2차 설문 조사 결과

ㄱ. 사전 구조 내의 항목에 대한 중요도 인식

의미 > 문법 > 발음 > 철자 > 기타(속어) (단위 : 명)

항목＼중요도	1	2	3	4	5	합계
① 문법	12	68	40	8		128
② 의미	133	22	7	6		168
③ 발음	19	32	72	35		158
④ 철자	5	13	37	101		156
⑤ 기타				2(속어)		2

ㄴ. 사용하고 있는 학습사전에서의 뜻풀이에 대한 인식 (단위 : 명)

뜻풀이 여부＼평가		수	
없다		32	
있다	좋다	38	135
	보통	69	
	좋지 않다	9	
합계		167	

ㄷ. 학습사전에서의 뜻풀이의 필요성에 대한 인식 (단위 : 명)

설문＼내용번호	①	②	③	④	⑤	합계
5. 뜻풀이가 되어 있는 사전이 학습사전에 필요하다고 생각하는가?	101	32	8	24	8	173

(7가ㄱ)에서 사용 사전의 장점으로서, '휴대가 간편하다'는 것은 학습자에게 사전 선호의 한 요인이 될 수 있다는 것으로, 학습자가 전자 사전을 선호하는 이유와도 관련된다. '학습자의 모어로 번역되어 있어 좋다'고 한 것은 외국인으로서 학습의 부담을 덜 수 있다는 데에서 기인한다.

사용 사전의 단점으로는 '어휘량 부족'이 가장 많다. 이는 이중 언어로 된 소사전, 종이 사전이 가지는 가장 큰 단점이기도 하다. 지면의 제약 등으로 뜻풀이의 상세한 풀이가 이루어지지 못하기도 하지만, 어떻든 '뜻풀이가 상세하지 못하다'는 것을 사용 사전의 단점으로 꼽았다. '문법 해석이 없다'는 답은 용법에 대한 풀이의 부족에서 온 것이다.

(7가ㄴ)으로 보아, 사용 여부와 관계없이 한국어 단일어 사전이 한국어 능력을 향상시키는 하나의 방법으로 인식하는 긍정적인 쪽(①, ②, ③ : 41 / 55) 이 많기는 하나, 상당한 정도의 부정적인 쪽(④, ⑤, ⑥, ⑦ : 14 / 55)도 그 이유를 밝혀 보아야 할 것이다.

(7나)에서는, 학습자가 가장 중요하게 인식하는 정보는 '의미'이며, 사용 사전의 뜻풀이에 대해 만족스러워 하지 않고 있고, 이런 불만족을 해결해 줄 수 있는 학습사전을 요구하고 있음을 알 수 있다.

끝으로, **'사용자의 필요의 관점'**에서의 분석은, 표본사전을 제시한 후, 설문 대상자의 이해도 및 평가, 학습사전에 대한 설문 대상자의 요구 사항에 대한 조사 내용이다. 이에 해당하는 설문 내용은 다음의 (8)이다.

   (8) 사용자의 필요의 관점에서 실시한 설문 내용
       가. 1차 설문
          ㄱ. 어미의 뜻풀이, 용례, 관련된 말, 참고사항에 대한 이해도
            1. 왼쪽의 뜻풀이를 이해할 수 있는가? (   )
              ① 1~6번까지 모두 이해할 수 있다.
              ② 몇 개만 이해할 수 있다.
              ③ 뜻은 이해가 되지만 그 쓰임의 차이를 알 수 없다.

④ 이해할 수 없다.

2. 왼쪽에 제시한 예문을 통해 각각의 뜻이나 쓰임(용법)을 더 잘 알 수 있는가? (   )

① 모두 알기 쉽다.

② 어떤 것은 모르겠다 - 모르는 것 선택하기(1번, 2번, 3번, 4번, 5번, 6번) [모르는 이유]

③ 이해하기가 어렵다.

④ 전혀 모르겠다.

3. 비(비슷한말)나 참(참고사항)의 설명이 단어의 쓰임을 이해하는 데에 도움이 되는가? (   )

① 도움이 된다.

② 도움이 되는 것도 안 되는 것도 있다.

③ 더 복잡하게 느껴진다.

④ 도움이 안 된다.

ㄴ. 동음이의어와 문형정보에 대한 이해도

1. 왼쪽의 '붓다1'과 '붓다2'의 뜻풀이를 통해서 이것들을 이해할 수 있는가? (   )

① 모두 이해할 수 있다.

② 이해할 수 없다. 이해 안 되는 것 (1번, 2번) 그 이유는? (   )

2. 밑줄 그은 문형정보는 이해가 되는가, 그리고 이것이 그 쓰임을 이해하는 데에 도움이 되는가? (   )

① 문형정보의 이해와 그 쓰임이 이해가 된다.

② 둘 중의 하나가 잘 되지 않는다. 이해 안 되는 것 선택하기 (문형정보(   ) 쓰임 (   )) 이해 안 되는 이유는? (   )

ㄷ. 다의어에 대한 이해도와 그 한정

1. 왼쪽의 단어에 대한 뜻과 쓰임을 이해할 수 있는가? (   )

① 모두 이해할 수 있다.

② 이해할 수 없다. 모르는 것 선택하기 (1번, 2번, 3번, 4번, 5번) 그 이유는? (   )

1. 왼쪽의 단어에 대한 뜻과 쓰임을 이해할 수 있는가? (   )

① 모두 이해할 수 있다.

② 이해할 수 없다. 이해 안 되는 것 (1번, 2번, 3번, 4번, 5
번, 6번, 7번, 8번, 9번, 10번, 11번, 12번, 13번, 14번, 15
번, 16번) 그 이유는? (   )

2. '붙다' 단어에 대한 뜻풀이 정보량이 어떤가? (   )

① 자세하여 좋다.

② 적당하다.

③ 좀 줄여도 좋을 것 같다.

④ 너무 많아 더 혼란스럽고 부담이 된다.

ㄹ. 외래어에 대한 이해도

1. 왼쪽은 한국어의 외래어들이다. 이들의 뜻과 그 쓰임을 이
해할 수 있는가? (   )

① 모두 이해할 수 있다.

② 이해할 수 없다. 이해 안 되는 것 (포인트, 스케줄, 스타
일, 데모) 그 이유는?

2. 이전에 내가 알고 있는 것과 그 뜻이나 쓰임이 다른가? (   )

① 이전에 내가 알고 있는 것과 같다.

② 뜻이나 쓰임이 조금 다르다. 다르다면 무엇이 다른가?
(   )

③ 알고 있는 것이었으나 발음이 달라 처음에 이해할 수
없었다.

ㅁ. 한자어에 대한 이해도

1. 한자어에 대한 이해가 잘 되는가? (   )

① 한자를 보고서 바로 그 뜻을 이해할 수 있었다.

② 한자를 보고 대략 추측할 수 있다.

③ 내가 알고 있었던 한자와 그 뜻이나 쓰임이 조금 달라
서 다시 확인해야 했다. 다른 것 선택하기 (당당하다,
접하다, 기혼, 기회, 긴급) 어떤 것이 다른가? (   )

④ 전혀 몰라 새로 익혀야 하는 것이었다.

ㅂ. 참고상자에 대한 이해도

1. 위에서 따로 제시한 두 단어의 차이점을 이해할 수 있는가?

① 모두 이해할 수 있다.

　　　　② 모두 이해할 수 없다. 이해하지 못한 것은? (　　)
　　　　(어느-어떤, 어둡다-캄캄하다, 버티다-견디다)
　　　　이해하지 못했다면 그 이유는? (　　)
　　ㅅ. 설문 대상자들의 학습사전에 대한 요구
　　　3. 어떤 한국어 학습사전이 있었으면 좋겠습니까?
　　　5. 사전에서 가장 필요하다고 생각하는 것은?
　　　　① 자세한 뜻풀이
　　　　② 번역된 단어
　　　　③ 예문
　　　　④ 문법 정보
　　　　⑤ 문형 정보
　　　　⑥ 비슷한말, 반대말
　　　　⑦ 잘 쓰이는 어구
　　　　⑧ 발음과 활용어미

한국어 '연결어미'에 대한 학습자의 이해도와, 뜻풀이의 이해를 돕기 위해 제시한 '용례'나 '관련된 말', '참고사항'의 역할에 대한 학습자의 이해 및 평가를 알아보고자 한 조사(8가지)에 대한 결과를 다음 (9)~(14)로 정리한다.

(9)　어미의 뜻풀이 이해도　　　　　　　　　　　　(단위 : 명)

설문 내용 　　　　　　　　　번호	①	②	③	④	합계
1. 왼쪽의 뜻풀이를 이해할 수 있는가?	19	23	9	2	53

(10)　용례를 통한 단어의 이해　　　　　　　　　　(단위 : 명)

설문 내용 　　　　　　　　　번호	①	②	③	④	합계
2. 예문을 통해 각각의 왼쪽의 뜻이나 쓰임을 더 잘 알 수 있는가?	22	16	15	1	54

(11) 비슷한말, 참고사항을 통한 단어의 이해   （단위 : 명）

설문 내용 \ 번호	①	②	③	④	합계
3. ⓑ나 ⓒ의 설명이 단어의 쓰임을 이해하는 데에 도움이 되는가?	19	23	9	2	53

(12) 뜻풀이의 난이도에 대한 이해도   （단위 : 명）

설문 내용 \ 번호	①	②	③	④	합계
4. 뜻풀이를 이해하는 데에 또 다른 단어 찾기가 필요한가?	11	23	16	2	52

(13) 뜻풀이에 대한 설문 대상자의 이해도   （단위 : 명）

설문 내용 \ 번호	①	②	③	④	합계
5. 본인이 가지고 있는 사전과 다른 점은 무엇인가?	8	33	6	4	51

(14) 표본 사전의 장점과 단점

장점	뜻풀이가 상세하다
단점	복잡하다, 예문이 적다, 찾기의 번거로움

　학습자가 자주 오류를 범하는 '어미'에 대한 표본사전의 뜻풀이에 대해, 학습자는 두 번 정도의 단어 찾기(12)를 하지만, '용례'(10), '관련된 말(비슷한말, 참고 사항)'(11) 등을 통해 해당 표제어의 의미를 이해하는 데는 별 문제가 없다는 조사 결과(9)를 볼 수 있다. 또 표본사전과 설문 대상자 사용 사전의 차이점과 표본사전의 장점으로 대부분 '뜻풀이가 상세하다'고 답하였다. 이는 학습사전에서 다양한 '뜻풀이'의 정보가 학습자의 단어 이해에 도움을 준다는 조사 분석이다.

동음이의어에 대한 이해와 문형 정보에 대한 이해를 알아보기 위한 설문(8가ㄴ)에 대한 조사 결과는 다음 (15)와 (16)으로 정리한다.

(15) 동음이의어에 대한 이해   (단위 : 명)

설문 내용 번호	①	②	합계
1. '붓다¹'과 '붓다²'의 뜻풀이를 통해서 이것들을 이해할 수 있는가?	30	19	49

(16) 문형 정보에 대한 이해   (단위 : 명)

설문 내용 번호	①	②	합계
2. 문형정보는 이해가 되는가, 그리고 이것이 그 쓰임을 이해하는 데에 도움이 되는가?	23	25	48

설문 대상자 대부분이 어깨번호가 매겨진 동음이의어의 뜻풀이를 이해할 수 있다는 (15)의 결과를 통해, 가시화한 어깨번호는 학습자의 이해도를 높임을 알 수 있다.

(16)에서, 문형 정보에 대해 '이해가 안 된다'(25명)라고 답한 것은 설문 대상자에게 사전 사용에 대한 사전 언급 없이 설문에 응하게 했기 때문에 생긴 결과이다. '이해가 되지 않는다'의 이유에 대한 답변으로 대부분 '어떻게 봐야 할지를 모르겠다'는 답을 통해서도 알 수 있었다.

다음, **다의어에 대한 이해와 그 범위 한정**에 대한 문제를 파악하기 위한 질문(8가ㄷ)에 대한 조사의 결과를 다음 (17)로 정리한다.

(17) 다의어 뜻풀이와 그 범위 한정   (단위 : 명)

ㄱ.

설문 내용 번호	있다	없다	합계
1. 단어에 대한 뜻과 쓰임을 이해할 수 있는가?	26	24	50

ㄴ-1.

설문 내용 \ 번호	있다	없다	합계
1. 단어에 대한 뜻과 쓰임을 이해할 수 있는가?	17	28	45

ㄴ-2.

설문 내용 \ 번호	①	②	③	④
2. '붙다' 단어에 대한 뜻풀이 정보량이 어떤가?	13	11	8	14

(17ㄱ)의, 다의의 의미를 '이해할 수 없다'(24명)의 답은, 한 표제어에 대한 비슷한 뜻풀이도 그 의미를 파악하기 어려우며, 뜻풀이말이 어려울 때도 해당 표제어의 의미를 이해하는 데에도 힘들다는 것을 보이는 조사 결과이다.

(17ㄴ)에서는, 다의어의 정보량이 너무 많을 경우 학습의 부담감을 갖게 하므로 다의어 기술 시에 정보량 조절이 필요하다는 분석 결과이다.

한편, **외래어, 한자어, 참고상자에 대한 설문 대상자의 이해도를** 알아보기 위한 설문(8가ㄹ~ㅂ)에 대한 조사 결과는 (18)~(20)으로 정리한다.

(18) 외래어에 대한 이해   (단위 : 명)

설문 내용 \ 번호	있다	없다	합계
1. 한국어의 외래어들이다. 이들의 뜻과 그 쓰임을 이해할 수 있는가?	23	24	47

설문 내용 \ 번호	①	②	③
2. 이전에 내가 알고 있는 것과 그 뜻이나 쓰임이 다른가?	27	12	8

(19) 한자어에 대한 이해   (단위 : 명)

설문 내용 \\ 번호	①	②	③	④
1. 한자어에 대한 이해가 잘 되는가?	19	20	4	3

(20) 참고상자에 대한 이해   (단위 : 명)

설문 내용 \\ 번호	있다	없다	합계
2. 따로 제시한 두 단어의 차이점을 이해할 수 있는가?	28	18	46

(18), (19)에서 밝혀진 바대로, 외래어와 한자어에 대한 이해도는 영어권 학습자와 한자 문화권 학습자 간에 분명한 차이를 보이므로, 초·중급의 학습사전에서는 이들을 다룰 때 주의가 필요하다. 이는 더 자세한 논의가 필요하므로 이후의 장에서 다루도록 하겠다.

(20)은 참고상자에서 제시한 뜻풀이에 대한 정보를 설문 대상자가 대부분 이해한다는 조사 결과이다. '참고상자' 역시 해당 표제어의 의미를 이해하는 데 필요한 의미 정보를 제공한다는 것을 알 수 있다.

학습자가 학습사전에 대해 요구하는 것이 무엇인지를 알아보기 위한 설문(8가지)에 대한 조사 결과는 다음 (21)로 정리한다.

(21) 학습사전에 대한 요구[7]   (단위 : 명)

요구 \\ 내용	많은 어휘량	많은 용례	자세한 뜻풀이	번역된 사전	문법 설명	자주 쓰이는 표현	속담, 외래어, 전문어	합계
계	16	15	11	8	8	5	5	68

---

7) ① 자세한 뜻풀이, ② 번역된 단어, ③ 예문, ④ 문법 정보, ⑤ 문형 정보, ⑥ 비슷한 말, 반대말, ⑦ 잘 쓰이는 어구, ⑧ 발음과 활용어미
  * 뜻풀이 / 번역 / 어구 > 예문 > 문법 > 비·반 > 발음 > 문형

5. 사전에서 가장 필요하다고 생각하는 것은?	①	②	③	④	⑤	⑥	⑦	⑧	합계
	29	29	25	20	10	18	29	12	172

(21)에서 학습자의 요구는, 많은 어휘량과 용례, 자세한 뜻풀이가 되어 있는 학습사전이며, 이와 더불어 (21)의 5번에서처럼 사전 정보 중요도 조사 결과, 학습자의 학습에서 사전 사용의 주된 목적은, 사전 기능의 측면에서 표현 향상을 위한 것보다 이해를 위해 사전을 사용한다는 것이다.

이 조사 결과와 마찬가지로, 네이션(Nation, 1990 : 33)은, 어휘 학습에 있어서 수용적인 어휘가 생산적인 어휘보다 훨씬 더 많은 바, '이해와 표현'이 각각 독립적으로 이루어지는 것은 아니지만, 어휘 습득의 과정에서 '이해의 측면'이 '생산의 측면'보다 우선시 된다고 하였고, 토노(Tono, 2001)도 학습자가 단어를 처음 접했을 때 단어의 위치와 문법적 패턴에 대한 지식은 적어도 부분적으로 학습된다고 했다.

이에서, 어휘 학습에서 특히 초·중급 수준의 학습자의 경우, 학습사전의 사용은 표현을 위해서보다는 이해를 위해서 더 유용하게 쓰임을 알 수 있었다.

(22)   사용자의 필요의 관점에서 실시한 설문 내용

나. 2차 설문

ㄱ. 학습사전 모델(체제)에 대한 평가

6-1. 다음 두 개의 모델을 볼 때, 어느 것이 더 이해하기 쉬운가? 下面兩种模型, 哪一种更容易理解? (   )

① A형이 좋다. (그 이유는?)   A型好。(其理由是?)

② B형이 좋다. (그 이유는?)   B型好。(其理由是?)

7) A형의 사전과 B형의 사전의 장점이나 단점은 무엇입니까? 你認爲A型詞典和B型詞典的优点和缺点各是什么?

① A형의 장점   A型的优点 :

② A형의 단점   A型的缺点 :

③ B형의 장점 B型的优点：

④ B형의 단점 B型的缺点：

ㄴ. 뜻풀이에 대한 평가

6-2. 위의 A형과 B형을 보고 다음 질문에 답해 주십시오.
請參照上面的A型與B型, 回答下面問題。

1) 뜻풀이는 어느 것이 더 이해하기 쉽습니까? 單詞解釋
哪個更容易理解? (① A형 ② B형)

(A형 : 그 이유?) (A型。其理由是?)

(B형 : 그 이유?) (B型。其理由是?)

ㄷ. 문형 정보의 위치와 문형의 체재에 대한 평가

2) 문형에 대한 이해에서는 어느 것이 더 쉽습니까? 對句型的
理解哪个更容易? (① A형 ② B형)

3) B에서의 문형 정보에서 한자를 사용하는 것에 대해 어떻게
생각합니까? 你如何看待在B中的句型情報中使用漢字?

① A보다 이해하기 어렵다. 比A更難理解。

② A보다는 이해하기 쉽지만 한자가 있어 어렵게 느껴진
다. 雖然比A容易理解, 但因有漢字所以感覺難。

③ B에 한자가 있기는 하지만 왼쪽에 설명하고 있어 별 문
제가 되지 않는다. 雖然B中有漢字, 但是因左邊有說明, 所
以不成問題。

④ 이해하기 쉽다. 容易理解。

4) 예문을 제시한 후에 문형의 틀이 주어지는 것(A형)과 문형의
틀을 제시한 후에 예문이 있는 것(B형) 중에서 어느 것이 이
해하기 쉽습니까? 在提示例題后提供句型模式(A型)和提示句型
模式后再提供例題(B型)中哪个更容易理解? (① A형 ② B형)

ㄹ. 길잡이말에 대한 평가

5) '1. 보기에 좋다, 2. 착하거나 순하다, 3. 느낌이 좋다 4. 듣
기에 좋다, 5. 조용하게'와 '♂색, 모양, ♂마음, 말, 행동,
♂촉감, ♂소리, ♂태도' 등 요약어가 뜻을 이해하는 데에
도움이 됩니까? 等簡略語有助于理解單詞意思嗎?

① 도움이 된다. 有帮助。

② 별 도움이 되지 않는다. 沒多大帮助。
③ A보다 더 복잡하다. 比A更夏雜。
④ 도움이 되지 않는다. 根本沒有帮助。
ㅁ. 체제에서 공간 나눔에 대한 평가
6) B형의 경우 공간을 나눈 것에 대한 거부감은 없습니까?
你對B型的划分空間有何看法?
① 단어를 이해하는 데에 도움이 되어 좋다. 好, 有助于理解單詞。
② 공간을 나눈 것은 좋으나 어떻게 보아야 할 지 그 방법을 잘 모르겠다. 划分空間是好, 但不知道應該怎么看?
③ 공간을 나누지 않은 것이나 공간을 나눈 것이나 이해하는 데 있어 별 차이가 없다. 不管划不划分空間, 對于理解單詞沒有差別。
④ A형보다 더 복잡해서 이해하기 어렵다. 比A型更夏雜, 很難理解。

(22)는 표본사전 제시 후, 설문 대상자의 평가에 대한 물음이다. (22나ㄱ)은 학습사전의 모델 평가에 대한 설문으로, A형은 기존의 학습사전인 『외국인을 위한 한국어 학습사전』(국립국어원)을 표본으로 제시한 것이고, B형은 이 연구에서 제안하고자 하는 가상 학습사전 모델이다.

표본사전에 대한 학습자의 평가를 통해 학습자가 학습사전으로서는 어떤 것을, 무엇을 요구하는지의 조사(22)에 대한 결과를 다음 (23)으로 정리한다.

(23) 학습사전 체재에 대한 선호도 및 선호 이유
ㄱ. 선호도   (단위 : 명)

선호도	수
A형	26
B형	135
합계	161

ㄴ. 선호 이유

	A형	B형
내용	• 뜻풀이 쉽고 분명함 • 보기 편함 • 간결함 • 기호가 많지 않음 • 분명함	• 조리 정연함 • 보기 쉽다 • 한번에 이해하기 쉽다 • 기억하기 쉽다 • 구체적이다 • 뜻풀이가 쉽다 • 한자가 있어 좋다

ㄷ. 각 모델의 장단점

	A형	B형
장점	• 뜻풀이 쉽고 분명함 • 보기 편함 • 간결함 • 기호가 많지 않음 • 분명함 • 지면 절약 • 표준 형태로 사용 편리	• 조리 정연함 • 보기 쉽다 • 한번에 이해하기 쉽다 • 기억하기 쉽다 • 구체적이다 • 뜻풀이가 쉽다 • 한자가 있어 좋다
단점	• 너무 복잡함 • 이해의 어려움 • 시각적인 불편함 • 정보가 적다 • 배열이 안 좋다 • 요약이 안 되어 좋지 않다 • 한자가 없다	• 너무 복잡함 • 이해가 어렵다 • 기호가 많다 • 정보 찾기가 어려움 • 공간을 너무 나눔 • 상세하지 않다 • 한자가 오히려 혼란을 가중

(23)에서 설문 대상자는 A형보다 B형을 더 선호하는데, 그 이유로는 '조리 정연하다'는 응답이 많았다. 이로써, 사전 편찬에서는 시각적인 면도 내용 기술과 아울러 고려하는 것이 중요함을 알 수 있었다.

문형 정보에서의 '한자어' 사용에 대한 평가에서 '이해가 잘 되지 않고 오히려 혼란을 가중시킨다'는 결과는, 여러 기호의 사용은 학습자에게 독해·해독의 어려움과 번거로움을 준다고 것으로 분석된다.

뜻풀이 방식을 달리한 두 모델을 제시한 결과(22나ㄴ)에 대한 조사 결과는 다음 (24)로 정리한다. B형에서는 길잡이말을 뜻풀이 이전에 제시해 놓았다는 것이 A형과 큰 차이점이다.

(24) 뜻풀이 방식에 대한 선호도 및 그 이유
　　ㄱ. 선호도　　　　　　　　　　(단위 : 명)

선호도	수
A형	28
B형	105
합계	133

　　ㄴ. 선호 이유

	A형	B형
내용	• 간단 명료 • 문장이 길지 않음 • 예문이 있어 좋다 • 내용의 상세함	• 일목요연함 • 해석이 상세 • 복잡하지 않음 • 이해가 쉽다 • 부분적 세심함 • 나누어 보기가 쉽다 • 한자가 있다

뜻풀이 방식에 대한 선호도에서도 설문 대상자는 B형을 더 선호하였다. 그 이유로는 역시 시각적으로 두드러지고, 그 다음으로 어휘 이해에 도움을 준다는 평가이다. 이는 '길잡이말'이 학습자의 단어 이해에 도움을 준다는 분석 결과이다.

문형 정보의 위치와 틀에 대한 선호도(22나ㄷ)에 대한 조사 결과는 다음 (25)로 정리한다.

(25) 문형 정보 틀과 위치에 대한 선호도
ㄱ-1. 문형 정보 틀 선호도 　　　　　(단위 : 명)

선호도	수
A형	34
B형	98
합계	132

ㄱ-2. 문형 정보 한자 약어 사용의 선호도 　　　　　(단위 : 명)

설문 내용 　　　　　　　　　 번호	①	②	③	④	합계
6-2-2) B에서 문형 정보에서 한자를 사용하는 것에 대해 어떻게 생각합니까?	14	12	38	85	149

ㄴ. 문형 정보 위치 선호도 　　　　　(단위 : 명)

선호도	수
A형(용례+문형)	32
B형(문형+용례)	92
합계	124

(25ㄱ-1)에서 A형은 문형 격틀의 어휘 정보를 문형과 함께 제시한 반면에, B형은 격틀의 어휘 정보를 다른 공간에 따로 두어 제시하였다. 이는 문형 체재의 복잡함을 없애고 어휘 의미망 정보를 주기 위해서였다. 이에 대한 평가로서 B형을 더 선호한다는 것으로 분석되었다. 이는 사전 사용의 선호도에서 학습자는 시각적인 면에 영향을 받는 것으로 분석된다.

그리고 한자 약자를 쓰는 것에 대한 학습자의 선호도를 살펴본 결과, 설문 대상자 대부분 거부감을 느끼지 않았다는 것은, 설문 대상자가 대부분 중국인이기 때문에 나타난 결과이지만, 'B형에 한자가 있기는 하지만 왼쪽에 설명하고 있어 별 문제가 되지 않는다'로 답한 대상자도 38명이나 되는 것으로 보아, 한자가 이해는 잘 되지 않지만 기호의 간결함이 학습자에게 사용을 편하게 한다는 것을 알 수 있었다.

문형 정보의 위치 선호도에 대해서, 설문 대상자는 문형을 먼저 제시하고 그에 따른 용례를 제시하는 것을 더 선호했다. 이는 '단순한 것에서 복잡한 것으로' 인지하는 '자연스러운 인지 과정'을 사전의 항목 배치에 반영하는 것이 학습자의 이해를 돕는다는 결과 분석이다.

다의어의 뜻풀이에서 '길잡이말'을 사용하는 것에 대한 평가를 알아보기 위한 조사(22나ㄹ)에 대한 결과를 (26)과 (27)로 정리한다.

(26) 다의어의 길잡이말의 선호도 (단위 : 명)

설문 내용 \ 번호	①	②	③	④	합계
6-2-5) 요약어가 뜻을 이해하는 데에 도움이 됩니까?	120	26	9	4	159

(27) 체재에서 공간 나눔에 대한 평가 (단위 : 명)

설문 내용 \ 번호	①	②	③	④	합계
6-2-5) 요약어가 뜻을 이해하는 데에 도움이 됩니까?	106	31	4	6	147

(26)과 (27)에서 길잡이말 사용과 사전의 체재에서의 공간 나눔에 대한 설문 대상자의 평가는 긍정적이었다. 이는 사전 편찬에서 정보를 시각화하여 기술하는 방법이 학습자의 이해를 높일 수 있다는 결과 분석이다.

이들 다면적 관점의 설문 조사를 통해서, 한국어 학습사전이 갖추어야 할 요건을 내용이나 형식의 면에서 검토하여 분석하였다. 조사 분석의 결과는 다음 절에서 상론하기로 한다. 또한, 학습자가 요구하는 가장 중요한 정보는 '의미' 정보임을 거듭 확인한 바, 이는 이 연구의 핵심 내용으로 3장에서 다루기로 한다.

2. 조사 분석 결과에 대한 처리

다음 (28)의 보기들은 한국어 학습자들이 보통 사용하고 있는 '학습자의 모어(ㄱ은 중국어, ㄴ은 일본어)로 된 이중 언어 사전'이다.

(28) 이중 언어 한국어 학습사전
　　ㄱ. 姜信道·池在運(2006, 14쇄), 『정선한중·중한사전』
　　　　가게 [名] 店鋪 diàn pù,　店 diàn, 鋪 pù。
　　　　‖ 저기에 신발 「가게」가 있다. 那里有鞋鋪。
　　ㄴ. 菅野裕臣 외(1988), 『コスモス朝和辭書』
　　　　가게 [ka：ge カーヂ][名] 店. 이 가게에서 담배도 팝니까?
　　　　この店でたばこももゃ賣っていますか

앞 절의 설문 조사 결과, 학습자는 (28)과 같이 학습자의 모어로 번역된 이중 언어 사전을 선호한다고 한다. 그러나 이중 언어 사전의 선호는 곧 그들이 사용하는 학습사전에 대한 만족도와 비례하지 않음이 밝혀졌다. 이는 한국어 학습사전이 대역어 수준의 사전에서 벗어나 외국인 학습자가 알고자 하는 어휘의 다양한 정보들을 제공해 줄 수 있는 학습사전이어야 함을 뜻한다.

따라서 이 글에서는 단어의 의미에 대한 이해를 중심으로, 나아가서는 표현을 향상시키기 위한 한국어 학습사전을 제작하기 위한 그 기초 작업으로, 한국어 학습사전의 모형을 제안하고자 한다.

앞선 설문 조사에서 검토한 외국인 학습자의 요구에 따라, 한국어 학습사전의 요건을 다음 (29)로 제시한다.

(29) **외국인 학습자 요구에 따른 한국어 학습사전의 요건**
① 뜻풀이를 이해하기 쉽게 풀이해야 한다.
② 뜻을 알기 쉬운, 규범화된 용례와 다양한 용례를 활용한다.
③ 언어생활에서 자주 쓰이는 어휘, 오류 표현 등의 정보가 필요하다.
④ 언어 정보를 되도록 정형화시켜 시각적으로 보기 편해야 한다.
⑤ 제공되는 정보의 범위를 한정하고 통일시켜야 한다.
⑥ 인지의 과정에 맞게 정보를 제공하는 체재가 이루어져야 한다.
⑦ 의미 정보를 쉽고 조리 있게 제공해야 한다.

한국어 학습사전의 사용자는 한국어를 외국어 및 제2언어로 학습하는 외국인 학습자이므로 그들의 학습에 알맞은 사전의 형식과 내용으로 이루어져야 한다. 특히 이 연구에서와 같이, 초·중급 수준의 학습자를 대상으로 하는 경우에는 이들의 수준에 알맞은 어휘 수로 제한되어야 한다. 초·중급 수준의 학습자에게 필요한 학습 어휘에서부터 일반 기초 생활을 원활하게 하는 데에 필요한 생활 어휘나 표현 등을 고려한다면, 한국어 학습사전에 수록되어야 할 어휘는 당연히 제한적일 수밖에 없다.

그리고 학습자는 외국어 및 제2언어의 의미 관계에 따른 의미망이 구축되어 있지 않은 사용자이므로, '어휘 단위'에 대한 인식과 이해가 '일반 사전'을 사용하는 사용자와는 다르다. 어떤 하나의 어휘 단위를 모어 화자가 A라고 보았다고 해서 '외국어 학습사전'을 사용하는 학습자에게도 A로 보인다는 필연적인 관계가 이루어지지는 않는다. 또한, '외국어 학습사전'의 경우 '학습'의 편의를 위해서 어떤 어휘 단위는 '여러 개의 단어'를 '하나의 어휘 단위'로 묶어서 이해하거나 교수해야 하는 경우가 있으므로, 학습자에게는 '일반 사전'을 사용하는 학습자와는 다른 '어휘 단위'

를 표제어로 내세워야 한다.

이러한 기본적인 외국어 학습사전 특성과 함께, 학습자 요구에 따른 한국어 학습사전의 모형을 개발하기 위해서는, (29)와 같은 요건을 지녀야 한다.

우선, 한국어 학습사전을 사용할 사용자가 모어 화자가 아니라 다양한 제1언어를 가지고 있는 사용자이기 때문에, 이들이 배우고자 하는 어휘에 대해 더 쉽게 해독, 독해할 수 있는 사전이어야 한다. 나아가, '학습'을 하는 과정이나 인지의 과정에 맞는 사전의 체재가 이루어지면, 학습자가 쉽게 사전에 접근할 수 있게 된다.

학습의 효율성을 높인다는 것은, 한국어 학습사전을 통해서 학습자가 보다 쉽게 알고 싶은 단어에 대해 이해할 수 있고, 실제 언어생활에서 유익한 정보로서 쓸 수 있도록 하여, 참고 자료로서, 학습 도구로서의 역할을 다할 수 있게 한다는 것이다. 여기서 유익하다는 것은 항상 올바른 것만을 뜻하는 것은 아니다. 왜냐하면, 한국어 화자(모어(母語) 화자)인 언중들이 항상 규정에 따른 올바른 언어만을 구사하는 것은 아니므로, 이들을 이해할 수도 있을 때 외국인 학습자는 원활한 의사소통을 할 수 있기 때문이다.

한편, 한국어 학습사전은 한국어(목표언어 target language)의 규범에 맞는 언어(표준어 규범)를 전사하지만, 이 사전은 외국인 학습자를 위한 사전이므로 학습자가 학습의 과정에서 실제 사용하는 언어 체계 내에서 생겨나는 오류에 대한 정보도 함께 주어지는 것도 학습자의 한국어 학습에 도움이 된다. 한국어 어휘나 표현에서 특정 학습자의 잦은 오류는 일반적으로 어느 정도 일정한 패턴을 가지고 있기 때문에, 이 역시 고쳐야 할 내용을 담은 정보로서 한국어 학습사전에서는 하나의 유의한 학습 정보가 될 수 있을 것이다.

한국어 학습사전은 (28)과 같이 단순히 대역어 수준의 사전만으로는 부족하다. 목표언어의 언어적 정보뿐만 아니라 비언어적 정보에까지 그 정보의 양을 늘리고, 그것을 바탕으로 해서 실제 언어생활에서 그 어휘를 올바르게 쓸 수 있도록 하는 정보도 필요하다. 이러한 정보는 무조건 나열식만으로는 제공하기보다는, 이를 좀 더 유형화시키는 것이 학습자의 이해를 돕는다. 이에 따라 해당 표제어에 대해 정형화된 용례들을 보여 주는 것 역시 학습에 도움이 된다.

실제 모어(母語) 화자에게 익숙한 것들이 외국어 및 제2언어를 배우는 외국인 학습자에게는 전혀 새로운 패턴의 정보가 될 수 있다. 따라서 자주 결합하는 표현들은 정형화시켜서 하나의 항목으로 사전에 제시해 준다면, 목표언어에 가까운 언어 구사의 도구 표현으로 활용될 것이다. 한편, 제공되는 정보의 범위를 한정하고, 정보의 틀을 통일시켜 최소한의 지면을 쓸 수 있도록 하는 노력은 결국 학습자의 번거로움을 최소화하는 하나의 방법이다.

결국 학습자가 학습사전을 사용하는 목적은 단어의 의미를 알기 위한 것으로, 그들에게 제공·전달해야 할 의미가 의미 정보로서 어떤 형태, 어느 위치, 어떤 방법으로 기술되어야 하는가에 연구에 중점을 둔다면, 초·중급 외국인 학습자가 원하는 한국어 학습사전의 이상적 내용 구조 모형을 구축할 수 있을 것이다.

제 3 장
한국어 학습사전의 의미 정보와 그 기술

이 장에서는 한국어 학습사전에서의 의미 정보와 그 기술 방식에 대해 논의한다. 1절에서는 한국어 학습사전을 통해 학습자가 습득하는 단어의 '의미'와 의미 습득 과정에 대해 고찰하고, 2절에서는 '의미'를 정보화시키는 데에 '의미 관계'가 장치 역할을 한다는 논의를 바탕으로, 학습사전에서 '의미 정보'의 정보화 방법을 의미관계와 미시구조 내 항목 간의 관계 속에서 살피고자 한다.

1. 의미와 의미 정보

이 연구에서는, '의미'는 보편적인 언중의 머릿속에 저장되어 있는 추상적인 지식 덩이인데 반해, '의미 정보'는 이 지식 덩이를 사전에서 '문맥, 의미관계, 길잡이말, 삽화 등' 어떤 형태로든지 정보화할 수 있는 실제적이면서 가시적으로 의미를 파악하는 일체의 지식이라고 가정한다.

외국인 학습자는 가능한 많은 '의미 정보'를 통해 한국어 모어 화자의 수준에 이르는 단어의 '의미'를 습득하려고 노력한다. 학습자가 한국어 학습사전에서 찾고자 하는 '단어의 의미'는 '의미'와 '의미 정보'를 통하여 체득하는 의미이다.

학습자가 찾고자 하는 '단어'의 의미는, 오그덴 & 리차즈(Ogden & Richards, 1923 : 11)의 기호 삼각형(Semiotic triangle)[1]에서 말하는 '상징'과 '지시물'을 연결시키는 '사고·지시'의 부분으로서의 단순한 의미에 그치지 않는다. 이는 1차적 '의미'로서, 목표언어의 어휘부에 저장되어 있는 '의미'이거나 외국인 학습자의 모어 어휘부에 저장되어 있는 '의미'이다.

한국어 학습사전을 매개로 하여 학습자가 목표언어의 단어, 넓게는 어휘에 이르기까지 습득하는 '의미'는 습득 과정의 단계에 따라 다르다. 필자는 이를 도식으로 나타내어 <그림 1>로 제시한다.

<그림 1> 한국어 학습자의 어휘 의미 습득 과정에 따른 단계별 의미

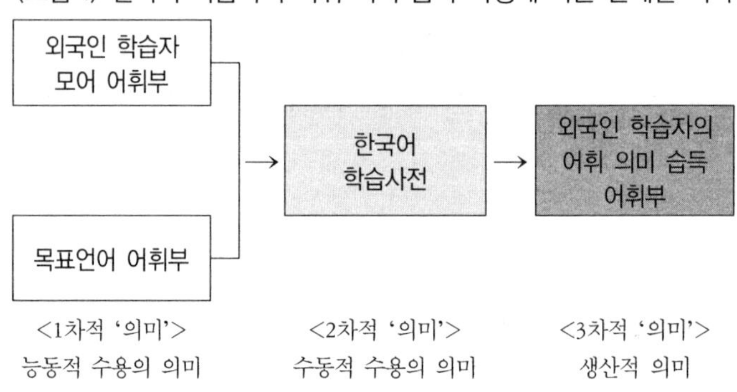

---

1) 여기서는 경험세계 속의 대상인 '지시물'을 가리키는 '상징(언어요소)'은 지시물과 직접적으로 연결되는 것이 아니라, 우리 마음속의 개념인 '사고·지시'를 통하여 연결되는 것으로 본다. 이때의 '사고·지시'의 부분을 바로 '의미'로 규정한다.

‘의미’는 외국인 학습자의 어휘 의미 습득에 이르기까지의 습득 과정의 단계에 따라 ‘1차적 의미’, ‘2차적 의미’, ‘3차적 의미’로 나누어 볼 수 있다.

‘1차적 의미’는 ‘사고·지시’ 부분으로서의 ‘의미’로, 인간이 모어 습득의 과정에서 능동적으로 수용하여 인식하는 ‘능동적 수용의 의미’이다. 이 의미는 ‘직접적 의미’이며 어휘부에 저장되어 있는 추상적 의미인 어휘 지식의 덩이이다.

반면, ‘2차적 의미’는 1차적 의미인 의미 정보를 매개로 하여 ‘1차적 의미’를 수동적으로 수용하게 되는 ‘수동적 수용의 의미’로, ‘간접적 의미’이며 구체적이고 실제적인 의미로서 ‘정보화한 의미’이다.

한편, ‘3차적 의미’는 ‘생산적 의미’로, 학습사전을 통해 받아들여진 ‘2차적 의미’를 학습자 나름으로 습득 어휘부에 입력하는 의미이다. 사실 이 3차적 ‘의미’는 외국인 학습자가 수용한, 학습자에 의해 생성된 목표언어에 대한 의미로, 머릿속에 저장되는 의미이다. 일반적으로 외국인 학습자는 ‘1차적 의미’와 ‘3차적 의미’가 같기를 바라거나 같다고 믿는다.

한국어 학습사전을 사용하는 성인 학습자는 문화적 차이를 제외하고는 이미 ‘1차적 의미’를 갖고 있는 학습자이다. 학습자가 인식하거나 알고 싶어 하는 ‘의미’는 ‘의미 정보’로서 유형화한 형식을 통하여 ‘2차적’으로 주어지는 ‘의미’이다.

단어의 의미는 고정된 것인가 유동적인가에 대한 물음에 대해, 의미론에서는 ‘고정된 의미(Fixed meaning) 가설’과 ‘불명확한 의미(Fuzzy meaning) 가설’을 제기한다. 전자는 낱말의 의미는 고정된 것으로 ‘기본적인 의미’가 존재하며, 각 개인은 이것을 얻으려고 노력해야 한다는 관점이다. 반면에, 후자는 낱말의 의미를 불명확한 것으로 보며, 낱말은 어떤 확고한 의미를 부여 받을 수 있는 것이 아니라, 자연언어의 개념은 모호한 경계선과 불명확한 가장자리를 갖는다는 관점이다(임지룡, 1992 : 44~48 참조).

이런 ‘불명확한 의미’를 사전에서 다루고자 할 때 ‘고정된 의미’로 정보화해야 한다. 즉, 사전의 편찬자나 사전 연구자의 입장에서, 머릿속에 저장되어 있는 불명확한 어휘 지식의 덩이인 단어의 의미를 학습사전에서 어떤 '의미 정보'로 학습자에게 제공·전달할 것인가를 고민하게 된다. 이때 해당 단어의 의미는 개념적 의미 외에 다른 여러 의미들도 드러낼 수 있도록 해야 한다. 이 여러 의미들은 한 단어가 다른 단어와의 의미적 관계 속에서 생겨나는 의미이다.

이제껏 기존 연구는 사전의 의미 기술에서 개념적 의미에 초점을 맞추었다면, 이 연구에서는 개념적 의미 외에도 다른 단어들과의 의미 관계를 통해 이루어지는 '의미', 곧 '의미 정보'에 초점을 두어 한국어 학습사전의 의미 기술 문제를 다루고자 한다. 이에 따라 '의미 정보'의 기술은 한국어 학습자의 학습사전 사용 활용도와 효율성을 높여주는 관건이 될 것이다.

이러한 가정을 토대로 하여 학습자가 학습사전을 통해 얻게 되는 어휘 '의미' 습득의 과정을 다음 <그림 2>와 같이 설정하고, 이에 따라 학습자의 '의미'와 '의미 정보'를 논의한다.

먼저, 학습자는 한국어 학습사전 연구자 및 사전 편찬자에 의해서 한국어 학습사전에 제공된 '의미 정보 1'을 학습자의 '모어 어휘부'에 저장된 지식을 기반으로 받아들인다. 이때 '의미 정보 1'은 학습자에게 온전히 다 받아들여지지 않으므로, '의미 정보 1'을 '의미 정보 2'의 정보로서 받아들이게 된다. 이때 형성되는 '의미'가 2차적 '의미'이다. 이를 다시 그들만의 한국어 습득 어휘부에 저장하는 과정에 역시 '의미 정보 2'로서가 아닌 학습자 나름의 '의미 정보 3'으로, 학습자 기억상의 정보로 저장한다. 이때 형성되는 '의미'가 3차적 '의미'이다. 이 의미는 실제 학습자가 습득된 어휘를 문장에서 사용할 수 있도록 저장된 '생산적 의미'이다. 이러한 과정을 거쳐 외국인 학습자는 목표언어의 단어 의미를 습득하게 되는 것이다.

<그림 2> 외국인 학습자의 새 단어에 대한 접근과 의미 관계

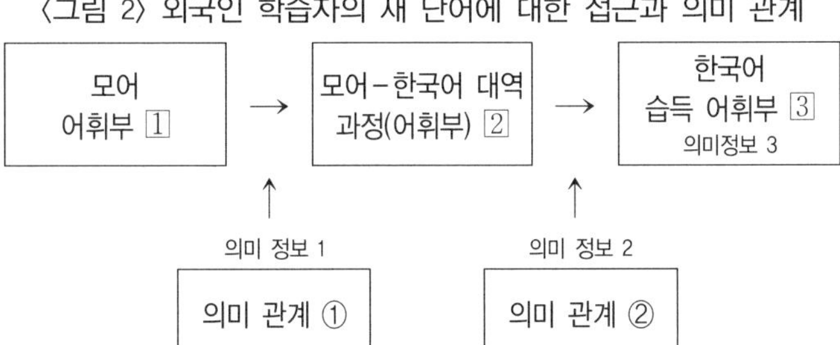

위 <그림 2>는 또한 외국인 학습자가 새 단어를 접하였을 때의 인식 과정과 의미 관계와의 관련성을 보인 그림이다.

학습자는 우선 새 단어를 접하면 그들 모어 어휘부의 지식을 기반으로 하여 그 단어에 1차적으로 접근하게 된다. 이때 학습자는 해당 단어를, 의미 관계를 맺고 있는 여러 단어들과의 관련 속에서 받아들이게 된다. 이렇게 접근한 해당 단어에 대해 학습자는 학습자의 모어와 한국어로 일 대 일 대응될 수 있는 단어를 찾아 번역하게 된다(이때 일 대 일 대응되는 단어가 있을 수도 있고 없을 수도 있다). 그런 다음 한국어 습득 어휘부에서 해당 단어와 의미 관계를 맺고 있는 다른 단어들을 연상하며 다시 그 단어에 접근한다. 그리하여 새 단어를 학습자의 한국어 습득 어휘부에 저장한다.

이러한 의미 습득 과정과 의미 관계를 전제로 하면, 한국어 학습사전 편찬자는 어휘부에서 추상적인 어휘 지식의 덩이로 존재하는 '의미'를 학습자를 위하여, 학습자의 관점에서 '학습의 단위' 또는 '기억의 단위'로 구체화하는 '의미 정보'로서 정보화하여 의미 기술에 포함해야 한다. 곧, 외국인 학습자의 한국어 의미 습득의 매개(장치) 역할을 하는 것이 바로 해당 단어의 '의미 관계'에 따른 의미 정보이다. 그러므로 학습사전에서 해당 단어와의 '의미 관계'에 따른 의미 정보들을 정보화할 필요가 있다.

여기서 '의미 관계 ①'과 '의미 관계 ②'는 다를 수 있고, 서로 비교했을 때 빈자리가 생길 수도 있다. 한편, 학습자의 어휘부 ①, ②, ③의 관계에서, 대역 과정 어휘부 ②가 학습자 모어 어휘부 ①과 일 대 일 대응이 되지 않거나, 찾고자 하는 해당 어휘가 없을 수도 있다. ①과 ②의 관계를 유형화하는 것이 학습사전의 바람직한 의미 기술이나, 이 관계는 절대적인 관계로 이루어지는 것이 아니므로 완벽한 관계 기술은 기대하기 어렵다. 그러나 모형을 제시함으로써 어휘 학습의 효율성은 높일 수 있다는 관점이다.

단어의 '의미'는 의미 습득 과정의 단계에 따라 그 의미 값(양)의 크기가 차이가 날 수도 있다. 또한 학습자는 그들 모어의 어휘부나 목표언어의 어휘부를 통해서 해당 단어의 의미를 파악하게 된다.

따라서 학습자를 위한 효용적인 한국어 학습사전은, 목표언어의 어휘부에 저장되어 있는 단어의 의미를 사전에서 의미 정보를 매개로 얼마나 잘 습득하게 할 수 있는가가 핵심 관건이다.

언어의 의미는 복잡 다양하다. 실제 의미를 어떻게 정의 내릴 것인가[2]에서부터 이를 어떻게 갈래지을 것인가에 대한 많은 논의가 있었다. 이 중에서 특히 리치(Leech, 1981)의 7가지 의미 분류는 이 글에서 주장하고자 하는 의미 기술에 근접하므로 다음 리치(Leech)의 7가지 의미 분류로써 논의를 펼친다.

(1) 리치(Leech)의 7가지 유형의 의미

　　가. ① 개념적 의미(conceptual meaning) : 중심 의미

　　　　예) 'women'[＋인간][－남성][＋성숙] / [＋인간][＋남성][＋성숙]

　　　　'man'과 구별됨.

---

2) 지시설(Referential theory), 개념설(Conceptual theory), 행동주의설(Behaviourist theory), 용법설(Use theory), 의의관계설(Sense relation theory) 등이 있다. 임지룡(1992 : 28~35) 참조.

　나. 연상적 의미(associative meaning) : 연상 의미

　　② 내포적 의미 / 함축적 의미(connotative meaning)

　　　예) '부인'[자궁을 가진](생리적), [사교적](사회적)[모성본능](문화적)

　　　　[치마를 입다](전형적)[변덕스럽다][감수성이 예민하다](추상적)

　　③ 사회적 의미 / 문체적 의미(social meaning / stylistic meaning)

　　　예) '말(馬)'—steed(시적), horse(일반적), nag(속어), gee-gee(유아어)

　　④ 감정적 / 환정적(喚情的) 의미(affected meaning)

　　　예) 문체의 선택, 음성적 변조(대상에 대한 존경 저도, 심리상태)

　　⑤ 반영적 의미 / 반사적 의미(reflected meaning)

　　　예) 'The Holy Ghost'(교회—귀신 / 일상—두려움)

　　⑥ 배열적 의미 / 연어적 의미(collocative meaning)

　　　예) '귀엽다'—귀여운 동생 / ²귀여운 오빠 / 사자

　　⑦ 주제적 의미(thematic meaning)

　　　예) 사냥꾼이 사슴을 쫓는다.[사냥꾼] / 사슴이 사냥꾼에게 쫓긴다.[사슴]

(2) 리치(Leech)의 7가지 유형의 의미와 의미 기술의 관계

7가지 의미	단어의 의미	한국어 학습사전의 의미 기술
중심 의미 (개념적 의미)	단어 자체의 의미 (속성 의미)	미시구조 내의 뜻풀이 항목에서의 의미 기술
연상 의미	다른 단어와의 의미 관계에 따른 의미	미시구조 내의 여러 항목 간의 관계에 따른 의미 기술

　리치(Leech)의 의미 분류는 크게 '중심 의미(개념적 의미)'와 '연상 의미'로 나눈다. 전자는 '단어 자체의 의미'이고, 후자는 '다른 단어와의 의미 관계에 따른 의미'3)이다. 이들 의미를 의미 정보로서 학습사전에 기술하고

---

3) 리치(Leech)의 의미에서 연상의 의미는 삶의 구체적 경험에서, 문화적·사회적·심리

자 할 때, 전자는 '미시구조 내의 뜻풀이 항목' 부분에서 다루게 되고, 후자는 '미시구조 내의 여러 항목' 부분에서 다루게 된다. 이들 관계는 각각 독립적인 것이 아니라 상호 관련성을 가지며 한 단어의 총체적 의미를 나타내고 기술한다.

학습자는 낱말 자체가 지닌 '개념적 의미'뿐만 아니라 그 언어 표현이 그 사회(문화)에서 갖게 되는 전달가치(내포적 의미)와, 그 언어 표현을 둘러싼 사회적 환경(사회적 의미)에 대한 반응 등도 학습사전에서 찾고자 한다.

그리고 학습자는 화자와 청자, 그리고 화제 등에 따른 개인적 감정(정서적 의미)의 전달과 또 언어 표현을 통한 언중의 반응(반영적 의미), 배열된 낱말들을 학습하며 갖게 되는 연상되는 의미(연어적 의미) 등을 학습사전에서 얻고자 한다. 더불어 학습자는 학습자의 의도적인 의미 전달과 수용에 대한 정보(주제적 의미)도 학습사전에서 찾고자 한다. 결국 학습자가 알고자 하는 다양한 의미를 학습사전에서 제공하고자 한다면, 학습자가 찾고자 하는 의미와 의미적 특성을 잘 반영할 수 있는 한국어 학습사전에서의 의미 기술 방식이 필요하다.

일반 사전에서는 즈구스타(Zgusta, 1971)[4]의 '형식 위주의 뜻풀이 기술'이 별로 문제가 되지 않지만, 한국어 학습사전은 뜻풀이 형식이나 정보량의 측면, 뜻풀이의 내용 등을 의미 기술의 효율성을 고려한 기본적인 뜻풀이 형식과 내용 기술의 원칙이 필요하다.[5]

적 상호작용에서 얻어진 것이나, 이는 1차적 의미에서일 경우이고, 외국인 학습자에게는 의미 관계를 통하여 이에 도달하는 것으로 본다는 것이 필자의 관점이다.

4) 즈구스타(Zgusta, 1971 : 257~258)는 '1. 정의에 있는 모든 단어는 설명되어야만 한다. 2. 사전적 정의는 정의되는 단어보다 이해하기 어려운 말을 넣어서는 안 된다. 3. 정의되는 말이 그 정의에 이용되어서는 안 된다. 또 독립하여 정의되지 않는 한 정의되는 단어의 파생어나 복합어도 함께 그 정의에 사용되어서는 안 된다. 그러나 만일 crib(호의 권의 사용)의 명사의 의미가 정의된다면 to use a crib(호의 권을 사용)과 같이 다른 품사를 정의하기 위해서 하나의 품사를 사용하는 것은 상관없다. 4. 정의는 정의되는 말의 품사에 대응해야 한다'고 뜻풀이의 원칙을 열거하고 있다.

(3) **한국어 학습사전 뜻풀이 형식 기술의 기본 원칙**
　　① 완전한 형태의 표제어에 뜻풀이를 한다.
　　② 되도록 쉬운 단어로서 표제어의 의미를 풀어 서술한다.
　　③ 서술식 뜻풀이 이외에 '길잡이말', '관련된 말', '삽화' 등을 사용
　　　　하여 학습자의 이해를 돕는 뜻풀이가 되도록 한다.
　　④ 최소의 서술식 풀이로 최적의 표제어를 뜻풀이하도록 한다.
　　　　－찾기의 횟수를 최소화 하도록 한다.
　　⑤ 뜻풀이는 다른 항목 간의 의미 정보를 공유하여 기술한다.
　　　　－이때 반복 보여주기 방법을 활용한다.
　　⑥ 뜻풀이의 풀이말은 표제어로 수록되어 있어야 한다.

한국어 학습사전의 의미 기술에서의 뜻풀이 형식의 기본 원칙은, 사전
의 뜻풀이에서는 되도록 쉬운 단어를 사용해서 풀이하도록 해야 한다. 이
는 ④의 다시 찾기의 횟수를 최소화시키는 것과 관련된다.

서술식 뜻풀이 이외에 '길잡이말', '관련된 말', '삽화' 등을 사용하여
의미 정보를 공유하여 '반복 보여 주기' 방법을 사용하는 것도 최소의 서
술식 풀이의 한 방법이다.

(4) **한국어 학습사전 뜻풀이 내용 기술의 기본 원칙**
　　① 뜻풀이 내용의 핵심은 표제어의 개념적 의미로 이루어진다.
　　② 의미 관계에 따른 의미들도 의미 정보로서 미시구조 내 여러 항
　　　　목들에서 제공한다(정보의 정도와 배분 및 배치의 측면 고려).
　　　　이때 각 항목들의 의미 정보는 서로 공유할 수 있다.
　　③ 표제어의 뜻풀이의 다의성은 내포적 의미 분석을 통해 이루어진다.
　　④ 3개 이상의 내포적 의미를 가진 표제어는 각 뜻풀이 앞에 길잡이
　　　　말을 제시한다(의미 이해의 편의성 고려).

---

5) 기존 대부분의 뜻풀이 연구는 형식적인 면을 중심으로 다루었으나, 이 연구는 리치
　　(Leech)의 7가지 의미 유형 속에서 제2언어 학습자가 어휘 습득의 과정에서 요구되는
　　사항들과 흡사한 것으로서 이를 응용하여 뜻풀이 기술 전개 과정에 접목시키려고 한다.

이때 길잡이말은 이미 제시된 정보로 반복 제시한다.
⑤ 부표제어의 뜻풀이 내용은 표제어의 연어적 의미의 파악 속에 이루어진다(결합(호응 / 공기)정보).
⑥ 참고상자의 뜻풀이 내용은 표제어의 정서적, 반영적, 주제적 의미를 잘 드러내도록 한다(화용정보).

한편, 뜻풀이 내용 기술의 기본 원칙 (4)에서와 같이, 단어 자체의 의미에서뿐만 아니라 다른 여러 단어들과의 관계 속에서 생겨난 의미들도 사전의 여러 항목에서 다양한 의미 정보들로서 다루어져야 한다. 이들 각 항목은 서로 의미 정보를 공유한다. 그리고 부표제어의 뜻풀이 내용을 기술할 때 학습의 효율성을 위해 정보를 유형화하도록 한다.

2. 의미 정보 기술

이 절에서는, '의미'를 '의미 정보'로 정보화하는 데에 '의미 관계'가 장치 역할을 한다는 논의를 바탕으로, 한국어 학습사전에서 '의미 정보'를 어떻게 정보화할지를 미시구조 내 여러 항목 간의 관계 속에서 논의하고자 한다.

1) 의미 관계와 의미 정보

어휘의 의미 관계6)에서 계열관계는 어휘의 본질적 의미와 체계를 나

---

6) '의미 관계'는 크게 계열관계와 결합관계, 복합관계로 나누어 살피며, 다시 계열관계는 '동의관계(유의관계), 대립관계(반의관계), 상하관계'로, 결합관계는 '대등합성어, 혼성어, 관용어, 연어' 등으로 분류하여 살핀다. 한편, 복합관계는 '다의관계, 동음관계, 중의관계' 등으로 나누어 논의한다.

타내는 것으로, **반의관계, 유의관계, 상하관계에 따라 생기는 의미는** 학습사전의 '의미 정보'로서 중요하다. 그렇다면 이 의미를 학습사전에서는 어떠한 형태로, 어디에서, 어떤 방식으로 제공해야 하는가를 논의해야 한다.

  (5) ㄱ. ˀ그 여자는 <u>아이를 낳은</u> **남편**이 사랑스럽다.
       ㄴ. ˀ그 하얀 <u>웨딩드레스를 입은</u> **신랑**이 멋있다.

  (5)´ 학습사전에서
       ㄱ. 남편 ⑲ **부부** 중 <u>남자</u>
       ㄴ. 신랑 ⑲ 결혼하는 남자 또는 갓 결혼한 <u>남자</u>

  (5ㄱ, ㄴ)의 '남편'과 '신랑'은 '남성'으로서 아이를 낳거나 웨딩드레스를 입는 사람으로 표현하는 것은 어색한 문장을 만든다. 이는 (5)´에서 제시한 '남편'과 '신랑'의 뜻풀이로도 해석이 가능하다. 그러나 (6)의 경우는 다르다.

  (6) ㄱ. ˀ<u>신랑</u>과 **아내**가 서로 사랑하면 그들은 행복한 **부부**이다.
       ㄴ. ˀ결혼식장에 **남편**만 있고 **신부**는 없다.

  (6)에서 '신랑'과 '남편'이 성(性)에 따른 '남자'라는 의미만으로는 해당 문장에서는 어색한 단어임을 설명할 수 없다. 이때에는 '신랑'과 '신부', '남편'과 '아내'가 서로 '대립어쌍'임을, 즉 '아내'와 '신부'에 대해 대립관계에 있는 단어가 '남편'과 '신랑'이라는 정보를 알고 있어야만 (6)의 문장이 어색한 문장임을 이해할 수 있다. 그렇다면 이러한 의미 정보를 한국어 학습사전에서는 어떻게 제공하고, 학습사전의 구조 내의 어디에서 제공해야 할 것인지 결정해야 한다.

(6)′ 수정 – 한국어 학습사전에서

의미 정보(대립정보) / 반의어

          ‘관련된 말’ 항목
㊙ 아내   ㄱ. 남편 ⑲ **부부** 중 **남자**
㊙ 신부   ㄴ. 신랑 ⑲ **결혼**하는 남자 또는 **갓 결혼한** 남자

학습사전에서는 ‘남편’과 ‘신랑’에 대한 여러 의미 정보 중에서도 ‘대립정보’를 미시구조 내 ‘관련된 말’ 항목에서 ‘남편’의 반의어인 ‘아내’를, ‘신랑’의 반의어인 ‘신부’를 제공해 줌으로써 학습자는 (6)의 문장이 왜 어색한 문장인가를 이해하게 된다.

따라서 해당 단어의 ‘의미 정보’로서 ‘대립정보’는 ‘관련된 말’ 항목에서 ‘반의어’ 형태로 제시하여 학습자에게 해당 단어의 의미를 제공한다.

(7)　ㄱ. 철수는 나에게 그 동안의 일을 **말했다**.
　　ㄴ. 철수는 나에게 그 동안의 일을 **이야기했다**.
　　ㄷ. 그가 집에 간다고 **말한** 것을 잊었다.
　　ㄹ. 그가 집에 간다고 **이야기한** 것을 잊었다.

(8)　ㄱ. 그는 딱 한마디만 **말했다**.
　　ㄴ. *그는 딱 한마디만 **이야기했다**.
　　ㄷ. 형이 동생에게 집에 가느냐고 **말했다**.
　　ㄹ. *형이 동생에게 집에 가느냐고 **이야기했다**.

(7)은 ‘말하다’와 ‘이야기하다’가 서로 대치될 수 있음을 보인다. 이는 ‘말하다’와 ‘이야기하다’는 유의관계에 있는 단어이기 때문이다. 그러나 (8ㄴ, ㄹ)의 ‘말하다’와 ‘이야기하다’는 서로 대치시켰을 때 비문이다. (8ㄴ, ㄹ)에서 ‘말하다’는 아주 짧은 발화를 가리키고, ‘이야기하다’는 의문문이 포함되기 어렵다는 것을 알 수 있다. 이러한 의미적 차이를 학습

사전에서는 '관련된 말' 항목에서 '유의정보'로 '유의어'를 제공함과 함께 '참고상자' 항목에서 제공한다. 이를 (9)로 제시한다.

(9) 수정 – 한국어 학습사전에서

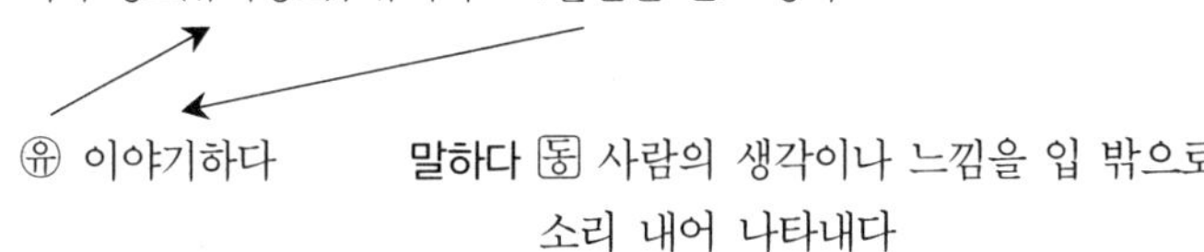

<참고상자> 항목

'말하다'와 '이야기하다'

'말하다'는 짧은 발화를 가리키고, '이야기하다'는 의문문이 포함되기 어렵다.
ㄱ. 철수는 나에게 그 동안의 일을 **말했다. / 이야기했다.**
ㄴ. 그가 집에 간다고 **말한 / 이야기한** 것을 잊었다.
ㄷ. 그는 딱 한마디만 **말했다. / *이야기했다.**
ㄹ. 형이 동생에게 집에 가느냐고 **말했다. / *이야기했다.**

(10) ㄱ. **새**는 **날짐승**이다.
ㄴ. **소나무**는 **동물**이 아니다.
ㄷ. **새와 소나무**는 **생물**이다.

(10)′ 〈그림 3〉 포섭관계

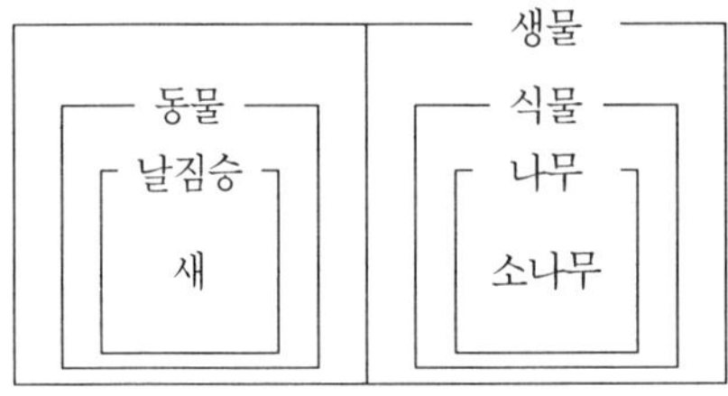

생물 ⊃ 동물 ⊃ 날짐승 ⊃ 새

생물 ⊃ 식물 ⊃ 나무 ⊃ 소나무
생물 ⊃ 새
생물 ⊃ 소나무

(10)의 '새'와 '소나무'의 의미는 <그림 3>과 같이 생물, 동물, 식물, 날짐승, 나무 등과 함께 포섭관계를 맺고 있는 상하관계에서 얻어지는 의미이다. 그렇다면 이 의미를 (10)″과 같이 미시구조 내 '뜻풀이' 항목에서 뜻풀이말로, '관련된 말' 항목에서는 '관련어', '반의어'로 제시하고, 필요에 따라 삽화에서 해당 단어와 '관련어'나 '반의어' 등을 제시하여 해당 단어의 의미 정보를 제공한다.

(10)″ 수정 – 한국어 학습사전에서
의미 정보(상하정보) / 관련어 / <관련된 말> 항목   <뜻풀이> 항목 / 뜻풀이말

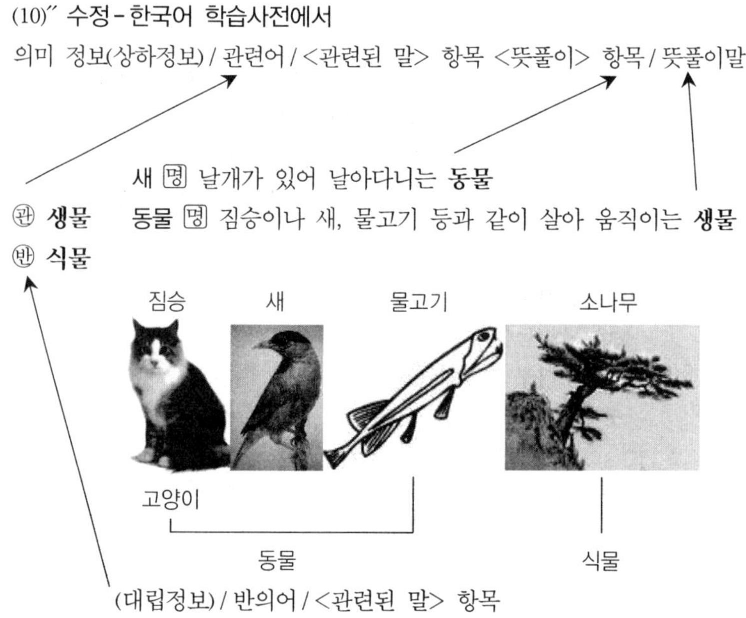

(대립정보) / 반의어 / <관련된 말> 항목

다음, 결합관계에서는 (11)과 같이 단어의 결합체나 문장을 생성하는 측면에서 어휘소의 선택 문제에 한정한다.[7] 그 구성이 하나의 단위를 이

루는 것으로는 (11ㄱ) '오가다'의 대등합성어, (11ㄴ) '경부고속도로'의 혼성어,[8] (11ㄷ) '누워서 떡 먹기'의 관용구[9]가 있고, 문장 속에서 폐쇄적인 결합관계를 보이는 (11ㄹ) '신발을 신다, 모자를 쓰다'의 연어가 있다.

(11) ㄱ. 그는 하루 종일 오락실을 **오간다.** −**['오다'의 의미+'가다'의 의미]**
ㄴ. **경부고속도로**를 타고 그곳을 갔다. −**[서울과 부산]**
ㄷ. 그 일은 나에게 **누워서 떡 먹기**이다. −**[제3의 의미]**
ㄹ. 신발을 **신고** 모자를 **쓴다.** −**[탈착동사의 대상 제약]**

(11ㄱ)은 '오다'와 '가다'의 의미가 서로 합성되어 얻어지는 의미이다. (11ㄴ)은 '서울'과 '부산'의 의미에서 생겨난 것이지만 새로운 '의미'를 갖게 되는 것이고, (11ㄷ)은 '쉽다'의 제3의 의미를 갖는 경우이다. 한편 (11ㄹ)은 '신다'나 '쓰다' 탈착동사로 그 대상을 '신발'과 '모자'로 제약을 받는다.

이러한 단어의 의미 정보는 단어 결합에서 제약을 보이는 경우이므로 학습자에게 어렵다. 이는 대부분 학습자의 모어와 일 대 일 대응이 되지 않는 경우이므로, 하나의 단위로 학습자에게 가시화해 줄 필요가 있다.

따라서 (11ㄱ, ㄴ)은 표제어로써, (11ㄷ, ㄹ)은 부표제어로써 가시화한다. 그리고 그 의미 정보는 '뜻풀이' 항목에서 뜻풀이말로 제시한다. 그러나 (11ㄴ)은 '고유명사'인 경우가 대부분이기 때문에 초·중급 학습자를

---

7) 최경봉(1998)에서는 결합관계를 어휘 결속, 즉 '선택 제약'의 넘어선 '문맥 제약'이라는 해석 제약에 이르기까지로 넓혀서 살핀다. 하지만 사전에서는 '문맥 제약'의 부분은 '문형 정보'에서 다루고 있기 때문에 그 범위를 넓히지 않는다.
8) 혼성어(Blend)는 음성적, 의미적으로 관련된 두 언어형식의 일부가 결합되어 이루어진 새 어휘소를 말한다.
9) 관용어를 둘 이상의 어휘소가 내용적으로 의미가 특수화되어 있고, 형식적으로 구성방식이 고정되어 있는 결합관계로 볼 때, 한 낱말의 의미만을 대신하는 것이 아니므로 낱말의 범주보다는 더 넓게 '구'로 취급하는 것이 더 타당할 것이다. 또한 용어 자체에서 낱말의 범주로 제한될 우려가 있어서 '관용구'의 용어로 취급한다.

위한 한국어 학습사전에서는 거의 다루지 않는 표제어이다. 이를 학습사전에서는 (11)´와 같이 다룬다.

(11)´ 수정 – 한국어 학습사전에서
　　ㄱ. 오가다 통 1 길을 **오거나 가다** 2 무엇을 주거나 받다
　　ㄴ. **경부고속도로** 명 **서울과 부산**을 잇는 고속도로
　　ㄷ. 눕다 통 몸 전체를 바닥에 닿게 하다
　　　　◆ **누워서 떡 먹기** 일이 쉽고 간단하다. 유 쉽다
　　ㄹ. 신발 명 걸을 때 발에 신는 물건
　　　　◇ **신발을 신다** 신발 속에 발을 넣다. 반 신발을 벗다

다음, 복합관계는 다의어(12ㄱ)나 동음이의어(12ㄴ), 그리고 중의성(12ㄷ) 등에서 살필 수 있다. 이들은 한 단어에 대해 여러 가지 의미를 가진 것들이다.

(12)　ㄱ. 손 ① 신체의 한 부분(기본 의미)
　　　　　　② 보조(손발이 되다) ③ 일손(손이 달리다) ④ 관계(손을 잡다)
　　ㄴ. 비¹ : 비²(빗자루)
　　ㄷ. **아기를 보러 간다**. : ① 방문하러 가다 ② 돌보러 가다

(12)´ 수정 – 한국어 학습사전에서
　　ㄱ. 손 명 ♂**신체** 1 무엇을 잡거나 만지는 기능을 하는 신체의 한 부분
　　　　　　♂**일손** 2 일을 하는 사람
　　　　　　♂**노력** 3 어떤 일을 하는 데 드는 사람의 힘이나 노력, 기술
　　ㄴ. 비¹ 명 하늘에서 수증기가 뭉쳐서 땅 위로 떨어지는 물방울
　　　　비² 명 먼지나 쓰레기를 쓸어 내는 청소 기구
　　ㄷ. 보다 통 ♂**감각** 1 눈으로 대상을 알다.
　　　　　　♂**만남** 2 사람을 만나다.
　　　　　　♂**보호** 3 돌보거나 지키다.

(12´ㄱ)과 같이 '손'에 대한 기본의미는 '1'번으로 하고 나머지 파생의

미는 '2, 3, …'번으로 번호를 매겨서 그 뜻을 풀이한다. 그리고 이때, 파생의미는 '길잡이말', 'ơ신체, ơ일손, ơ노력' 등을 제시하여 시각적으로 두드러지게 한다.

동음이의관계에서 얻어지는 의미는, (12´ㄴ)과 같이 표제어에 '어깨번호'를 달아서 제시하고 또 한자어일 경우에는 한자를 밝힌다. 그 의미 정보에 대한 구체적인 것은 '뜻풀이' 항목에서 뜻풀이말을 통해 제공한다.

한편, 복합관계에서 '중의성'의 문제는 '다의어'나 '동음이의어' 등에서 생겨나는 것으로 그들을 다루는 것과 같은 방식으로 다루면 된다.

복합관계에서의 파생되는 '의미'는 학습사전에서 의미 정보로서 그 형태는 '뜻풀이 번호와 길잡이말, 어깨번호' 등으로 제시하고 그 의미 정보를 뜻풀이 항목에서 구체적으로 기술하여 다룬다.

이상과 같은 어휘의 의미 관계와 의미 정보의 관계를 기존 학습사전에서는 어떻게 다루고 있는지 검토해 보자.

(13) 기존 학습사전에 제시한 '눈'의 의미 정보
　　ㄱ. 눈 몡 공기 중에 있는 물방울이 하얗게 얼어서 땅으로 떨어지는 것

눈

__『의미로 분류한 현대 한국어 학습사전』에서

　　ㄴ. 눈[2]★★★[얼음][눈 : nu : n] 몡 하늘에 있는 물기가 얼어서 땅 위에 떨어지는 하얗고 작은 얼음 조각. ‖ 눈이 날리다. / 그 여자는 피부가 눈처럼 하얗고 깨끗해요.
　　◇ 눈이 [내리다 · 오다] ‖ 크리스마스에 **눈이 왔**으면 좋겠어요. / 아침부터 **눈이 내리기** 시작했어요.
　　▶ 비가 오나 눈이 오나 ☞비

__『외국인을 위한 한국어 학습사전』에서

ㄷ. 눈 : 2 명 주로 겨울철에 대기(大氣) 중의 수증기가 얼어 하늘에서
땅 위로 내리는 흰 색의 결정체. <반>비
예 겨울에는 ~이 내린다. / ~이 오면, 온 세상이 하얗게 된다.
봄이 되면, ~이 녹는다. / 아이들이 ~사람을 만든다.

_『한국어사전』10)에서

(13ㄱ)은 '눈'의 의미 정보를 '뜻풀이' 항목 외에 '삽화'를 통해서 보여
주려고 했지만 제시한 삽화로는 무엇이 '눈'인지를 알 수 없다. 학습자가
이해할 수 있도록 지시화살표를 사용하든지, 아니면 (13′ㄱ)과 같이 그림
삽화를 통해 제시하는 것이 학습자의 이해를 돕는다. 여기서는 '눈사람'
어휘 정보도 자연스럽게 학습자에게 제공한다.

(13′ㄱ) 수정 삽화

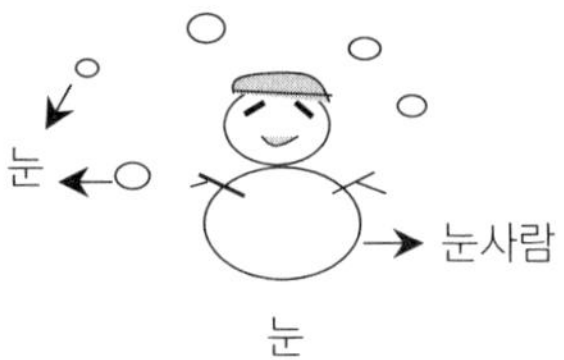

한편, (13ㄱ)의 '눈' 뜻풀이에서 '~ 떨어지는 것'이라 풀이했다. 그러나
'것'은 통칭적인 것으로 무엇을 구체적으로 나타내는지 외국인 학습자가
짐작하지 못할 수도 있다. 외국인 학습자에게 '것'은 해당 단어의 의미를
파악하는 데에 도움이 되지 못한다. 이때 '것'을 '덩어리'로 구체적으로
제시해야 한다. 한국어 학습사전에서는 '것'을 사용하여 뜻풀이하는 것을
지양해야 한다.
그리고 (13ㄴ)의 '눈'의 의미 정보는 복합관계에서 볼 때, 어깨번호를

---

10) 여기서 『한국어사전』은 외국인을 대상으로 한 학습사전은 아니지만, 논의의 필요상
일부 논의에서만 인용하기로 한다.

통해서 제시한 표제어 '눈'이 음은 같으나 그 의미는 다른 동음이의정보를 제공하고 있다. 그런데 이때 '표제어'에 '길잡이말'을 '얼음'이라고 제시해 놓았다. 그러나 '눈'에 '얼음'을 길잡이말로, '얼음 조각'을 풀이말로 제시하는 것은 부적절하다. 이들 단어는 쉽게 '눈'과 연상되지 않는다. 이보다 '겨울에 하늘에서 떨어져서 따뜻하면 녹아 없어지는 흰색의 아주 작고 가벼운 덩어리'로 뜻풀이하는 것이 더 적절하다.

(13ㄴ)에서는 '눈이 날리다, 눈이 내리다 / 오다' 등을 통해서 '눈'의 연어 정보를 제시하고 있다. 그러나 '눈이 날리다'는 용례에서 다루고 있어 일관성을 보이지 못한다. 한편, 연어 정보는 (13′ㄴ)과 같이 '뜻풀이'를 반드시 해 주어야 한다.

(13′ㄴ) **수정**
> ㄴ. 눈²[눈 :] ㆄ 겨울에 하늘에서 떨어져서 더우면 녹아 없어지
> 는 흰색의 아주 가벼운 덩어리 ㉲ **눈**이 와서 세상이 하얗다.
> ◇ 눈이 날리다 눈이 바람에 따라 이리저리 움직이다.
> ◇ 눈이 [내리다 · 오다] 눈이 하늘에서 아래로 떨어지다.

그리고 (13ㄴ)에서 뜻풀이말로 '물기'를 사용하고 있으나 이 단어는 이 사전에서 등재되어 있지 않는 단어로, 학습자가 '눈'의 완전한 뜻을 이해할 수 없다.

(13ㄷ)은 '눈'의 '반대어'로 '비'를 제시하는데, 이는 부적절하다. 이 사전에서 주목해야 부분은 용례이다. 우선, '겨울에는 ～이 내린다.'에서는 '눈'과 '겨울'(계열관계에 따른 의미 정보), '눈이 내리다'(결합관계에 따른 의미 정보)를 통해서, '～이 오면, 온 세상이 하얗게 된다.'에서는 '눈이 오다'(결합관계에 따른 의미 정보), '하얗다'(계열관계에 따른 의미 정보)를 통해서, '봄이 되면, ～이 녹는다.'에서는 '봄'과 '녹다'(계열관계에 따른 의미 정보와 어휘 자체의 속성), '아이들이 ～사람을 만든다.'에서는 '눈사람'(결합관계에 따른 의

미 정보)을 통해서 의미 정보를 제공한다. 이렇게 다양한 의미 정보를 용
례에서 모두 다루고 있다.

학습자의 어휘 학습을 위해서는 (13ㄷ)과 같이 다양한 의미 정보를 좀
더 '유형화'하고, 시각화하는 것이 필요하다.

한국어 학습사전에서는 다양한 의미를 여러 형태의 의미 정보로, 또 미
시구조 내의 여러 항목에서 제공해야 하며, 이들 의미 정보는 상호관련성
을 가지며 서로 공유한다. 이는 종이 사전의 효율적 지면 사용을 위해서
뿐만 아니라 항목 간의 의미 정보의 공유에서 '반복 보여 주기' 방법을
사용하여 학습자의 학습 효율을 높인다.

(14) 한국어 학습사전에서 제공되는 의미 정보[11]
       표제어 ┌ 단어 자체의 의미(기본 / 속성적 의미)
              └ 다른 단어와의 관계적인 의미(관계적 의미)┐
           ┌ 계열관계 ┌ 대립관계(대립정보) – 반의어 ◄┘
           │   ├ 유의관계(유의정보) – 유의어
           │   └ 상하관계(상하정보) – 상하위어
           ├ 결합관계 ┌ 하나의 단위로 이루어진 결합관계 ┌ 대등합성어
           │   │ (의미합성정보)   ├ 혼성어
           │   │   └ 관용구,
           │   │   속담
           │   └ 폐쇄적인 결합관계(연어정보) – 연어
           └ 복합관계 ┌ 동음관계(동음이의정보) – 동음이의어
                     ├ 다의관계(다의정보) – 다의어
                     └ 중의관계 – 중의성(다의정보, 동음이의정보)

(15)는 '때리다'의 의미 기술을 보인 보기이다. '때리다'의 대립정보를
'반의어'인 '맞다'로, '관련된 말' 항목과 삽화에서 보여 주고, '때리다'의

─────────────

11) 임지룡(1992)의 분류를 참조로 하여 제시한 것이다.

유의정보를 '유의어'인 '치다'로, '뜻풀이' 항목과 '관련된 말' 항목에서 제공한다. '때리다'의 대립정보와 유의정보를 두 항목에서 '반복 보여주기' 방법을 통해 기술한다.

(15) 의미 정보들의 관련성과 그 기술

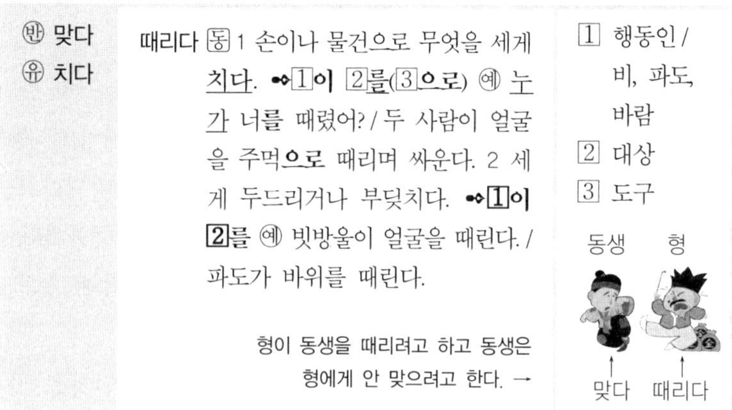

한국어 학습사전에 적합한 뜻풀이의 유형12)은 의미 기술의 효용성을

---

12) 이병근(2000 : 373~374)에서 언급한, U. 바인라이히(U. Weinreich, 1962)는 ① 유의어의 방법, ② 분석의 방법, ③ 합성의 방법, ④ 외연적 방법, ⑤ 실물 표시의 방법, ⑥ 함축적(문맥적) 방법, ⑦ 규칙 부여 방법으로 정의를 분류하였고, R. 마틴(R. Martin, 1977)에서는 먼저 ① 메타언어적 정의, ② 환언적 정의로 분류하고 다시 환언적 정의를 ②-1 설명적 정의, ②-2 비설명적 정의로 나누었다. 한편 정순기 · 리기원(1984)의 『사전편찬리론연구』에서는 '풀이 방법'에서 ① 설명식 풀이, ② 안내 풀이로 나누고, '올림말이 담고 있는 내용과 풀이내용과의 호상관계'에 따라 ① 직접적 풀이, ② 간접적 풀이로 분류하며, '풀이내용의 측면에서' ① 언어학적 풀이, ② 백과사전적 풀이, ③ 언어학적 및 백과사전적 풀이로 분류하였다. 그리고 이병근(2000 : 374~386)에서는 언어적 의미를 중시하는 언어 사전을 전제로 하여 정의의 유형을 ① 딴 단어로의 대치에 의한 정의, ② 형태 · 의미론적 정의, ③ 논리적 · 분석적 정의로 분류하여 뜻풀이의 유형에 대해 논의하고 있다. 배도용(2007 : 75)에서는 올림말의 뜻풀이 모형을 생성 의미론에서 '특질구조 모형'을 통해 외국어로서의 한국어 학습자를 위한 사전에 적용하고자 했다. 여기서는 일관된 원리가 결여된 기존 사전의 뜻풀이 방식이나 일관성 없는 예문의 배열 방식, 뜻풀이 순서와 예구 및 예문

도모해야 하며, 또한 어휘 확장에 기여해야 한다는 전제 아래, 다른 의미 정보와의 관련성 아래, '반복 보여 주기' 방법을 사용하여 의미 정보를 기술한다.

2) 의미 정보와 미시구조 내 항목 간의 관련성

여기서는 한국어 학습사전에서 의미 정보의 기술은, 한 단어의 의미 정보량의 측면에서 뜻풀이 항목을 중심으로 하여 미시구조 내의 각 항목들에서 어떻게 기술되어야 하는지 논하고자 한다. '뜻풀이와 어깨번호', '뜻풀이와 길잡이말', '뜻풀이와 용례', '뜻풀이와 관련된말', '뜻풀이와 문형 정보', '뜻풀이와 참고상자', '뜻풀이와 부표제어', '부표제어와 용례', '뜻풀이와 삽화' 등으로 나누어 다루겠다.

여기서 나누어진 항목들의 관계는 이들 항목들만이 관련성을 가지는 것이 아니라 여러 항목들이 뜻풀이 항목을 중심으로 하여 상호 보완적인 관계 속에서 다발적으로 의미 정보를 제공할 수 있지만, 기술상의 편의를 위해 갈래지어 논의한다.

(1) 뜻풀이와 어깨번호의 관련성

어깨번호는 소리가 같을 뿐 그 의미는 다른 동음이의어의 경우임을 학습자에게 제공한다.

(16) **동음이의어와 다의어의 처리**
　　ㄱ. **처음**[맨 앞] 圐 (차례나 시간으로) 맨 앞. ∥ 서울엔 처음이어서 자

배열 순서가 일치되지 않는 점 등에 그 문제점을 제기하고, '중심의미=형태면+[구성면+기능면+(작인면)]의 방식으로 뜻풀이를 기술하려 한다.

리를 잘 모르겠어요. ㉾끝, 마지막. ㉿첨.

처음²[맨 앞에] ㉭ (차례나 시간으로) 맨 앞에. ‖ 한국에 와서 처음 먹어본 음식이 무엇입니까? ㉿첨.

__『외국인을 위한 한국어 학습사전』에서

ㄴ. 처음 ㉥㉭ 시간이나 순서의 맨 앞

__『의미로 분류한 현대 한국어 학습사전』에서

(16)은 '처음'을 다르게 다루고 있는 사전들의 보기이다. 특히 형태는 같지만 품사가 다른 경우, 이를 어깨번호를 매겨 서로 다른 표제어로 둘 필요가 없다. '표제어'의 증가는 학습자의 학습 부담량을 증대시키므로, (16ㄱ)과 같이 의미적 유연성이 있을 경우는 품사가 다르다 하더라도 '동음이의어'로 다루지 않는다. 외국인 학습자에게 의미가 같거나 비슷한 것에 대해 그 단어들의 품사를 판단하게 하기 위해 표제어를 늘리는 것은 경제적인 면에서나 학습 효과 면에서 효율적이지 못하다. 따라서 (16)′와 같이 한 표제항 아래에 번호를 달리 두고 그 뒤에 (   ) 속에 '명사로, 부사로'로 제시하면 된다.

(16)′ 제안 형식

㉾ 끝, 나중, 마지막 ㉿ 시작, 애초	처음 ㉥㉭ 1 (**명사로**) 어떤 일에서의 시간이나 순서의 가장 앞 ㉩ 뭐든지 처음이 어렵다. / 내 순서가 제일 처음이다. 2 (**부사로**) (홀로, '−에, −으로'가 붙어서) 경험하지 못하여 ㉩ 이곳은 내가 처음 와 본 곳이다. / 그 일은 내가 처음에 한 일이다. / 그는 결혼식장에 처음으로 왔다.

한편, '어깨번호'가 있는 표제어는 '동음이의어'일 때 (17)과 같이 다양한 형태로 '길잡이말'을 제시하는 학습사전이 있다. 그러나 이런 다양한 형태의 '길잡이말'은 오히려 외국인 학습자에게 혼란을 준다.

(17) **다양한 길잡이말의 형태**

ㄱ. **거리**[길이] 몡 1 서로 떨어져 있는 두 곳 사이의 길이. (중략)

거리[길] 몡 집이 늘어선 사이에 사람이나 차가 다니는 길. (중략)

거리[일할 거리] 몡 ((의존)) 1 어떤 일을 하는 데 쓸 재료. (중략)

공[훌륭한 일] 몡 1 어떤 목표를 달성하는 데에 기여한 일. (중략)

ㄴ. **각자**[한 사람 한 사람마다] 閉 한 사람 한 사람마다. (중략)

계시다[무엇을 하시고] 몡 ((보조)) (높은 분이나 어른이 어떤 일을 하는 중에) 있다. (중략)

ㄷ. **짜다**[옷감을] 동 (어떤 재료로 무엇을) 만들다. (중략)

짜다[기름을] 동 (무엇을 누르거나 비틀어서) 안에 있는 것이 밖으로 나오게 하다. (중략)

ㄹ. **들다**[들어가다] 동 1 (밖에서 안으로) 가거나 오다. (중략)

들다[가지다] 동 (무엇을) 손에 가지다. 손에 잡다. (중략)

들다[먹다] 동 (음식을) 먹거나 마시다. (중략)

__『외국인을 위한 한국어 학습사전』에서

(17)의 표제어는 이미 동음이의정보를 표제어로, 어깨번호로 가시화되어 있고, 또한 뜻풀이에서도 그 의미 정보를 제공하고 있다. 따라서 외국인 학습자에게 충분히 의미 정보를 제공하고 있음에도 불구하고 여기에 또 '길잡이말'[13])을 붙이는 것은 지면 제약에 있어 비효율적인 기술 방법

---

13) 박수연(2003)에서 밝힌 『연세초등사전』의 표제어와 길잡이말의 관계에서 드러난 문제는 다음과 같다.

① 길잡이말이 표제어보다 어려울 경우
예) 바로 [구령] → 수정 제시 말 [명령]
② 길잡이말이 동형어인 경우

이다. 게다가 '길잡이말'의 형태도 다양하여 외국인 학습자에게 독해·해독의 어려움을 주고 있다.

(2) 뜻풀이와 길잡이말의 관련성

해당 표제어(단어)의 다의의 의미를 기술할 때, 일반적으로 뜻풀이에 번호를 매겨 기술한다. 만약 다의 의미가 여러 개일 때 각각의 의미 기술에 '길잡이말'을 붙여 줌으로써 학습자의 이해와 학습의 효율성을 높일 수 있다. 이때 길잡이말의 형태는 (18)과 같다.

(18) '길잡이말' 기본 원칙
　　1. 대명사를 제외하고 3개 이상의 다의의 의미 기술 시에 길잡이말을
　　　　붙인다.
　　2. 그 형태는 명사(단어)로 통일한다.
　　　① 대명사, 명사—상·하위어
　　　② 용언—자동사 / 타동사

　　예) 출가 [중](가운데, 등급, 스님) → 수정 제시 말 [스님]
③ 표제어를 자극어로 봤을 때 길잡이말이 반응어로 바로 연상되지 않을 경우
　　예) 뫼[땅] → 수정 제시 말 [산] → [땅], [밥]과의 구별
④ 길잡이말의 통일성 부족
　　예) 세는 말을 길잡이말로 사용한 경우—개[세는 말] 마[세는 말] 채[세는 말]
　　　　대상을 길잡이말로 사용한 경우—근[무게] 리[거리] 봉[봉투]
'한국어 학습사전'에서의 길잡이말은 1) 쉬워야 하고, 2) 표준어로 제시하고, 3) 외국인 학습자의 어휘 부담감을 덜어주기 위해 어휘 통제가 이루어져야 하고, 4) 동일한 유형의 어휘들에는 통일성 있는 길잡이말이 제시되어야 하고, 5) 형태적인 면에서 볼 때, 길잡이말은 표제어의 범주에 따라 그 특성을 달리해야 하고, 6) 같은 기능을 하는 단어가 동형어를 이룰 경우, 용례를 들어 각각을 구분해야 하고, 7) 문화 어휘가 동형어의 일원이면 사진이나 그림을 적극 활용해야 하고, 8) 한국어 학습사전에서 외래어의 길잡이말은 주의해야 하고, 9) 품사통용어의 경우 문법적 차이가 분명한 경우는 각각을 표제어로 삼아 의미나 활용형을 길잡이말로 사용하고, 의미가 동일하고 품사만 바뀌는 경우는 동형어로 다루지 않는 것이 바람직하다고 보고 있다.

－형용사

－보조용언

③ 부사

3. 다른 항목에서 제시한 단어로 제시한다.

－반복하기

4. 어미와 조사는 길잡이말을 제시하지 않는다.

길잡이말은 뜻풀이에서 사용하는 뜻풀이말이나 기타 항목에서 기술된 단어를 사용하도록 한다. 이는 의미 정보를 정형화하기 위한 기술 방법이다. 그러나 조사나 어미는 여러 문법적 의미를 가지고 있어 메타언어적 성격이 아주 강하므로 '길잡이말'을 제시하지 않는다.

그리고 다의의 기술이 5개 이상이 될 경우 사용빈도에 따라 제한한다. 초·중급 학생을 대상으로 한 한국어 학습사전에서는 사용빈도가 아주 낮은 것은 되도록 제시하지 않는다.

(19) 제안 모델

| 1 ⟨반⟩ 들어오다
3 ⟨유⟩ 다니다
4 ⟨유⟩ 참석하다
(중략) | 나가다 ⟨동⟩ ♂장소 1 안에서 밖으로 가다. ↤1이 2에
♂방향 2 앞으로 가다. ↤1이 2로
♂일 3 일을 하러 가다. ↤1이 2에
♂회의 4 회의에 참석하다. ↤1이 2에
♂소식 5 방송, 광고, 보도 등에서 소식이 옮겨지거나 전해지다. ↤1이 | 1·2 1 사람
2 장소
3 1 사람
2 직장
4 1 사람
2 회의
5 1 방송,
광고,
보도,
소식
(중략) |

(19)처럼 '길잡이말'을 명사로 통일시키는 것은, 학습자가 기억하는 데

에는 긴 단위보다 짧은 단위가 더 좋기 때문이다. 명사일 경우에는 상·하위어를 사용한다하더라도 기타의 품사에서는 해당 단어의 의미가 아니더라도 그 해당 표제어와 관련된 명사들을 여러 항목에서 찾아 '길잡이말'로 선택하여, 외국인 학습자가 해당 단어의 의미를 이해하고 학습하는 데 도움을 주어야 한다.

(3) 뜻풀이와 용례의 관련성

토노(Tono, 2001 : 20~21)에서 L2 어휘 학습에서의 사전 사용 연구의 조사 결과를 분석한 결과에서, '이해를 위해서, 정의나 예만으로 된 것보다는 정의(Definition)와 용례(Example)가 결합된 표제어가 가장 좋다'는 조사 결과(라우퍼(Laufer, 1993)의 조사)와, 관련된 단어들은 관련되지 않은 단어보다 실제적으로나 의미적으로 더욱 자주 찾는다는 조사 결과(훌스틴(Hulstijn, 1993)의 조사)를 언급했다. 그리고 문맥의 다양함(여러 변형들)과 사전의 정의 사이에는 상호작용이 없으며, 이들은 연결성이 약한 문맥에서보다 연결성이 강한 문맥 상황에서 더 잘 수행된다는 조사 결과(니스트 & 올레닉(Nist & Olejnik, 1995)의 조사)에 대한 논의를 다루었다.

이들 조사를 참고할 때, 뜻풀이와 용례가 함께 주어지는 것은 학습자의 학습 효율을 높일 수 있고, '용례'와 '뜻풀이' 이외에 다른 항목과의 관련성을 고려하는 것 역시 학습자의 단어 이해와 표현 향상에 도움을 준다. 따라서 뜻풀이뿐만 아니라 다른 항목에서 제공되는 의미 정보를 이용하여 용례를 제시할 필요가 있다.

뜻풀이와 용례는 표제어, 부표제어, 참고상자 등에서도 제시된다. 여기서는 뜻풀이와 용례의 관련성의 측면에서 볼 때, 두 항목 간의 관계뿐만 아니라 다른 항목과의 관련성도 함께 고려한 기술이 이루어져야 한다는 데 초점을 두고 논의를 한다.

(20) 학습사전에서의 뜻풀이와 용례의 관련성

　　　낮 명 1 해가 떠서 질 때까지의 시간. 반 밤

　　　　‖ **밤**이 **낮**처럼 밝네요. / ㉠ 서울에는 **낮**에 도착하셨습니까?

　　　　2 오전 12시 전후로 해서 해가 하늘에 가장 높이 떠 있어서 환

　　　　한 때.

　　　　‖ ㉡ 오늘 **낮** 최고 기온은 23(이십삼)도로 예상됩니다.

__『외국인을 위한 한국어 학습사전』에서

(20)′ 수정

　　　낮 명 1 해가 떠서 질 때까지의 시간 예 **밤**이 **낮**처럼 밝네요. / 보통

　　　　사람들이 **낮**에는 일을 하고 **밤**에는 잠을 잔다. 반 밤

　　　　2 오전 12시 전후로 해서 해가 하늘에 가장 높이 떠 있어서 환

　　　　한 때. 예 나는 **낮** <u>12시</u>가 되면 점심을 먹는다.

　　(20)은 '관련된 말' 항목에서 '낮'의 대립정보로 반의어 '밤'을 제공하고 있다. 그리고 이를 용례에서도 대립정보를 사용하여 '밤이 낮처럼 밝네요.'라고 제시한다. 이는 '연결성이 있는 문맥'을 통해서 어휘를 이해시키는 방법이 학습자의 자연스러운 언어 습득의 과정이므로 적절하다. 한편, (20)′와 같이 용례를 제시하면 '낮'의 의미를 이해하는 데 더 효과적이다.

(21) 하늘 명 1 해, 달, 별 따위가 떠 있는 공중

　　　　예 <u>**비행기가**</u> **하늘**에 떠 있다. / <u>**별이**</u> **하늘**에 떠 있다.

　　(21)에서 '하늘'의 뜻풀이에서 얻을 수 있는 의미 정보는 '뜨다', '공중', '그곳에 해, 달, 별들이 있다' 등이다. 이 의미 정보를 사용하여 (21)과 같이 용례를 기술하면 학습에 효율적이다.

(4) 뜻풀이와 '관련된 말'의 관련성

해당 표제어와 관련된 단어들은 일상생활이나 한국어 학습 등에서 관련되지 않은 단어보다 더욱 자주 찾게 된다. 특히 '관련된 말' 항목에서 표제어와 관련된 단어들을 제공해 줌으로써 학습자의 어휘 습득 과정에서 표제어를 둘러싼 의미망을 구축하게 한다. 따라서 '관련된 말'에서 제공하는 의미 정보는 그 어떤 정보보다 학습자의 표제어에 대한 이해를 돕는 데에 큰 비중을 차지한다.

(22)와 같이 기존의 학습사전에서도 '관련된 말'을 '뜻풀이말'로 선택하여 기술한 예들이 보인다.

(22) 뜻풀이와 관련된 말의 관련성
  ㄱ. **구실** 몡 역할. 비 역할·노릇
  ㄴ. **아주** 뮈 (중략) 3 전혀. 관 전혀
  ㄷ. **나다**[1] 동 1 (없던 것이) 생기다. 관 생기다.
  ㄹ. **가깝다** 형 1 (어떤 곳이 다른 곳에서) 멀지 않다. 반 멀다.

＿『외국인을 위한 한국어 학습사전』에서

그러나 '관련된 말'을 이용한 뜻풀이의 방식은 외국인 학습자에게 다시 표제어를 찾아야 하는 번거로움을 줄 수도 있다. 의미망을 통한 어휘 습득의 방법과 반복을 통한 어휘 습득의 방법은 전통적으로 어휘 습득의 과정에서 이루어지고 있는 잘 알려진 방법이기 때문에 한정된 범위 내에서는 이 기술 방법도 나쁘지 않다. 여기에 대한 구체적인 논의는 다음 장에서 다루기로 하겠다.

(5) 뜻풀이와 문형 정보의 관련성

토노(Tono, 2001 : 15~17)에서는, 어휘 지식(Vocabulary knowledge)을 '정적인(static)' 이미지의 개념으로뿐만 아니라 '동적인(dynamic)' 개념으로도 정의하는 것이 중요하다고 했다. 그리고 네이션(Nation, 1990 : 31)에서는 어휘 학습의 일반적인 경향은 수용적인 지식(Receptive knowledge)에서 생산적인 지식(Productive knowledge)으로 나아간다고 보았다.

이러한 견해는, 학습자의 어휘 습득 과정에서 학습하는 표제어의 문법적 패턴인 문형 정보 및 그 단어의 기능적 지식 등의 정보를 학습사전에서도 제공해 주어야 한다는 것을 함의한다. 그리고 실제 앞서 살핀 설문 조사의 결과에서도 학습자가 학습사전에서 문형 정보를 제공해 주는 데에 대해 긍정적이었다.

어휘 지식은 독립적으로뿐만 아니라 문맥 속에서 판단되어야 한다는 토노(Tono, 2001)의 논의와 함께 한 단어가 어떻게 문맥에서 사용되는가 하는 것은 학습자에게 생산적인 지식을 쌓아가는 길잡이 역할을 하는 것이다.

격틀에서 제공되는 격틀의 어휘 정보는 해당 표제어와 관련된 단어 정보들을 알 수 있다. 여기에서도 '반복 보여 주기'를 통한 어휘 학습의 방법을 사용한다.

(23) **뜻풀이와 문형 정보의 관련성**
　　 붓다¹ 图 1 **(액체나 가루를) 그릇에** 쏟아 넣다. ‖ 그는 종이컵에다 커피를 넣고는 뜨거운 물을 부었다. / 꽃병에 물을 부어 주세요 ▷ ①이 ②를(③에) 붓다(① 사람 ② 물 / 흙… ③ 그릇 / 컵…) ㉙ 따르다. ㉛ '붓다'는 액체나 가루를 다른 곳으로 옮길 때 쓴다. 2 **(적금, 이자** 등을) 일정한 기간마다 내다. ‖ 어머니는 적금을 부어 돈을 모으셨다. ▷ ①이 ②를 붓다(① 사람 ② **적금 / 곗돈**…)
　　　　　　　　 ＿『외국인을 위한 한국어 학습사전』에서

(23)에서 문형 정보와 뜻풀이, 용례의 관계를 볼 때, 용례가 문형 정보에 적형인 예가 아니다. 이는 학습자의 이해를 어렵게 한다. 따라서 '그는 종이컵에 물을 부었다.'의 용례를 쓰는 것이 더 적형이다.

앞선 설문 조사에서 많은 정보 기술의 '가로 이어쓰기'와 표제항 내의 많은 '기호나 부호'는 학습자의 해독력을 떨어뜨린다. 따라서 이들 정보를 (23)″와 같이 공간을 나누어 기술하는 것도 하나의 기술 방법이다.

한편, '단순한 것에서 복잡한 것'순으로 된 것을 쉽게 인지할 수 있다는 인지의 특성에 따라, 문형 정보와 용례의 배치를 (23)′와 같이 문형 정보의 틀을 먼저 제시한 후에 용례를 쓰는 것이 학습자에게 더 자연스럽다.

(23)′ 수정

> 붓다[1] 동 1 (액체나 가루를) 그릇에 쏟아 넣다. ▷ 1이 2를 (3에) 붓다(1 사람 2 물 / 흙… 3 그릇/컵…) 예 그는 종이컵에 물을 부었다. / 꽃병에 물을 부어 주세요. (중략) 2 (적금, 이자 등을) 일정한 기간마다 내다. ▷ 1이 2를 붓다(1 사람 2 적금 / 곗돈…) 예 어머니는 적금을 **부었다.**

(23)″ 재수정

붓다[1] 동 1 (액체나 가루를) 그릇에 쏟아 넣다. ➡1이 2를 (3에) 예 그는 종이컵에 물을 **부었다.** / 꽃병에 물을 **부어** 주세요. (중략) 2 (적금, 이자 등을) 일정한 기간마다 내다. ➡ 1이 2를 예 어머니는 적금을 **부었다.**	1 1 사람 2 물 / 흙 3 그릇 / 컵 2 1 사람 2 적금

한편, (24ㄴ)의 격틀 어휘 정보인 '곗돈'은 이 사전의 표제어로 실려 있지 않은 단어로 학습자의 이해를 방해한다. 따라서 격틀에서의 어휘 정보

의 단어를 선택할 때, 사전에 실린 단어들을 대상으로 해야 한다.

(24)　격틀에서의 어휘 선택 문제
　　ㄱ. ▷ ①이 ②를 (③에) 붓다(① 사람 ② 물 / 흙… ③ 그릇 / 컵…)
　　ㄴ. ▷ ①이 ②를 붓다(① 사람 ② 적금 / 곗돈…)
　　ㄷ. ▷ ①이 (②에) 녹다(① 가루 / 소금 / 설탕 ② 물 / 액체…)

(24)´ 수정

붓다 동	1 ① 사람
⮞ 1 ①이 ②를 (③에)	② 물, 흙
⮞ 2 ①이 ②를	③ 그릇(컵)
	2 ① 사람
	② 적금
녹다 동	① 가루(소금, 설탕)
⮞ ①이 (②에)	② 액체(물)

　뿐만 아니라 (24ㄷ) '녹다'의 격틀 어휘 정보, '가루'와 '소금, 설탕', '물'과 '액체'의 관계는 상위어(가루, 액체) – 하위어(소금과 설탕, 물)의 관계에 있다. 이 경우에는 (　)로써 '상위어'와 '하위어'를 표시해 준다.

(6) 뜻풀이와 참고상자의 관련성

　기존의 학습사전에서 다루고 있는 '참고상자' 항목에서는 해당 표제어와 유의관계에 있는 어휘들의 의미적, 문법적 차이점을 제시하거나 이들의 의미망 구조(해당 표제어의 상·하위어 관계 제시)를 제시하는 경우가 대부분이다.
　한 단어에 대한 어휘 지식을 습득하는 데 있어 그 단어 자체만을 알게 되는 것만이 아니라 그 단어와 관련된 어휘를 함께 연상한다. 따라서 (25)와 같이, 연상되는 어휘들의 관련성을 '참고상자'에서 제공한다면 학습자의 표제어에 대한 의미 이해에 도움이 된다.

한편, 참고상자에서의 뜻풀이는 새로운 어휘보다는 이미 제시된 의미 정보를 반복 사용하여 기술하는 것이 학습의 효율을 높인다.

(25) 뜻풀이와 참고상자의 관련성
기쁘다 [형] (마음에 드는 일이 있어서) 신이 나고 기분이 좋다. [반] 슬프다. (중략)

'기쁘다'와 '즐겁다'의 다른 점

'기쁘다'는 **바라던 일이 이루어져 좋게 느끼는 것**이고, '즐겁다'는 움직임이나 활동을 할 때, 재미를 느끼는 것이다.
[예] 나는 시험을 100점을 맞아서 기쁘다(○) / 즐겁다(×)
　　아이들이 운동장에서 즐겁게(○) / 기쁘게(×) 뛰어 논다.
　　오늘 즐겁게(○) / 기쁘게(×) 놀았어요.

__『외국인을 위한 한국어 학습사전』에서

(25)´ 수정
기쁘다 [형] 바라던 일이 이루어지거나 뜻하지 않게 좋은 일이 일어나 기분이 좋다. [반] 슬프다 [유] 즐겁다 (중략)

'기쁘다'와 '즐겁다'의 다른 점

'기쁘다'는 **바라던 일이 이루어지거나 뜻하지 않은 좋은 일이 일어나 기분이 좋아 생기는 마음의 상태**이고, '즐겁다'는 움직임이나 활동에서, 재미를 느낄 때 일어나는 마음의 상태이다.
[예] 나는 시험을 100점을 맞아서 기쁘다(○) / 즐겁다(×)
　　아이들이 운동장에서 즐겁게(○) / 기쁘게(×) 뛰어 논다.
　　오늘 즐겁게(○) / 기쁘게(×) 놀았어요.

(25)에서 '기쁘다'에 대한 뜻풀이와 참고상자를 살펴보면, '기쁘다'와

'즐겁다'의 유의정보를 '관련된 말'에서 얻을 수 없다. 그러나 유의관계에 있지만 서로 차이가 있음을 '참고상자'에서 기술하고 있다. 그리고 '뜻풀이' 항목에서 제시한 뜻풀이와 참고상자에서 제시한 뜻풀이가 다르다. 이런 기술은 비효율적이다. 따라서 (25)´처럼 '뜻풀이'와 '참고상자'에서 제공하는 의미 정보들은 서로 관련성을 가짐을 '반복 보여 주기'를 통해 학습자에게 제공해야 한다.

(7) 뜻풀이와 부표제어의 관련성

일반적으로 외국인 학습자들은 정확한 문법적 패턴(grammatical pattern)과 연어를 사용하는 데에 어려움을 가진다. 네이션(Nation, 1990)의 견해에 따르면, 문법적 패턴과 연어는 학습자가 문장을 생산할 때 아주 큰 역할을 한다고 했다.

연어나 관용구, 속담 등은 외국인 학습자에게 유형화하여 학습할 수 있도록 부표제어로 제시함으로써 가시화한다. 이 역시 학습자의 단어 이해와 표현 향상에 도움을 준다.

연어, 관용구, 속담 등은 구나 문장의 형식으로 의미적 유연성을 가지거나 갖지 않는 표제어로 초·중급 학습자가 이해하기 힘들다. 따라서 이 경우 반드시 부표제어에서 다루며 뜻풀이를 해야 한다.

(26) **뜻풀이와 부표제어의 관련성**

　ㄱ. **학점** 몡 1 (대학, 대학원에서) 학생이 수업에서 배운 것을 평가하는 성적. ‖학점을 받다 / 학점을 주다 / 학점이 좋다 / 이번 학기에도 학점이 나쁘면 난 졸업을 못 해.

　　◇ **학점을 따다** 대학에서 어떤 과목을 이수하여 성적을 받다. ‖그는 학점 따는 데에만 너무 신경을 쓴다.

　ㄴ. **감각** 몡 1 보고, 듣고, 냄새 맡고, 맛보고, 느끼는 다섯 가지 능력.

‖ 너무 추워서 얼굴에 아무런 감각도 느낄 수 없었다.

◇ **감각이 둔하다** ‖ 저는 운동 감각이 둔한 편입니다. ▷①이 ②
에 대해 감각이 둔하다.

◇ **감각이 뛰어나다** ‖ (중략)

_『외국인을 위한 한국어 학습사전』에서

(26)′ 수정

ㄱ. 학점 몡 1 (대학, 대학원에서) 학생이 수업에서 배운 것을 평가하
는 성적

솅 이번 학기에도 **학점**이 나쁘면 난 졸업을 못 해.

◇ **학점을 따다** 대학에서 어떤 과목을 이수하여 성적을 받다. 솅
친구는 **학점을 따는** 데에만 너무 신경을 쓴다. 윤 학점을 받다

◇ **학점을 주다** 수업 평가를 점수로 매겨 주다. 솅 이 학생은 수
업시간에 성실하여 높은 **학점을 주었다.** 반 학점을 받다

ㄴ. 감각 몡 1 보고, 듣고, 냄새 맡고, 맛보고, 느끼는 다섯 가지 능력

솅 손이 얼어서 감각이 없다.

◇ **감각이 둔하다** 감각에 잘 반응하지 못하다. 솅 자꾸 추워지니
까 발 **감각이 둔해진다.**

◇ **감각이 뛰어나다** 감각에 잘 반응하면서 그 능력이 좋다. 솅
친구는 디자이너이기 때문에 패션 **감각이 뛰어나다.**

(26ㄱ)에서, '학점을 따다'는 수업 평가 결과로서 성적을 받게 된 것을
나무의 '열매'에 비유하여 그 '열매를 따다'로 의미적 유연성을 가진다고
이해할 수 있다. 그러나 아직 초·중급의 학습자에게 이 정보를 제공하기
에는 무리이므로, (26ㄱ)과 같이 부표제어에서는 반드시 뜻풀이를 제공해
야 한다. 그렇지 않으면 (26ㄴ)에서, 외국인 학습자는 '둔하다', '뛰어나다'
표제어 찾기를 다시 해야 하는 번거로움을 갖게 된다.

한편, (26ㄱ)에서 제공한 '학점을 받다', '학점을 주다', '학점이 좋다'의
경우와 같이 이를 부표제어에 제공할 것인가 말 것인가를 판단하는 것 역

시 명확한 기준을 제시해야 한다.

(8) 뜻풀이와 삽화의 관련성

일반적으로 삽화는 뜻풀이의 의미 정보를 보다 명확하게 해 주기 위해 보조적인 역할을 하는 항목으로 사전에서 다루어져 왔다. 그러나 인간의 인지 과정에서, 학습사전에서 학습자에게 시각적 자극을 주어 학습자의 반응(이해)을 이끌어 낼 수 있는 방법으로서의 삽화는, 특히 학습사전에서의 삽화는 뜻풀이의 보조적 역할로서만이 아니라 의미 정보를 전달하는 하나의 항목으로서 자리매김해야 한다.

(27) **뜻풀이와 삽화의 관련성**
　　차다 동 1 무엇을 발로 힘껏 닿게 하다
　　　반 맞다 유 치다, 때리다 (중략)

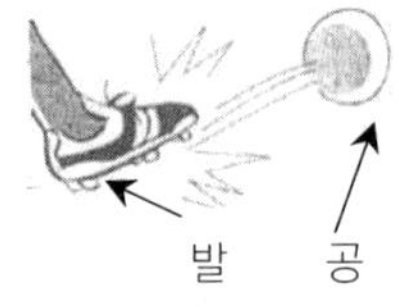

아직 기존의 한국어 학습사전의 경우 '삽화'의 역할이 뜻풀이의 보조적 역할 수준이다. 대부분이 '동·식물', '문화어', '생활용품', '신체어' 등 명사만을 대상으로 한 단순한 삽화들이다. 그러나 외국 출판의 학습사전에서는 삽화의 유형이 아주 다양하다. 그들은 삽화를 의미 정보를 위한 하나의 항목으로서 그 위치를 자리매김하고 있다. 이에 대한 구체적인 내용은 뒷장에서 다루도록 한다.

이 장에서는, 한국어를 배우는 외국인 학습자에게 한국어 학습사전을 통해서 제공할 수 있는 한 표제어의 의미 정보는 표제항 내의 '뜻풀이' 항목에서만이 아니라 표제항 내의 여러 항목에서도 제공해 주어야 한다는 관점에서, 뜻풀이 항목을 중심으로 하여 각 항목들이 어떻게 관련성을 가지는가를 검토해 보았다. 뜻풀이 항목을 중심으로 하여 표제항 내의 각 항목들은 서로 상호보완적인 관계 속에서 의미 정보를 공유함으로써, 해당 표제어의 총체적인 의미를 제공할 수 있다고 보았다.

제4장
한국어 학습사전의 의미 기술 모형

여기서는 한국어 학습사전에서의 의미 기술을 크게 두 부분으로 나누어서 논의하기로 한다. 그 하나는 한 표제항의 미시구조 내의 뜻풀이 항목에서의 의미 기술이고, 다른 하나는 미시구조 내의 여러 항목 간의 관계에 따른 의미 기술이다. 1절에서는 뜻풀이에서의 의미 기술을, 2절에서는 미시구조 내 정보 항목과 관련한 의미 기술 모형을 살펴보기로 한다.

1. 뜻풀이 항목에서의 의미 기술

학습사전에서 미시구조 내의 다양한 의미 정보들은, 각 항목들 간에 서로 정보를 공유하여 '반복 보여 주기' 방법으로 학습자의 학습 효율을 높일 수 있다는 전제하에, 미시구조 내 '뜻풀이' 항목의 의미 기술 방식을 뜻풀이 형태와 내용에 따라 다룬다.

  뜻풀이의 형태에 따른 분류는 '형태 따오기' 방법을 통해 표제어들 간의 의미적 관련성을 학습자에게 보임으로써 학습의 효율성을 높일 수 있다. '형태 따오기'의 방법은, 표제어들 간에 의미 정보를 담고 있는 형태를 일부 같게 하여 서로 의미 정보를 공유하는 의미 기술 방식이다.

  한편, 뜻풀이의 내용에 따른 분류는, 의미 관계에 따른 의미 정보의 유형을 사용하여 뜻풀이하는 방식으로, 미시구조 내 다른 항목에서 제공하고 있는 의미 정보를 공유하는 방법이다. 이 방법은 독립형의 '전개형'에 사용한다.

  위의 기준에 따라 뜻풀이 항목의 의미 기술 방식을 제시하면 <표 1>과 같다.

<표 1> 뜻풀이 항목의 의미 기술 방식

독립형	전개형	대칭적 전개형	1) 대립어−부정 표현에 의한 풀이	선택형
			2) 유의어에 의한 풀이	
			3) 상하관계어나 방향대립어에 의한 풀이	
			4) 비유에 따른 풀이	
		비대칭적 전개형	5) 사건 결과, 상태에 따른 풀이	
			6) 대상의 구성 요소 설명에 따른 풀이	
			7) 자질에 따른 풀이	
			8) 화용적 조건에 따른 풀이	
	나열형	9) 2개 이상의 뜻풀이 나열에 따른 풀이	
	메타언어형	10) 수사, 외래어, 조사, 어미, 접사, 보조 용언, 감정감탄사, 기본적 수관형사, 한자어 지시관형사, 부정부사, 접속부사	고정형
의존형	파생형	11) 명사+하다, 되다 형태	
	합성형	12) 합성어(합성명사·동사·형용사·관형사·부사)	
	참조형	13) 가표제어(불규칙 활용형태의 동사, 형용사어간 부분)	

  뜻풀이의 형태에 따른 분류는, 해당 표제어의 뜻풀이 기술과 다른 표

제어의 뜻풀이 기술, 즉 '뜻풀이' 항목 간의 외적 형태 관계의 유무에 따라 '독립형'과 '의존형'으로 나눈다.

독립형은 다시 그 풀이 형식에 따라, 뜻풀이를 풀어 설명하는 방식의 '전개형'과 2개 이상의 뜻풀이를 나열하는 방식의 '나열형', 그리고 다른 표현을 통해서 표제어를 기술하는 방식의 '메타언어형'으로 나눈다.

'의존형'은 다른 표제어의 '뜻풀이' 항목 기술과의 외적 형태 관계 방식에 따라 '파생형, 합성형, 참조형'으로 나눈다. '파생형'은 해당 표제어의 '뜻풀이' 항목의 기술이 다른 표제어의 '뜻풀이' 항목의 기술을 기반으로 하여 파생된 방식이다. '합성형'은 해당 표제어의 '뜻풀이' 항목의 기술과 다른 표제어의 '뜻풀이' 항목 기술이 합성된 방식이고, '참조형'은 용언의 불규칙 활용형으로 실현되는 가표제어 기술 방식으로, 기본형태(으뜸꼴)인 '표제어'를 참조하게 하는 가리킴표(☞) 방식이다.

뜻풀이의 내용에 따른 분류는, 독립형의 '전개형'에서 표제어와 뜻풀이의 풀이 내용과의 관계를 의미 영역 분할로 했을 때의 의미 양(값)의 차이 여부에 따라 '대칭적 전개형'과 '비대칭적 전개형'으로 나눈다.

여기서 '대칭적 전개형'은 뜻풀이한 풀이 내용 결과의 의미 값(양)이 해당 표제어와 같은 풀이 방식이다. 이는 의미 관계에 따른 의미 정보의 유형이나 비유의 방법을 사용하여 대칭시킨다. 이에 반해, '비대칭적 전개형'은 뜻풀이한 풀이 내용의 결과의 의미 값(양)이 해당 표제어와 다른 풀이 방식이다. 이는 해당 표제어의 의미 일부에 해당하는 해당 사건의 결과, 상태, 구성 요소, 자질, 화용적 조건 등을 통해 비대칭으로 한다.

'대칭적 전개형'은 다시 그 대칭 대상의 의미 유형에 따라 '1) 대립어-부정 표현에 의한 풀이, 2) 유의어에 의한 풀이, 3) 상하관계어나 방향대립어에 의한 풀이, 4) 비유에 따른 풀이'로 나눈다. 반면에 '비대칭적 전개형'은 의미 일부의 의미 특성에 따라 '5) 사건 결과, 상태에 따른 풀이, 6) 대상의 구성 요소 설명에 따른 풀이, 7) 자질에 따른 풀이, 8) 화용적 조건에 따른 풀이'로 나눈다.

미시구조 내의 '뜻풀이' 항목이 다른 항목 간의 관계 속에서 다루어질 때, 독립형 중 '전개형과 나열형'은 해당 표제어의 의미 특성에 따라 그 의미 기술 방식이 달라지는 '선택형'이며, 독립형 중 '메타언어형'이나 의존형은 해당 표제어가 한정되어 그 형태에 맞는 의미 기술 방식이 정해져 있는 '고정형'이다.

이상의 분류에 따라 미시구조 내의 '뜻풀이' 항목의 의미 기술 방식에 대한 구체적인 논의를 해 보기로 한다.

1) 뜻풀이의 형태에 따른 의미 기술

(1) 독립형

(1) **독립형** : 해당 표제어의 뜻풀이와 다른 표제어의 뜻풀이와의 관계에서 형태적 관련성을 가지지 않는 기술 방식

　가. 전개형

　　ㄱ. **안타깝다** 〔형〕 일이 마음대로 되지 않거나 보기에 불쌍하여 마음이 답답하고 아프다.

　　ㄴ. **몰다** 〔동〕 탈것을 운전하다.

　　ㄷ. **국** 〔명〕 고기, 생선, 채소 등에 물을 넣고 간을 하여 끓인 음식

　나. 나열형

　　ㄱ. **사전(事前)** 〔명〕 어떤 일이 있기 전. 어떤 일을 시작하기 전.

　　ㄴ. **상하다** 〔동〕 온전하지 못하다. 음식이 썩다.

　　ㄷ. **비로소** 〔부〕 어떤 일이 있고 난 다음에야 처음으로. 그제야.

　다. 메타언어형

　　ㄱ. **-어라**[2] ((어미)) 감탄의 뜻을 나타낸다.

　　ㄴ. **알코올** 〔명〕 '술'을 달리 이르는 말

ㄷ. **구십** 🔢 숫자 90

　(1가)의 '전개형'은 해당 표제어를 서술식으로 풀어서 펼쳐 놓는 기술 방식이다. '안타깝다'는 마음대로 되지 않거나 보기에 불쌍하여 생기는 마음 상태이나, (1가)의 '안타깝다'는 '그런 마음이 생겨서, 마음이 답답하거나 아프게 된 결과'로, '몰다'는 '탈 것을 운전하다'로, '국'은 '국을 끓이는 과정'으로 풀어 펼쳐서 풀이하고 있다.

　(1나)의 '나열형'은 2개 이상의 뜻풀이를 매김 번호 없이 나열하는 기술 방식으로, 유의관계나 다의관계를 사용하여 뜻풀이하게 되는데, 다의의 의미 기술과 구별하도록 주의한다.

　(1다)의 '메타언어형'은 수사나 외래어, 어미나 조사의 기술 방식과 같이 다른 표현을 통해서 표제어를 기술하는 방식으로, 대체로 그 기술 형식이 고정되어 있다.

　(2)　**메타언어형 – 외래어**
　　ㄱ. 마요네즈, 메시지, 메모, 메일, 배드민턴, 버스, 버터, 볼륨, 볼펜 스케줄, 스웨터, 스위치, 스타, 스타일, 스트레스 등
　　ㄴ. 모니터(화면), 모델(본보기), 메뉴(식단, 차림표), 백(가방), 버튼(단추), 볼(공), 사인(서명) 등

　(2ㄱ)은 해당 외래어에 상응하는 고유어가 없는 경우이고, (2ㄴ)은 해당 외래어에 상응하는 고유어가 있는 경우이다. 둘 다 원어를 제시하고, (2ㄴ)과 같이 상응하는 고유어가 있을 경우는 뜻풀이를 한 후에 이를 함께 제시한다.

(2) 의존형

  (3) **의존형** : 해당 표제어의 뜻풀이 기술 방식이 다른 표제어의 뜻풀이를
　　　　　사용하여 기술하는 방식
　　가. 파생형
　　　ㄱ. **설치** 몡 **사회 공적인 관리 아래에 기관, 시설, 조직 등을 만**
　　　　　드는 일
　　　ㄴ. **설치되다** 동 **사회 공적인 관리 아래에 기관, 시설, 조직 등**
　　　　　이 만들어지다.
　　　ㄷ. **설치하다** 동 **사회 공적인 관리 아래에 기관, 시설, 조직 등**
　　　　　을 만들다.
　　나. **합성형**
　　　ㄱ. **남녀** 몡 **남자와 여자**
　　　ㄴ. **남녀평등** 몡 **남자와 여자가 사회적, 법률적으로 차별이 없**
　　　　　고 같음.
　　　ㄷ. **겁** 몡 **무서워하거나 두려워하는** 마음
　　　ㄹ. **겁나다** 동 **무서워하거나 두려워하는** 마음이 **생기다**
　　다. **참조형**
　　　ㄱ. 날아와— (날아와, 날아와서, 날아왔다) ☞ **날아오다**
　　　ㄴ. 기— (긴, 기니) ☞ **길다**
　　　ㄷ. 기다려— (기다려, 기다려서, 기다렸다) ☞ **기다리다**

'의존형'은, 해당 표제어의 뜻풀이 기술 방식이 다른 표제어의 뜻풀이
를 사용하여 기술하는 방식이다. (3가)와 같이, '파생형'인 '설치되다'나
'설치하다'는, '설치'의 표제어 뜻풀이를 사용하여 이를 파생시켜 '설치되
다', '설치하다'를 뜻풀이하는 방식이다.

'합성형'은 합성된 각각의 구성 어휘의 뜻풀이를 합성하여 풀이한 기술
방식이다. (3나)와 같이, '남녀평등'의 뜻풀이 방식은, '남녀' 뜻풀이와 '평
등' 뜻풀이를 합성하여 풀이한 방식이다.

(4) 합성형의 제3의 의미

   ㄱ. 손발 명 1 손과 발을 함께 이르는 말 2 **다른 사람의 뜻에 따라 움직이는 충실한 협조자나 부하**

   ㄴ. 등지다 동 1 **사이가 나빠지다.** 2 무엇을 등 뒤에 두다. 3 **멀리하거나 떠나다.**

합성형에서, (4ㄱ) '손발'의 2와 (4ㄴ) '등지다'의 1, 3과 같이, 합성한 의미가 아닌 제3의 의미가 생기는 경우도 있음을 유의해야 한다.

(3다)의 '참조형'은 용언의 불규칙 활용형으로 실현되는 가표제어 기술 방식으로, 기본형태(으뜸꼴)인 '표제어'를 참조하게 하는 방식이다. 이는 전형적인 뜻풀이라고 할 수는 없지만, 표제어의 한 종류이므로 최소한의 뜻풀이로 본다. 이 방식은 '불규칙 활용 형태의 동사, 형용사 어간 부분'만이 대상이 되는 '고정형'이다.

2) 뜻풀이의 내용에 따른 의미 기술

뜻풀이의 내용에 따른 의미 기술은 해당 표제어의 다양한 의미를 반영하기 위한 하나의 방법으로, 미시구조 내 여러 항목에서 제공하는 의미 정보와의 관련성 속에서 기술되는 뜻풀이 기술이다. 다른 항목에서 제공하는 의미 정보를 공유하여 '반복 보여 주기' 방법을 사용하거나 비유의 방법을 사용하여 학습자가 어휘 습득의 효율성을 높일 수 있다.

독립형의 '전개형'은, 표제어가 가지는 머릿속 어휘부에서 의미 값과 이를 뜻풀이한 결과의 의미 값(양)의 차이 여부에 따라 '대칭적 전개형'과 '비대칭적 전개형'으로 나눈다. 그 보기는 (5)와 같다.

(5) 전개형

　가. 대칭적 전개형

　　① 남¹ 圀 자기가 아닌, 다른 사람

　　② 사라지다 圐 (모양, 자취, 감정 등이) 없어지다.

　　③-1 부모 圀 아버지와 어머니

　　③-2 남³(南) 圀 동, 서, 북과 함께 네 개의 기본적인 방위의 하나
　　　　로 북의 반대쪽

　　④ 노랑 圀 바나나의 색깔과 같은 색깔

　나. 비대칭적 전개형

　　⑤ 낡다 圑 오래되어 떨어지거나 고장이 잘 나다.

　　⑥ 스케이트 圀 얼음 위에서 타는, 구두 바닥에 쇠 날을 붙인 신발

　　⑦ 떨다 圐 별로 중요하지 않거나 좋지 않은 짓을 남에게 보이려
　　　　고 자꾸하다.

　　⑧ 드리다 圐 아랫사람이 윗사람에게 어떤 것을 주다.

　(5)의 ①~④는 '대칭적 전개형'이다. 이는 표제어의 의미 값(양)과 뜻풀이 내용 결과의 의미 값(양)이 서로 같아서 대칭적인 경우이다. 즉, '남¹=자기가 아니다'로, '사라지다=없어지다'로, '부모=아버지와 어머니'로 표제어의 의미 값과 뜻풀이 내용 결과는 일 대 일로 같다. <표 2>와 같이, 의미 값을 분할했을 때 대칭이 가능하여 서로 대치하여 쓸 수 있다.

<표 2> 대칭적 전개형의 구조

남(10)	자기가 아닌 다른 사람(10)

*10=의미 값(양)

(6) 잘못된 대칭적 전개형

　ㄱ. 깨끗하다 圑 때나 먼지가 없어서 더럽지 않다.

　ㄴ. 짧다 圑 (한쪽 끝에서 다른 쪽까지의) 길이가 길지 않다.

ㄷ. **느리다** 형 (속도가) 빠르지 않다.

ㄹ. **작다** 형 (부피, 길이, 크기가) 보통 또는 기준에 미치지 못하다. 크지 않다.

ㅁ. **어둡다** 형 (빛이) 환하지 않다. 밝지 않다.

ㅂ. **가깝다** 형 어떤 곳이 다른 곳에서 멀지 않다.

__『외국인을 위한 한국어 학습사전』에서

(6)은 흔히들 대칭적 전개형으로 볼 수 있는 예이다. 그러나 이들은 사실 대칭적이지 못하다. (6ㄱ)은 임지룡(1992 : 158~167)에서 말한 '정도상보대립어'로, 의미 영역 분할에서 양의 차이를 보인다고 했다. 그 보기는 (7)과 같다.

(7) 정도상보대립어(깨끗하다 / 더럽다)[1]

ㄱ. X가 깨끗하다.   ⇆   X는 더럽지 않다.

Y가 더럽다.   ⇆   Y는 깨끗하지 않다

ㄴ. ?X는 깨끗하지도 더럽지도 않다.

ㄷ. X는 {조금, 꽤, 매우} 깨끗하다 / 더럽다. X는 Y보다 더 깨끗하다 / 더럽다.

ㄹ.

한편, (6ㄴ~ㅂ)은 '반의대립어'로, 의미 영역 분할에서 양의 차이를 보인다. 그 보기는 (8)과 같다.

---

1) 이 보기는 임지룡(1992)의 것을 그대로 가져왔다. 정도상보대립어는 단언(assertion)과 부정(negation)에 대한 상호함의 관계가 성립되고, 대립관계에 있는 두 어휘 항목을 동시에 긍정하거나 부정하게 되면 모순이 일어나고, 정도어의 수식을 받고 비교구문으로 쓰일 수 있다고 했다.

(8) 반의대립어[2)

   ㄱ. X는 길다. ◀━━/━━▶ X는 짧지 않다.
      Y는 짧다. ◀━━/━━▶ Y는 길지 않다.
   ㄴ. X는 길지도 않고 짧지도 않다.
   ㄷ. X는 {조금, 꽤, 매우} 길다 / 짧다 / X는 Y보다 더 길다 / 짧다.
   ㄹ. X는 길다 / 짧다 (X가 손가락이나 강(江)일 경우 절대적 길이가
      아니라 상대적 길이다.)

'정도상보대립어'는 의미 영역 분할에서 이들은 서로 비대칭적이며, '반의대립어'는 상호함의 관계에 있지 않으며 평가 기준이 상대적인 것을 볼 때, 서로 대칭적인 것이 될 수 없다. 따라서 (6)은 '대립어−부정 표현에 의한 풀이 방식'으로 뜻풀이해서는 안 된다.

(9) 사전에 등재되어 있지 않은 뜻풀이의 어휘
   지르다 [동] 목청을 높여서 소리를 크게 내다.

__『외국인을 위한 한국어 학습사전』에서

(9)′ 수정
   지르다 [동] 목에 힘을 주어서 소리를 크게 내다.

'대칭적 전개형'의 뜻풀이 기술에서는 그 뜻풀이말은 사전의 표제어로 등재되어 있어야 한다. 이는 여기서 다루는 사전은 초·중급 수준의 학습사전이기 때문이다. 따라서 (9)는 (9)′와 같이 되도록 지면의 한계를 고려하여 고난이도 수준의 단어는 사용하지 않도록 한다. 그렇지 않으면 다른 방식의 의미 기술 방법을 시도한다.

---

2) 임지룡(1992)에서, 반의대립어는 단언과 부정에 대한 일반함의가 성립되고, 대립관계에 있는 두 어휘 항목을 동시에 부정해도 모순되지 않고, 정도부사로 수식될 수 있으며, 비교 표현이 가능하고, 평가의 기준이 상대적이라는 점이라고 했다.

(10) 어휘적·문법적 대치형
　　　ㄱ. **구실**¹ 몡 역할—어휘적 대치형
　　　ㄴ. **어려워지다** 동 어렵게 되다.—문법적 대치형

　　　　　　　　　　　__『외국인을 위한 한국어 학습사전』에서

(10)′ 수정
　　　ㄱ. **구실**¹ 몡 어떤 자격으로 당연히 해야 할 일
　　　ㄴ. **어려워지다** 동 이전과 다르게 힘이 들게 되다.

　한편, (10)과 같이, 어휘적, 문법적 대치형을 통한 뜻풀이 기술 방식은, 학습자에게 아무런 의미 정보를 주지 못하고 다시 찾기를 해야 하는 번거로움을 주기 때문에 (10)′로 다른 기술 방식을 시도한다.

(1) 대칭적 전개형

　대칭적 전개형은, 표제어의 의미 값(양)과 뜻풀이 내용 결과의 의미 값(양)이 서로 같은 경우이다. 대칭 대상의 의미 유형에 따라 '1) 대립어—부정 표현에 의한 풀이, 2) 유의어에 의한 풀이, 3) 상하관계어나 방향대립어에 의한 풀이, 4) 비유에 따른 풀이'로 나눈다.

① 대립어—부정 표현에 의한 풀이 기술 방식

(11) 대립어—부정 표현에 따른 풀이
　　　ㄱ. **불가능하다** 형 **가능하지 않다**.
　　　ㄴ. **같다** 형 서로 **다르지 않다**.
　　　ㄷ. **곧다** 형 **구부러지지 않고** 바르다.
　　　ㄹ. **그치다** 동 **계속하지 않다**.

(11)은 해당 표제어를, '불가능, 같다, 곧다, 그치다'의 대립어인 '가능, 다르다, 구부러지다, 계속하다'에 '-지 않다'를 결합하여 기술하는 방식이다. 다음의 (12)에서 대립어로 보이는 것 중에서 '정도상보대립어'나 '반의대립어'는 '대립어-부정 표현에 다른 풀이' 방식으로 기술해서는 안 된다. 이는 해당 표제어의 의미와 뜻풀이한 의미가 다르기 때문에 (12)′로 수정해서 풀이하는 것이 더 적절하다.

(12)   반의어-부정 표현에 따른 잘못된 풀이
　　ㄱ. **깨끗하다** 형 때나 먼지가 없어서 **더럽지 않다**.
　　ㄴ. **가깝다** 형 (어떤 곳이 다른 곳에서) **멀지 않다**.
　　ㄷ. **못하다** 동 (무엇을) **잘 할 수가 없다**.

『외국인을 위한 한국어 학습사전』에서

(12)′   수정
　　ㄱ. **깨끗하다** 형 때나 먼지가 없이 맑다.
　　ㄴ. **가깝다** 형 어떤 곳이 다른 곳과 거리가 얼마 되지 않다.
　　ㄷ. **못하다** 동 어떤 능력이 보통에 미치지 않는다.

한편, 대립어쌍을 이루는 두 표제어의 경우에, 그 의미 세분화 정도에서 서로 통일성을 보일 수 있도록 비교, 검토한 후에 기술되어야 한다. 그렇지 않을 경우에 (13)과 같이 두 표제어 간 정보가 달라, 학습자에게 해당 표제어의 올바른 의미 정보와 쓰임을 제공할 수 없다.

(13)   〈멀다〉와 〈가깝다〉: 대립어쌍의 의미 세분화 정도 비교·검토
　　ㄱ. **멀다** 형 1 (거리가) 많이 떨어져 있다. ‖ 지하철역이 머니까 버스를 탑시다. / 가까운 데라면 걸어서 갈 수 있지만 먼 데는 안 돼요. / 은행이 여기서 멀어요? ▷ 1이 (2에서) 멀다(1 장소 2 장소) 반 **가깝다** 2 (소리가 약해서) 잘 안 들인다. (중략) 3 (촌수

가) 상당히 떨어져 있다. (중략)

ㄴ. **가깝다** 〔형〕 1 (어떤 곳이 다른 곳에서) <u>멀지 않다</u>. ‖ 기차역은 학교에서 가깝습니다. / 아주머니, 은행은 집에서 가까워요? ▷ ①이 ②에서 가깝다.((① 장소 ② 장소)) ㉫ <u>멀다</u>. ‖ 그 대학교는 지하철역과 가까워서 아주 편리합니다. ▷ ①이 ②와 가깝다((① 장소 ② 장소)) ㉫ 멀다. 2 (어떤 때까지의) 시간이 많이 남아 있지 않다. ‖ 겨울이 가까워 오자 두꺼운 옷을 찾는 사람이 많아졌다. / 집에 도착하니 10(열)시가 가까웠다. ▷ ①이 가깝다((① 새벽 / 연말 / 때…)) ㉫멀다. 3 (다른 사람과) 서로 사이가 좋다. ‖ 영희는 이웃집 아이와 가깝게 지낸다. ▷ ①이 ②와 가깝다((① 사람 ② 사람)) ㉾ 친하다. ㉫ 멀다 (중략)

__『외국인을 위한 한국어 학습사전』에서

(13)의 '멀다'와 '가깝다'는 대립어쌍으로, 멀다'에서는 1번(거리)의 뜻풀이에서 '가깝다' 대립정보를 제공하고 있다. 이에 반해, '가깝다' 표제항에서는 1번(거리) 외에도 2번(시간), 3번(인간관계)의 뜻풀이에서도 '멀다' 대립정보를 제공하고 있다. 그러나 '멀다' 표제항에서는 2번, 3번의 뜻풀이를 찾아볼 수 없다. 통일성 없는 기술은 학습자에게 학습사전에 대한 신뢰성을 떨어뜨린다.

② 유의어에 따른 풀이 기술 방식

(14) 유의어에 따른 풀이

ㄱ. **사라지다** 〔동〕 이전에 있던 모양, 자취, 감정 등이 <u>없어지다</u>. ㉤ 없어지다

ㄴ. **보살피다** 〔동〕 정성을 다하여 <u>돌봐 주다</u>. ㉤ 돌보다

ㄷ. **이룩하다** 〔동〕 목적하던 일을 <u>이루다</u>. ㉤ 이루다

(14)는 표제어의 '유의어'를 뜻풀이의 일부로 사용하여 기술하는 방식

이다. 이는 학습자에게 표제어 다시 찾기의 번거로움을 줄 수도 있다. 그러나 이 방식은 일석이조의 효과를 갖는 기술 방식이다. 즉, (14)와 같이, '관련된 말' 항목에서 제공하는 유의정보인 '없어지다, 돌보다, 이루다'를 뜻풀이의 일부 단어로 '반복 보여 주기' 하여, 한꺼번에 2배의 어휘 학습의 효과를 얻을 수 있는 기술 방식이다. 여기서 '유의어'를 사용한 '어휘적 대치형'은 안 된다.

유의어쌍 중에서 '해당 표제어'가 난이도가 높은 어휘일 경우에 난이도가 낮은 어휘로서 뜻풀이하는 방식을 취하면, 학습자가 오히려 2번의 찾기를 하지 않아도 쉽게 그 해당 표제어를 이해할 수 있는 기술 방식이 된다. 한편, 뜻풀이가 (14ㄱ, ㄴ, ㄷ)'와 같이, '순환적 뜻풀이'가 되지 않도록 주의해야 한다. (14ㄹ)'나 (14)″에서와 같이, 난이도가 낮은 표제어에서 그 뜻풀이를 정확하게 해야 한다.

(14)′ 유의어에 따른 풀이
　　ㄱ. 사라지다 동 (모양, 자취, 감정 등이) **없어지다.** (중략) 유 없어지다
　　　　없어지다 동 (있던 것이 **사라져**) 없게 되다. (중략) 유 사라지다
　　ㄴ. 보살피다 동 (정성을 기울여) **돌보아 주다.** (중략) 유 돌보다
　　　　돌보다 동 (누구를) 관심을 가지고 **보살피다.** (중략) 유 보살피다
　　ㄷ. 밝다 형 (무엇이 내는 빛이) **환하다.** 유 환하다.
　　　　환하다 형 (빛이) 아주 많이 **밝다.** 유 밝다.
　　ㄹ. 이룩하다 동 목적하던 일을 **이루다.** (중략) 유 이루다
　　　　이루다 동 **어떤 큰 것을 세우거나 만들다.** (중략) 유 이룩하다

__『외국인을 위한 한국어 학습사전』에서

　　ㄴ. 보살피다 동 (아랫사람이나 노약자 등을) **돌보아 주다.**
　　　　돌보다 동 관심을 가지고 **보살피다.**

__『의미로 분류한 현대 한국어 학습사전』에서

(14)˝ 수정

　　ㄱ. **없어지다** 동 있던 것이 있지 않게 되다. 유 사라지다

　　ㄴ. **돌보다** 동 (누구를) 관심을 가지고 보호하고 지키다. 유 보살피다

　　ㄷ. **밝다** 형 무엇이 내는 빛의 정도가 높다.

이러한 방식이 적당하지 못할 때는 다른 방식을 시도해야 한다.
한편, (15)와 같은 경우는 유의어에 따른 뜻풀이 방식을 삼가야 한다.

(15)　**유의어에 따른 잘못된 풀이 방식**

　　구실 명 핑계. 핑계로 삼는 이유. 유 핑계. 관 이유.

__『외국인을 위한 한국어 학습사전』에서

(15)′ 수정

　　구실 명 어떤 일에 대해 할 수 없어 대는 <u>이유</u>

(15)는 유의어로 어휘적 대치를 통해서 뜻풀이한 방식이다. 그러나 이
방식은 '뜻풀이' 항목에서 가능한 개념적 의미를 제시하도록 해야 하는
원칙을 벗어나, 아무런 의미 정보를 제공하고 있지 않으므로, 학습자에게
는 유용한 뜻풀이 기술 방식이 아니다.

(16)　'죽다'의 유의어군

　　ㄱ. **죽다** 동 1 (생물이) 생명을 잃다. 목숨이 끊어지다. ‖ 민지는 죽은
　　　강아지를 뒷산에 묻어 주었다. / 오랜 가뭄으로 농작물이 다 말라
　　　죽었대요. ▷ 1이 죽다((1 생물)) 반 살다. 사 죽이다. (중략)

　　ㄴ. **돌아가시다** 동 '죽다'의 높임말. ‖ 오늘 따라 돌아가신 부모님 생
　　　각이 많이 난다. / 할아버지께서는 언제 돌아가셨습니까? ▷ 1이
　　　돌아가시다((1 사람))

　　ㄷ. **세상** 명 1 사람들이 살고 있는 모든 사회 전체. ‖ 이 세상에는 돈
　　　만으로는 해결하기 어려운 것이 많아요. 관 세계. (중략)

   ▶<u>세상을 〔떠나다 · 뜨다〕</u> **죽다.** ∥ 할아버지는 85(팔십오)세의 나이로 세상을 떠나셨다. / 아직 마흔(40)밖에 안 됐는데 벌써 세상을 뜨다니… ▷①이 세상을 [떠나다 · 뜨다]((① 사람)) ⑪ 숨을 거두다. (중략)

  ㄹ. **숨** ⑲ 사람이나 동물이 코와 입으로 공기를 들이마시고 내쉬는 일. ⑪ 호흡. (중략)

   ▶<u>숨을 거두다</u> (사람이) **죽다.** ∥ 사고를 당한 사람은 결국 병원에서 숨을 거두었다. / 노인이 숨을 거둘 때 그의 곁에는 아무도 없었다. ▷①이 숨을 거두다((① 사람)) (중략)

__『외국인을 위한 한국어 학습사전』에서

(16)은 유의어가 여러 개가 있는 유의어군이다. '죽다'의 유의어군으로, <돌아가시다>−<세상을 떠나다 / 뜨다>−<숨을 거두다> 등이 있다. 그러나 '완곡어법'에 따른 유의어군이라는 정보를 '죽다'의 표제어에서는 찾을 수 없다. '죽다'가 가장 기초어휘(초급어휘)에 해당한다고 볼 때, '죽다' 표제항에서 유의정보를 제공하는 것이 학습자에게 유용한 정보가 될 것이다.

  (16)′ 수정

   ㄱ. **죽다** ⑧ 1 (생물이) 생명을 잃다. 목숨이 끊어지다. ▷①이 죽다 ((① 생물)) ⑭ 민지는 강아지가 죽어서 뒷산에 묻어 주었다. / 오랜 가뭄으로 농작물이 다 말라 죽었대요. ⑪ 살다 ㉔ 돌아가시다 ㉕ 죽이다

> **'죽다'의 유의어**
>
> 사람이 죽은 것에 대해 직접 '죽다'라고 하지 않고, '돌아가시다', '세상을 떠나다 / 뜨다', '숨을 거두다'로 부드럽게 간접적으로 표현한다.

  따라서 (16)′와 같이, '죽다' 표제어의 '참고상자' 항목에서 '죽다'의 유의정보를 제공하는 것이 적절하다.

③ 상하관계나 방향대립어에 따른 풀이 기술 방식

(17)   상하관계어나 방향대립어에 따른 풀이
    ㄱ. **생물** 〔명〕 생명을 가지고 있는 동물과 식물
       동물 〔명〕 들에 사는 짐승, 새, 물고기 등과 같은 생물
    ㄴ. **할머니** 〔명〕 아버지나 어머니의 어머니
       삼촌 〔명〕 아버지의 남자 동생
    ㄷ. **손바닥** 〔명〕 손의 안쪽 부분
       손등 〔명〕 손의 바깥 부분
    ㄹ. **앞** 〔명〕 얼굴이나 몸이 향하고 있는 방향 〔반〕 뒤
       뒤 〔명〕 등이 있는 방향이나 앞의 반대 방향 〔반〕 앞
       북 〔명〕 동, 서, 남과 함께 네 개의 기본 방위의 하나로 남의 반대
       방향 〔관〕 동, 서, 남

(17ㄱ)은 상하관계의 계층적 구조를 이루는 표제어로서, 이 관계 특성을 활용한 기술 방식이고, (17ㄴ)은 친족어로서, 친족 관계에 의한 관계어를 사용한 기술 방식이다. (17ㄷ)은 부분−전체 포섭관계(part-whole inclusion)에 있는 것으로 상위 포섭어를 사용한 기술 방식이다. (17ㄹ)은 방향대립어로, '앞, 뒤, 북' 등을 '방향'의 상위어 관계와 관계어를 사용한 기술 방식이다.

이들 모두 하나의 기준을 중심에 두고, 서로 특정 관계의 관계어로써 해당 표제어를 뜻풀이 하는 방식이다. 이러한 방식은 의미장(semantic field)[3]의 계층적 구조를 보여주므로, 학습자들이 해당 표제어의 어휘장(의미장)에 쉽게 접근할 수 있게 하여 어휘 확장에 큰 도움을 주는 효율적인 기술 방식이다.

그러나 이 의미장(어휘장)이 나라마다 다르기도 하므로, 일반적으로 자

---

3) A. 레러(A. Lehrer, 1974 : 1)에서는 의미장을 하나의 상위어 아래 의미상 밀접하게 연관된 낱말들의 집단이라 말한다.

주 사용되는 해당 표제어의 경우에는 '참고상자' 항목에서 이들의 의미장을 도식화하여 보여주는 것도 어휘 교육의 효율성을 높인다.

상하관계에 있는 어휘들은 관계어들의 관계 유형(속성)에 따라 정확히 그것을 뜻풀이에서 기술해야 한다. 이때 사용되는 뜻풀이말도 표제어로 실려 있어야 한다. (18)을 보자.

(18)   상하관계에 따른 정확한 범위 인식에 따른 낱말 선택과 풀이
　　　 〈익히다〉/〈볶다, 삶다〉/〈끓이다〉

　ㄱ. 익히다 동 1 (열을 가하여 날것을) <u>익게 하다</u>. (중략) ▷ ① 이 ② 를 익히다(① 사람 ② 음식물) ㉜ 익다¹ (중략)

　ㄴ. 삶다 동 1 (무엇을) 물에 넣고 끓이다. 물에 끓여 <u>익히다</u>. ‖ 엄마, 계란 좀 삶아 주세요. / 어머니가 부엌에서 국수를 삶고 계신다. ▷ ① 이 ② 를 삶다(① 사람 ② 감자 / 계란 / 고기 / 국수 / 밤 / 옥수수 / 빨래…)) ㉝ 고다, 끓이다, 데치다 ㉔ <u>'데치다', '끓이다', '삶다', '고다'의 다른 점</u> ☞ 끓이다. (중략)

　ㄷ. 끓이다 동 1 (액체를) 뜨겁게 해서 끓게 하다. ‖ 먼저 냄비에 물을 넣고 끓이세요. ▷ ① 이 ② 를 끓이다(① 사람 ② 물)) ㉜ 끓다. 2 (찌개나 국같이 국물이 있는 음식을 불에 가열하여) 만들다. ‖ 라면을 끓여 먹읍시다. / 내일 아침에는 콩나물국을 끓여야겠다. / 어머니는 된장찌개를 맛있게 끓이신다. ▷ ① 이 ② 를 끓이다.((① 사람 ② 국 / **찌개** / **라면**…)) (중략)

> ### '데치다', '끓이다', '삶다', '고다'의 다른 점
>
> '데치다'와 '삶다'는 물에 야채나 고기 등을 넣어서 <u>익히는 것</u>을 말하고, '끓이다'와 '고다'는 물에 야채나 고기 등을 넣어서 그 <u>물과 함께 요리하는 것</u>을 말한다.
>
> 끓는 물에 잠시 담갔다가 꺼내는 것은 '데치다'이며 물을 부어 비교적 오래 <u>끓여 익히는</u> 것을 '삶다'라고 한다. 또, <u>여러 가지 재료를 물에 넣어 오랫동안 요리하는 것</u>을 '끓이다', 이보다 더 오래 익히는 것은 '고다'이다.

> ㉠ [시금치를 / 배추를]데치다   물을 끓이다
> [고기를 / 계란을]삶다   뼈를 고다
>
> ＿『외국인을 위한 한국어 학습사전』에서

(18)의 표제어는 모두 요리 어휘이다. (18ㄷ)의 '끓이다' 표제항에 '데치다, 끓이다, 삶다, 고다'의 차이점을 '참고상자'에서 풀이하고 있다. 그러나 서정행 외(2007)의 논의[4]를 참고할 때, '끓이다'는 '데치다'와 '삶다', '고다'와는 계층이 다른 단어이다. '끓이다'는 조리 대상을 '액체'와 '개체' 모두 취할 수 있는 반면에, '데치다'와 '삶다', '고다'는 '개체'만을 취하는 단어이기 때문이다((19) 정리 참조). 따라서 '끓이다' 표제항에서 '데치다, 끓이다, 삶다, 고다'의 차이점에 대한 정보를 다루어서는 안 된다.

(19) '끓이다 / 데치다, 삶다, 고다'의 관계
　　ㄱ. 공통점
　　　물을 매개로 해서 열을 전달하는 조리법
　　ㄴ. 차이점
　　　① 끓이다－재료의 익힘의 여부에 관여하지 않음. 조리 대상이
　　　　액체(국, 물)일 때나 액체와 개체가 함께 있을 때(찌개)도 취할
　　　　수 있는 요리 어휘이다.
　　　　예) 물을 끓이다 / 국을 끓이다 / 찌개를 끓이다
　　　② 데치다, 삶다, 고다－기본적으로 개체를 조리 대상으로 하여
　　　　물에 재료를 익히는 조리 방법이다.
　　　　따라서 이들 어휘의 상위어는 '끓이다'가 아니라 '익히다'이다.

'데치다, 삶다, 고다'는 '기본적으로 물에 재료(개체)를 익히는 조리 방

---

4) 서정행·시라이시 치에미·윤애선(2007)에서 의미성분분석을 이용한 한·일 가열요리동사 대역관계를 살폈다. 여기서 한국어 가열요리동사의 구분요소로 '열전달물질', '조리 과정', '조리 대상', '조리 결과', '익음의 정도'에 관련된 의미자질을 추출하였다.

법'으로, 이들 어휘의 직접 상위어는 '익히다'로 봐야 한다. 따라서 '데치다, 삶다, 고다'의 차이에 대한 설명을 제시하는 '참고상자'는 '익히다'의 표제항 내에서 다루어져야 한다.

'끓이다'와 '데치다, 삶다, 고다'가 다른 계층에 있는 어휘임을 고려할 때, (18)의 뜻풀이는 잘못된 것으로 봐야 한다. '데치다, 삶다, 고다'는 다시 그 요리 시간과 요리법에 따라 의미를 세분하여 뜻풀이하여 수정하면, (18)′와 같다.

> (18)′ 수정 : 데치다, 삶다, 고다의 의미 기술
>   ㄱ. 데치다 : 재료(개체)를 물에 살짝 익혀 건져 내다.
>   ㄴ. 삶다 : 재료(개체)를 물에 충분히 끓여 완전히 익게 하다.
>   ㄷ. 고다 : 재료(개체)를 물에 아주 오랜 시간 끓여 익게 하여 허물게
>   하다.
>   ㄹ. 익히다 : 재료(개체)를 불이나 열을 가하여 재료의 맛이나 성질이
>   달라지게 하다.
>   ㅁ. 끓이다 : 액체나 재료(개체)를 물에 넣어 열을 가하여 수증기와 거
>   품이 나게 하다.

(18)′와 같이, 상하관계어의 경우 그들 사이의 상하관계를 잘 판단하여 뜻풀이를 제시해야 정확한 정보를 학습자에게 제공할 수 있다.

④ 비유에 따른 풀이 기술 방식

> (20) 비유에 따른 풀이
>   ㄱ. 노랑 명 바나나의 색깔과 같은 색
>   ㄴ. 빨강 명 잘 익은 사과의 색깔과 같은 색
>   ㄷ. 짜다 형 소금 맛과 같다.

비유에 따른 뜻풀이는 대부분 색을 나타내는 어휘나 미각을 나타내는

어휘를 기술하는 방식이다. 이 경우 그 색을 대표할 수 있는 대상을 잘 선택해야 한다.

(20)′ ㄱ. 노랑 [명] **개나리꽃**이나 **바나나**의 색깔과 같은 색깔.
  ㄴ. 빨강 [명] **잘 익은 사과**나 **흐르는 피**와 같은 색깔.
  ㄷ. 짜다 [형] 소금 맛이나 **간장**의 맛과 같다.

_『외국인을 위한 한국어 학습사전』에서

ㄱ. 노랑 [명] **개나리**나 **유채꽃**과 같은 색.
  ㄴ. 빨강 [명] **피의 색**과 같이 **붉은** 색.

_『의미로 분류한 현대 한국어 학습사전』에서

(20)′에서와 같이, '노랑'을 '개나리'나 '유채꽃'으로, '짜다'를 '간장'으로 비유하면, 이들이 학습자의 나라에 없는 경우에는 해당 단어의 뜻을 이해할 수 없다. 그리고 한국어 표현에서 대개 '빨간 피'보다 '붉은 피'를 선호하므로 '빨강'의 비유 대상으로 '피'를 선택하는 것은 부적절하다. 비유 대상의 선택은 일상적이고 범세계적인 것으로 한다.

(2) 비대칭적 전개형

'비대칭적 전개형'은 뜻풀이한 풀이 내용의 결과의 값(양)이 해당 표제어의 의미 값(양)과 서로 다른 풀이 방식이다. 이는 다시 대칭 대상의 의미 유형에 따라 '5) 사건 결과, 상태에 따른 풀이, 6) 대상의 구성 요소 설명에 따른 풀이, 7) 자질에 따른 풀이, 8) 화용적 조건에 따른 풀이'로 나눈다.

① 사건 결과, 상태에 따른 풀이의 기술 방식

(21) 사건 결과, 상태에 따른 풀이
ㄱ. **걱정** 몡 좋지 않은 일이 생길지도 모른다는 두려움
ㄴ. **가득** 뭐 한 공간을 벗어나지 않을 정도로 그 양이나 수가 꽉 차게

(21ㄱ) '걱정'의 의미는 어떤 마음의 상태를 말한다. 뜻풀이 내용을 같은 의미 값(양)으로 하면, '좋지 않은 일이 일어나지 않을까 하여 생기는 마음의 상태'라 할 수 있다. 그러나 걱정으로 인해서 생긴 그 마음의 상태를 표현하는 말이 '걱정' 외에도 '근심, 염려' 등의 단어들이 있다. 이들과의 차이를 기술하기 위해서 그런 마음 상태의 결과인 '두려움'이라는 단어를 통해서 뜻풀이한다.

(21ㄴ) '가득'은 그 뜻풀이에서 '한 공간에서 넘치지 않을 정도의 수나 양'을 나타내지만, 그 수나 양의 정도가 가득한 상태의 결과인 '차다'를 사용하여 '차게'라고 뜻풀이한다. 이는 표제어가 가지는 의미 값(양)과 실제 뜻풀이 기술에서의 의미 값(양)이 다르다.

② 대상의 구성 요소 설명에 따른 풀이 기술 방식

(22) 대상의 구성 요소 설명에 따른 풀이
ㄱ. **떡** 몡 곡식 가루나 혹은 곡식 가루에 다른 음식 재료를 섞어 쪄 낸 음식
ㄴ. **스케이트** 몡 얼음 위에서 타는 운동 기구로, 신발 바닥에 쇠 날이 붙어 있는 신발
ㄷ. **불국사** 몡 경주시에 있는 역사가 오래된 절. 절 안에는 다보탑 등이 있다.

(22ㄱ)은 떡이 만들어지는 과정에서의 구성 요소인 '곡식 가루, 부가 재료(고물 등)'를 사용하여 '떡'을 뜻풀이한다. (24ㄴ, ㄷ)의 '스케이트'나 '불

국사'는 '신발 바닥, 쇠 날, 다보탑' 등을 제시하여 뜻풀이한다. 문화어일 경우, 해당 표제어와 관련한 특정 문화 어휘들이 많이 있기 때문에 주의해서 뜻풀이해야 한다.

> (23) 문화어의 경우 뜻풀이의 어휘 선정의 문제
> 떡 몡 시루떡, 인절미, 송편처럼 곡식 가루로 반죽을 해서 찐 음식으로 속을 넣든가 겉에 고물을 묻혀 만든 음식.
>
> __『외국인을 위한 한국어 학습사전』에서

(23)에서 '속'이나 '고물'은 떡과 관련된 '특정 문화 어휘'로, 외국인 학습자가 이해하기 어렵다. 게다가 이 사전에서는 '속'과 '고물'에 대한 어휘 정보는 어디에서도 찾을 수 없다. 문화어의 뜻풀이 기술은 대표성을 잘 고려하여 기술해야 한다. 이것이 여의치 않을 때는 삽화를 사용한 뜻풀이 기술도 가능하다.

③ 자질에 따른 풀이의 기술 방식

> (24) 자질에 따른 풀이
> ㄱ. 고급 몡 1 값이 비싸고 품질이 좋음. 빤 저급, 하급 2 수준의 정도가 높음. 빤 하급, 초급 관 초급, 중급
> ㄴ. 떨다 말이나 행동을 겉으로 드러내며 자꾸 하다

(24ㄱ)은 '고급' 단어 자체의 뜻은 수준의 정도를 나타내는 단위에 해당하는 명사로 '초급, 중급' 등과 함께 관계된 관련어이다. 고급 수준의 것은, '값이 비싸고 품질이 좋다'는 자질을 제시하여 '고급'을 뜻풀이한다.

한편, (24ㄴ)의 '떨다'는 '부산을 떨다, 수선을 떨다, 새침을 떨다, 아양을 떨다, 재롱을 떨다, 허풍을 떨다' 등에서 그 의미를 살필 때, '부산, 새

침, 수선, 아양, 재롱, 허풍' 등과 결합하는 것으로 보아 '말이나 행동'과 관련된 동사이다.

다음의 (25)에서, '떨다'의 뜻풀이를 '의도성', '전시성', '반복성', '행동의 경중성', '행동의 부정성' 등의 자질 등을 사용하여 기술한다.

(25) 여러 사전에서 본 '떨다'의 뜻풀이

ㄱ.『외국인을 위한 한국어 학습사전』

떨다 동 (별로 중요하지 않거나 좋지 않은 짓을) 남에게 보이
      (행동의 경중성)   (행동의 경중성)   (전시성)

려고 자꾸하다.
(의도성) (반복성)

ㄴ.『표준 국어 대사전』

떨다 동 (동작이나 성질을 나타내는 일부 명사 뒤에 쓰여) 그런
행동을 경망스럽게 자꾸 하다. 또는 그런 성질을 겉으로 나타내다.
(행동의 경중성)   (반복성)   (전시성)

ㄷ.『연세 한국어 사전』

떨다 동 (별로 중요하지 않거나 좋지 않은 짓이나 말을) 남에게 보
     (행동의 경중성)   (행동의 부정성)   (전시성)

이려고 일부러 하다.
   (의도성)

ㄹ.『한국어사전』

떨다 동 사람이 어떤 태도를 요란스럽게 겉으로 나타내어 보이
        (행동의 경중성)   (전시성+의도성)

는 상태가 되다.

그러나 (25)에서 '떨다'는, '의도성', '전시성', '반복성', '행동의 경중성', '행동의 부정성'의 자질을 지닌 단어이지만, (26ㄱ, ㄴ, ㄷ)의 문장을 '의도성, 경중성, 부정성' 자질로 뜻풀이하면 어색한 문장이 된다.

(26) '떨다'의 자질 검토

   ㄱ. 의도성

     ① 재롱을 떨어 보려고 했지만 도저히 할 수가 없었다.

     ② ?부산을 떨어 보려고 했지만 도저히 할 수가 없었다.

   ㄴ. 행동의 경중성

     ① 경망스럽게 부산을 떨지 마.

     ② ?경망스럽게 새침을 떨지 마.

   ㄷ. 행동의 부정성

     ① 수선을 떠는 것 좋지 않아.

     ② ?아양 / 재롱을 떠는 것 좋지 않아.

   ㄹ. 말이나 행동의 반복성

     ① 부산·새침·수선·아양·재롱·허풍을 자꾸 떤다.

   ㅁ. 전시성

     ① 내 앞에서 보라는 듯이 재롱·부산·수선·아양·재롱·허풍
     을 떤다.

이에 반해, (26ㄹ, ㅁ)과 같이, '반복성'과 '전시성'의 자질로 '부산·새침·수선·아양·재롱·허풍을 떨다'의 문장을 뜻풀이하면 어색하지 않다. 따라서 '떨다'는 '말이나 행동을 겉으로 드러내며 자꾸 하다'로 뜻풀이하는 것이 더 적절하다. 자질에 따른 뜻풀이 기술 방식은 반드시 자질 검토가 선행되어야 한다.

④ 화용적 조건에 따른 풀이의 기술 방식

(27) 화용적 조건에 따른 풀이

   ㄱ. **말씀하다** 동 윗사람이 아랫사람에게 무엇을 <u>말하다</u>.

   ㄴ. **아빠** 명 친근하게 부르는 <u>아버지</u>

   ㄷ. **시집을 가다** 여자의 입장에서, 여자가 남자와 <u>결혼하다</u>.

(27)은 학습자에게 표현(생산)의 측면에서 도움을 줄 수 있는 뜻풀이이

다. '말씀하다, 아빠, 시집을 가다'는, '말하다, 아버지, 결혼하다'로 그 의미 값(양)이 서로 일 대 일의 관계에 있는 것이지만, 여기서 제시한 (27)은 화용적 조건에 의해서 그 의미 값(양)이 달라진다. 이때 '말하다, 아버지, 결혼하다'는 반드시 표제어로 등재되어 있어야 한다.

이제까지 뜻풀이 내용의 측면에서 의미를 미시구조 내 '뜻풀이' 항목에서 어떻게 기술할 것인가에 대해 살펴보았다. 결국 해당 표제어가 가지는 다양한 의미 특성을 학습사전에서는 해당 표제어의 의미적 특성에 따라 달리 풀이하고자 했다.

뜻풀이 내용의 측면에서 본 미시구조 내의 뜻풀이 항목의 기술 방식은, 미시구조 내 항목들과의 관련성 속에서 전개되어야 할 기술 방식에 있어 선택적으로 적용된다.

뜻풀이 기술 방식은, 다음 절에서 다루게 될 한국어 학습사전의 의미 기술 모형에서, 해당 표제어의 의미 특성에 따른 '미시구조 내의 뜻풀이 항목에서의 의미 기술 방식'으로 선택한다.

2. 여러 항목 간의 관계에 따른 의미 기술

의미 관계에 따른 의미 정보는 한국어 학습사전에서의 의미 기술에도 영향을 준다. 이에 미시구조 내 '뜻풀이 항목'에서의 의미 기술 방식을 논의하였다. 이와 함께 이 절에서는 미시구조 내 여러 항목 간의 관련성 속에서 미시구조 내에서의 의미 기술 모형을 제시하고자 한다. 이를 위해 몇 가지 전제를 (28)과 같이 둔다.

(28) 미시구조 내의 의미 기술 모형을 만들기 위한 전제 조건
　　① 의미 기술 모형을 만드는 데에 두 가지의 모형이 주어진다.
　　　미시구조의 기본 의미 기술 모형과 변형 의미 기술 모형이다.
　　② 품사의 특성에 따라 기본 의미 기술 모형이 변형 의미 기술 모형
　　　으로 변한다.
　　　－여기서 품사는 9품사로 한다.[5]
　　③ 품사에 따른 각 의미 기술 모형은 각각 '뜻풀이' 항목의 기술 방
　　　식을 선택한다.
　　④ 여기서 '어미'는 기술 방식의 틀에서 '조사'와 한데 묶어서 기술한다.

여기서 '기본 의미 기술 모형'은 의미 정보를 담고 있는 항목들의 배열이며, '변형 의미 기술 모형'은 품사의 특성에 따른 '기본 의미 기술 모형'의 변형된 결과이다. 이같이 변형 의미 기술 모형을 두 가지로 둔 것은, 학습사전에서의 의미 정보는 '뜻풀이 항목'에서만이 아니라 미시구조 내 다른 항목들에서도 제공하기 때문이다. 이들 의미 기술의 모형의 제시는 표제어의 품사에 따라서 한다. 한편, '어미'의 기술 모형은 '조사'와 같은 방식으로 다루기로 한다.

1) 미시구조의 기본 의미 기술 모형

미시구조의 기본 의미 기술 모형을 제시하기 위한 항목으로는, '어깨번호, 한자, 발음, 품사, 길잡이말, 뜻풀이, 문형정보, 용례, 관련된 말, 참고상자'를 둔다. 그리고 부표제어와 삽화는 표제항 내에서 표제어와 같이 두드러지게 가시화한 항목으로 따로 의미 기술 항목으로 둔다. 이를 바탕으로 미시구조의 기본 의미 기술 모형을 (29)로 제시한다.

---

5) 품사의 갈래에는 여러 이설이 있으나 여기서는 학교문법의 근간이 된, 남기심·고영근(2005)의 『표준국어문법론』의 9품사 분류와 이론을 바탕으로 한다.

(29) 한국어 학습사전의 기본 의미 기술 모형

| **표제어**[어깨번호][한자][발음][품사][길잡이말][뜻풀이][문형정보]
[용례][관련된 말][참고상자] |
| **부표제어**[뜻풀이][용례][관련된 말] |
| **삽화**[표제어 가리킴말][가리킴 표시말][용례] |

* [   ]항목 표시

다른 항목들과는 달리 '품사' 항목은 의미 기술에 있어서 약호 및 약어의 형태를 사용하여 편집자의 입장에서는 풀이의 끝을 어떤 형태로 기술할 것인가를 결정하게 하고 외국인 학습자에게는 의미 부류정보를 품사명을 통해서 제공한다.

'어깨번호' 항목에서는 번호를 매겨서 동음이의정보를 학습자에게 제공한다.

'한자' 항목은 초·중급 수준의 학습자에게는 또 다른 언어 문제에 해당하므로 가능한 제시하지 않는다. 여기에서는, '동음이의어' 양상 가운데 '한자어 : 고유어', '한자어 : 한자어'일 경우에만 제시한다. 또 '발음' 항목은 장단에 따라 동음이의어가 될 경우 동음이의정보를 제공한다.

'길잡이말' 항목은 해당 표제어의 다의정보를 더 쉽게 이해하고 기억하게 하기 위해 제공한다. 여기서 제공하는 의미 정보는 뜻풀이 항목에서의 의미 정보나 다른 항목들에서 제공하는 의미 정보와 공유한다.

'뜻풀이' 항목은 해당 표제어의 의미 특성에 따라 다양한 의미 정보를 제공해 주며, 그 기술 방식은 다양하고 선택적이다. 다른 항목에서 제공하는 정보를 공유할 수도 있다.

'문형정보' 항목은 문장에서 해당 표제어가 어떻게 사용되는지 의미의 결합 관계에 따른 의미 정보들을 제공하게 된다. 이 과정에서 격틀의 어휘 정보는 뜻풀이 항목의 정보와 공유할 수 있어 표제어의 의미 이해를 돕는다.

그리고 이 문형정보를 기반으로 해서 '용례' 항목에서는 구나 문장의 형태로 그 속에 많은 다른 항목에서 제공하고 있는 의미 정보를 공유한다.

'관련된 말' 항목에서 제공하는 의미 정보는 대부분이 해당 표제어가 다른 어휘들과의 의미 관계를 통해서 얻어지는 의미 정보들을 제공한다. 이 항목은 미시구조 내의 여러 항목들과 그 정보를 공유한다.

'참고상자' 항목은 일반적으로 한국어 학습사전에서는 유의어쌍의 차이점들을 제시하거나 의미장의 관계를 도식화하여 보여 준다. 한편, 기존의 학습사전에서 '참고 정보'로 제공되었던 문법적 정보나 용법과 관련된 정보를 '참고상자'에 두고 가시화할 필요가 있다. 학습자가 학습사전을 통해서 어휘 의미적인 정보뿐만 아니라 문법적인 정보도 알고 싶어 한다는 근거에서이다(2장의 설문조사를 통해서).

기존의 학습사전과 달리 항목들의 배열에서, '문형정보'가 '용례' 앞에 와 있다. 이는 2장의 설문 조사에서 설문 대상자의 대부분이 '문형정보' 다음에 '용례'가 오는 배치를 더 선호하였으므로 그 결과를 반영한 것이다.

다의정보에서도 뜻풀이 앞에 '길잡이말'을 제시하는 것에 대해 학습자(설문 대상자)들의 선호도가 높으므로 이 역시 미시구조 내의 의미 기술 모형에 반영한 것이다.

이렇게 정해진 미시구조의 기본 의미 기술 모형을 바탕으로 해당 표제어의 품사에 따라 변형 의미 기술 모형을 살펴보기로 한다.

2) 품사에 따른 변형 의미 기술 모형

해당 표제어의 품사의 성격에 따라 미시구조의 '기본 의미 기술 모형'이 변형된다. 한국어 품사 분류와 이론을 바탕으로,[6] 해당 표제어를 품사 종류에 따라 어떻게 미시구조의 기본 의미 기술 모형이 변형되는지를 논하고

---

6) 남기심·고영근(2005)의 『표준국어문법론』의 9품사 분류와 이론을 바탕으로 한다.

자 한다. 여기서 '어미'의 처리는 '조사'와 같은 방식으로 다루기로 한다.

의미 기술은, 1) 미시구조 내의 뜻풀이 항목에서의 의미 기술과 2) 미시구조 내 여러 항목 간의 관계에 따른 의미 기술로 나누어 한국어 학습사전의 의미 기술 모형을 제시하기로 한다. 이때 의미 기술 모형 제시에서 '[ ]'은 항목을 나타내고, '( )'는 수의적임을 나타내는 표시이다.

(1) 명사의 의미 기술 모형

명사7)는 '무정인지 유정인지'는 그 범위가 너무나 광범위하여 한국어 학습사전에서 해당 표제어의 의미 기술의 특징을 뚜렷이 제시할 수 없다. 그리고 '자립인지 의존인지'는 문법적인 문제로서 이 역시 의미 기술의 특징을 제시하기에는 부족하다. 결국 이들은 해당 표제어의 의미 기술에 있어서 변별의 기준이 되기에는 부적당하며 의미 기술 모형을 결정하는 데에 영향을 미치지 못한다.

이에 반해 '보통명사와 고유명사'는 의미 기술의 모형을 결정하는 데에 뚜렷한 특성을 보인다. 고유명사는 한국어 학습사전에서 아주 제한적인 표제어이다. 특히 초·중급 수준의 학습사전에서는 더욱 그러하다. 따라서 '고유명사'의 경우 다음과 같은 변형 의미 기술 모형을 제시한다.

(30) **고유명사의 변형 의미 기술 모형**

표제어(한자)(발음)[품사][길잡이말][뜻풀이]
삽화[표제어 가리킴말]

---

7) 본문의 품사 분류 및 특성에 대한 논의는 『표준국어문법론』(2005)에 따른다. 여기서 명사는 감정 표현의 능력에 따라 '무정명사와 유정명사'로, 사용범위에 따라 '보통명사와 고유명사'로, 자립성의 유무에 따라 '자립명사와 의존명사'로 나뉜다.

(30-1) 모형 특징

① 사전의 크기에 따라, 목적에 따라 해당 표제어 선정의 기준이 모호해지기 쉬우므로 그 기준을 분명히 해야 함. 기초 단계의 한국어 학습사전의 경우 외국인 학습자에게는 아주 제한된 표제어이다.

② [길잡이말]에서 ♂인명, ♂지명, ♂개체물 등을 제시해 준다.

③ [뜻풀이]에서는 '대표성'을 잘 포착해야 한다.

④ 뜻풀이 기술 방식은 '대상의 구성 요소 설명에 따른 풀이'가 적절하다.

⑤ [용례]는 필요하지 않고, (한자)와 (발음)는 수의적이다.

⑥ 여기서는 반드시 삽화를 제공한다.

(30)과 (30-1)의 모형과 특징에 따라 그 보기를 (31)로 제시한다.

(31) 고유명사 변형 의미 기술 모형 〈보기〉

ㄱ-1. 세종[세 : 종] 몡 ♂인명 한국 역사에서 조선 시대의 제4대 왕으로 한글(훈민정음)을 만든 왕 '세종대왕'이라고도 한다.

만 원 지폐   세종(대왕)

ㄱ-2. 세종(世宗)[세 : 종 se : dzoŋ] 몡 조선의 제4(사)대 왕. 한글을 창제하고, 여러 방면에서 큰 업적을 남겼다. '세종대왕'이라고도 한다.

__『외국인을 위한 한국어 학습사전』에서

(31ㄱ-1)은 모형에 따라 제시한 보기이다. 삽화를 세종의 인물화를 제시하는 것보다 학습자가 쉽게 접할 수 있는 만 원짜리 지폐 속의 세종을 삽화로 제시하는 것이 더 효율적이다. 이에 반해 (31ㄱ-2)는 기존의 학습사전에서 제시한 모형의 형태이다. '여러 방면에서 큰 업적을 남겼다'는 풀이는 굳이 필요하지 않다.

(31) ㄴ-1. **부산**[부 : 산] 명 ♂**지명** 한국의 제2의 대도시
　　　이며, 한국 최대 무역 항구 도시

　　ㄴ-2. **부산**★★☆(釜山)[부 : 산 pu : san] 명 서울에 다
　　　음 가는 대도시이며 한국 최대의 무역항이 있
　　　는 도시

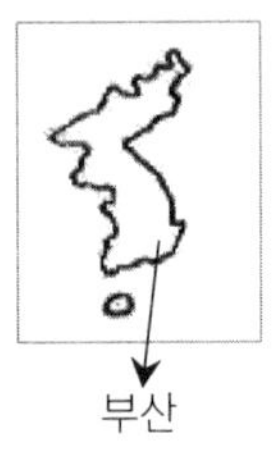

_『외국인을 위한 한국어 학습사전』에서

(31ㄴ-1)은 모형에 따라 제시한 보기로 삽화에서 위치를 제시해 줌으로
써 학습자가 더 쉽게 이해할 수 있다.

(31) ㄷ-1. **불국사** 명 ♂**개체물** 경주시에 있는 역
　　　사가 오래된 절
　　　절 안에는 다보탑이 있다.

　　ㄷ-2. **불국사**(佛國寺) 명 경상북도 경주시
　　　에 있는 절
　　　신라 시대에 지었으며, 절 안에는
　　　다보탑, 석가탑 등이 있다.

_『외국인을 위한 한국어 학습사전』에서

(31ㄷ-1)은 모형에 따라 제시한 보기이다. 이때 경주의 위치와 다보탑
을 보여 주며 불국사에 대한 의미 정보를 제공하고 있다. 이에 반해,
(31ㄷ-2)는 불국사에 대한 대표적인 특징으로 '다보탑과 석가탑'을 제시하
였으나 삽화 부분은 불국사의 청운교, 백운교의 삽화를 제공하고 있는 뜻
풀이와 관련하여 부적절한 삽화이다.

(32) 보통명사의 변형 의미 기술 모형

표제어(어깨번호)(한자)(발음)[품사](길잡이말)[뜻풀이][용례](관련된 말)(참고상자)
(부표제어)
(삽화)

(32-1) 모형 특징

① (어깨번호), (한자), (발음), (길잡이말), (관련된 말), (참고상자)는
해당 표제어의 의미 특성에 따라 수의적이다.

② [문형정보]는 필요하지 않다.

③ 뜻풀이 기술 방식은 해당 표제어의 의미 특성에 따라 선택한다.

④ '동물과 식물', '상하관계어'일 경우에 삽화를 제공한다.

(32)와 (32-1)의 모형과 특징에 따라 그 보기를 (33ㄱ-1)로 제시한다.

(33) 보통명사 변형 의미 기술 모형 〈보기〉

ㄱ-1. **곰** [곰 :] 몡 깊은 산에 살며 몸집이 크
고 행동이 둔한 동물 예 깊은 산에 갈
때는 **곰**을 조심해야 한다. / 그 사람은
행동이 느린 게 **곰** 같다. / 그는 **곰** 같은
사람이라서 믿을 만하다.

곰

> 사람을 동물에 비유할 때 '곰'은 몸이 뚱뚱하고 행동이 느린 사람을 말
> 하고, 사람의 성격을 비유할 때는 좋게는 믿을 수 있는 사람으로, 나쁘
> 게는 바보 같은 사람을 말하기도 한다.

ㄱ-2. **곰** [곰 :] 몡 힘이 세고 좀 느리게 움직이는 큰 산짐승. 겨울에
는 굴속에서 겨울잠을 잔다. ‖ 지리산에도 곰이 살고 있습니
까? / 곰처럼 미련하다. (중략)

—『외국인을 위한 한국어 학습사전』에서

ㄱ-3. **곰** [곰 :] 몡 깊은 산 속에 사는, 몸이 뚱뚱하고 행동이 둔한 동물.

_『의미로 분류한 현대 한국어 학습사전』에서

(33ㄱ-1)은 모형에 따라 기술한 것으로, '곰'과 사람의 성격 등을 비유한 것에 대한 참고 정보를 제시하였고, 삽화 또한 제공하였다. 이에 반해 (33ㄱ-2, 3) 용례에서 '지리산', '미련하다'의 단어는 이 사전에 실려 있지 않는 단어이고, '뚱뚱하다'로 '곰'을 뜻풀이하기에는 부적절하다.

(2) 대명사의 의미 기술 모형

대명사는 사물에 이름을 붙이지 않고 다만 가리키기만 하는 품사로, 사람을 가리키는 '인칭대명사'와 사물을 가리키는 '지시대명사'가 있다. 그러나 이들을 따로 구분하지 않는다. '사물인지 사람인지'로 의미 기술의 모형을 변형시키지는 못하기 때문에 하나의 변형 의미 기술 모형을 제안한다.

(34)   **대명사의 변형 의미 기술 모형**

> **표제어**(어깨번호)[품사][길잡이말][뜻풀이][용례][관련된   말](참고 상자)

(34-1) **모형 특징**
　① (어깨번호)와 (참고상자)는 수의적이다.
　② [문형정보]가 필요하지 않다.
　③ [길잡이말]에서 ♂인간 지시 ♂공간 지시 ♂개체물 지시의 길잡이말을 제시한다.
　④ [뜻풀이]에서는 반드시 '화용적 조건'을 설명해야 한다.
　⑤ 뜻풀이 기술 방식은 '화용적 조건에 따른 풀이'가 적당하다.
　⑥ [용례]에서는 반드시 직접 지시 대상이 나오는 문장이어야 한다.

즉, 화용적 조건에 맞는 상황에 따른 문장을 제시해야 한다.

⑦ [관련된 말]에서는 화용 조건에 따른 여러 표현들, 즉 (이-류, 그-류, 저-류) 제시

⑧ '준꼴'과 화용 조건에 따른 설명이 참고상자에 제시한다.

⑨ 한자, 부표제어와 삽화가 필요하지 않다.

(35) 대명사의 변형 의미 기술 모형의 〈보기〉

ㄱ.

1 관 그, 나, 너, 저희

우리² 대 ♂인간 지시 1 화자가 자기와 자기편의 사람들을 모두 가리키는 말 예 (철수와 마이클일본어로 이야기를 하고 있었다.) 마이클 : 저 친구가 왜 **우리**를 보죠? 철수 : 아마 **우리**가 한국어도, 영어도 아닌 일본어로 말을 하고 있어서 그럴 거예요. 2 화자가 청자를 제외한 자기편 사람을 모두 가리키는 말 예 (철수와 마이클은 영희의 생일 파티에 초대되어 갔다.) 영희 : 철수 씨와 마이클 씨는 벌써 가세요? 철수 : **우리** 먼저 가겠어요. 내일 마이클씨와 저는 시험이 있어요. 3 화자가 자기와 관련된 사람이나 사물을 가 리키는 말 예 철수 : 집이 어디예요? 영희 : **우리** 집은 여기서 멀어요. / 마이클 : 철수 씨, 당신의 누나를 좀 소개시켜 주세요. 철수 : 우리 누나는 결혼을 했어요.

ㄴ. 우리²★★★[사람들] [우리 uri] 대 화자가 자기와 자기편의 사람들을 함께 가리키는 말. ‖ 왜 우리를 모른 척하고 그냥 가죠? / 김 선생님은 우리를 오랜 친구처럼 대해 주십니다. 관 그¹·그녀·나·너.
2 [중략]

__『외국인을 위한 한국어 학습사전』에서

(35ㄴ)과 달리 (35ㄱ)의 용례에서는 화용적 조건에 맞는 상황 제시와 지시 대상을 용례에서 보여 주는 대화체형 용례로써 이 표제어의 쓰임을 쉽게 학습자에게 익히게 한다.

(3) 수사의 의미 기술 모형

수사는 사물의 수량이나 순서를 가리키는 품사로, 사물의 수량을 지시하는 '양수사'와 대상의 순서를 가리키는 '서수사'가 있다. 이 경우 고유어 계통과 한자어 계통이 있다. 이것은 수량이나 순서를 가리키는 의미만을 가지고 있어서 역시 '길잡이말'과 '문형정보'를 필요하지 않다.

(36) **수사의 변형 의미 기술 모형**

> **표제어(어깨번호)[품사][뜻풀이][용례][관련된 말][참고상자]**

(36-1) **모형 특징**
  ① (어깨번호)는 수의적이다. 예) 세(12세), 세(세 개) / 다섯
  ② 뜻풀이 기술 방식은 '메타언어형'이 적당하다.
  ③ [길잡이말]과 [문형정보]가 필요하지 않다.
  ④ 한자, 부표제어와 삽화가 필요하지 않다.
  ⑤ [참고상자]에서는 수를 세는 방법과 읽는 방법 등을 제시한다.
      예) 하나, 둘, 셋, 넷 … / 첫째, 둘째, 셋째, 넷째 …

(37) **수사의 변형 의미 기술 모형의 〈보기〉**

ⓟ **두,** **이**	**둘** ㊍ 숫자 2 ㋌ 저는 언니가 **둘** 있어요. / **둘** 다 감기에 걸렸다. / 우리 **둘**이 학교에 가지 않았다.

'둘'이 세는 말 앞에서는 '두'(두 개, 두 명, 두 마리)를 쓰고, 세는 말이 한자어일 경우 대부분 '이'를 쓴다.
㋌ 지우개가 책상 위에 **두 개**가 있다. / 교실에는 학생이 **두 명** 있다. / 우리 집에는 고양이가 두 <u>마리</u> 있다. / 이 <u>주일</u> 동안 집에만 있었어요. / 불고기 이 <u>인분</u>만 주세요.

수사는, 학습자가 수의 의미는 잘 알고 있으나 수를 세는 방법이나 읽는 방법을 잘 틀리기 때문에 이에 대한 설명을 제시해 주어야 하고, 가능한 '세는 말'과 함께 용례를 제시해 준다.

(4) 동사·형용사의 의미 기술 모형

동사는 과정으로서의 움직임이라는 의미상 특수성으로 주체의 성격에 따라서 여러 종류로 나누어진다.[8] 의미 기술 시에는 '자동사', '타동사', '능격동사' 등으로 나누지 않고, 이러한 주체의 성격 등은 '문형정보'를 통해서 충분히 제공한다. 그리고 형용사는 사물의 성질이나 상태를 표시하는 품사로, 이 역시 주체의 성격에 따라 크게 '성상 형용사'와 '지시 형용사'로 나눌 수 있다. 이들의 의미 특성은 뜻풀이 항목에서의 의미 기술을 중심으로 해서 기타 관련 항목들과의 의미 정보를 공유할 수 있다.

(38) 동사·형용사의 변형 의미 기술의 모형

표제어(어깨번호)(한자)(발음)[품사](길잡이말)[뜻풀이][문형정보][용례](관련된 말)(참고상자)
(부표제어)
(삽화)

---

8) 동사는 사물의 움직임을 과정적으로 표시하는 품사로, 동사의 움직임이 주어에만 미치느냐, 목적어에도 미치느냐에 따라 '자동사'와 '타동사'로 나눈다. '자동사'는 다시 본래부터 자동사인 것(앉다, 눕다, 서다, 돌다, 남다 등)과 타동사가 자동사된 것(피동사 형성 접미사 결합 ; 보이다, 먹히다, 쫓기다, 들리다 등)으로 나눈다. 한편 '타동사'는 본래부터 타동사인 것(먹다, 깎다, 놓다 등)과 자동사 및 타동사가 타동사된 것(사동사 형성 접사 결합 ; 앉히다, 눕히다, 남기다 등 / 먹이다, 읽히다, 지우다, 맡기다 등)으로 나눈다. 그리고 동사 가운데 접사가 붙지 않고 그대로 자동사와 타동사로 공용되는 '능격동사(能格動詞, 중립동사 ; 그치다(눈물), 멈추다(차), 다치다(몸), 움직이다(바위))'가 있다(남기심·고영근(2005) 참고).

(38-1) **모형 특징**

① (어깨번호), (한자), (발음)은 수의적이다.

② (길잡이말)도 수의적이다.

　; 3개 이상의 다의의 뜻을 가진 표제어일 경우에만 제시한다.

③ 뜻풀이 기술 방식은 해당 표제어의 의미 특성에 따라 선택적이다.

　; '명사+하다, 되다'의 동사, 형용사의 뜻풀이 기술 방식은 '파생형'이 적절하다.

④ [용례]에서는 해당 표제어가 '관련된 말'이 있을 경우 그 정보를 사용한 용례를 제공한다. 또 문형 정보의 격틀의 어휘 정보를 사용한 용례를 제공한다.

⑤ (관련된 말)은 해당 표제어의 의미 특성에 따라 수의적이다.

⑥ (참고상자) 역시 해당 표제어의 의미 특성에 따라 수의적이다.

　; 참고상자에서는 유의어의 차이점, 상하관계에 따른 관계어, 문법 정보를 제공한다.

⑦ (부표제어와 삽화) 역시 해당 표제어의 의미 특성에 따라 수의적이다.

⑧ 삽화는 상하관계어의 경우나 해당 표제어의 뜻풀이가 명시적으로 나타낼 수 있을 때 관련된 말의 의미 정보나 용례를 사용하여 삽화를 제공한다.

⑨ 지시 형용사는 지시 대명사와 같이 화용적 조건에 따른 용례를 제시하도록 한다.

(39) **동사·형용사의 변형 의미 기술 모형의 〈보기〉**

ㄱ. 동사

1 ㉠ 크다, 성장하다 2 ㉠ 크다, 성장하다	**자라다** 동 1 사람이나 생물의 크기나 부피가 커지다. ↦1이, 1이 2에 / 에서 / 으로 예 아이들이 무럭무럭 자랐다. / 나무가 봄에 잘 자란다. / 아이가 어른으로	1 1 생물, 사람 2 1 사람

자랐다. 2 어떤 환경이나 배경에서 생활하면서 성장하다. ➟ 1 이 예 나는 초등학교 6학년 때까지 부산에서 자랐다. / 철수가 어릴 때는 서울에서 자라다가 커서 부산으로 이사했다.

'자라다'와 '커지다'의 차이점

'자라다'는 생물이나 사람의 몸이나 몸의 일부의 크기나 부피가 커지는 것이지만, '커지다'는 물체의 길이나 넓이, 부피, 무게, 힘의 크기가 이전보다 더 크게 되는 것이다.

예 아이가 자라서(○) / 커져서(×) 어른이 된다.

　　풍선이 커진다.(○) / 자란다.(×)

ㄴ. 형용사

1 반 짜다
관 달다,
맵다,
시다,
쓰다,
짜다
2 유 실없다

싱겁다 형 ♂맛 1 음식의 간이 맞지 않고 짠맛이 적다 ➟ 1 이 예 음식이 싱거워 소금을 더 넣어야겠다. ♂행동 2 말이나 행나 행동이 어떤 상황에 맞지 않고 별 뜻이 없다. ➟ 1 이 예 원래 키 큰 사람이 **싱겁다고** 하잖아. ♂재미 3 기대한 것과 다르게 재미없다. ➟ 1 이 예 그 게임은 생각보다 **싱거워** 지루했다.

1 1 음식,
맛
2 1 사람,
행동,
말
3 1 경기,
게임

> 기본적인 맛은 6가지가 있다. '달다(단맛, 사탕), 맵다(매운맛, 김치), 시다(신맛, 레몬), 쓰다(쓴맛, 약), 짜다(짠맛, 소금)' 등이 있다.

(39)의 '자라다'와 '싱겁다'의 의미 기술은, 아래 (40)의 '자라다'와 '싱겁다'의 의미 기술과 달리 '문형정보'의 배치를 용례 앞으로 세웠다. 이는 자연스러운 인지 과정에 따른 배치이다. 한편, 학습자에게 정보를 가시화하기 위해서, '관련된 말'과 격틀의 어휘 정보는 공간을 따로 두어 제시하였고, '자라다'와 '커지다'의 의미 차이, '맛의 종류'에 대해 참고상자에서 정보를 제공하였다. 또한 '길잡이말'을 제시하였다.

(40) **자라다**★★★[크다] [자라다 tsarada] 동 1 (생물이) 크기나 부피가 커지다. ‖ 아이들은 무럭무럭 자랐다. / 무덤에는 풀이 많이 자라 있었다. ▷ 1 이 자라다. 비 자라나다. 2 (정도가) 커지거나 높아지다. ‖ 그에 대한 사랑이 내 속에서 점점 **자라는** 것 같아. ▷ 1 이 자라다 비 자라나다. 발음하기 (중략)

싱겁다☆☆★ [싱겁따 siŋgəp̚t'a] 동 1 (음식이) 짠맛이 적다. ‖ 조금 **싱거우니까** 간장을 더 넣어 간을 맞춰 보십시오. / 국이 **싱거우면** 소금을 넣지 그래요. ▷ 1 이 싱겁다(1 음식 / 맛)자라다 비 심심하다2. 반 짜다3. 관 달다4 · 맵다 · 시다 · 쓰다4. 2 (말이나 행동이) 어울리지 않고 별다른 뜻이 없다. ‖ 원래 키 큰 사람은 **싱겁다고** 하잖아요. / 남수 씨는 **싱거운** 농담을 잘 합니다. ▷ 1 이 싱겁다((1 사람 / 행동 / 말…)) 비 실없다. 반 야무지다. (중략)

__『외국인을 위한 한국어 학습사전』에서

(5) 보조 용언의 의미 기술 모형

보조 용언은 다른 말에 기대어 쓰이면서 그 말에 문법적 의미를 더해 주는 용언이다. 보조 용언은 본용언의 품사 성격과 함께 문형 정보나 '관련된말'이 형성되므로 보조 용언의 해당 표제항에서는 '문형정보'와 '관련된 말'이 필요하지 않다.

(41) 보조 용언의 변형 의미 기술 모형

표제어 (어깨번호)[품사](길잡이말)[뜻풀이][용례][참고상자]
(부표제어)

(41-1) 모형 특징

① (어깨번호)는 수의적이다.

② (길잡이말)도 수의적이다.

③ 뜻풀이 기술 방식은 '메타언어형'이 적절하다.

④ [참고상자]에서는 유의어의 차이점이나 문법적 정보를 제공한다.

⑤ (부표제어)는 수의적이다.

⑥ [관련된 말]과 삽화는 필요하지 않다.

⑦ 보조적 연결 어미와 함께 제시하도록 한다.

(42) 보조 용언의 변형 의미 기술 모형의 〈보기〉

ㄱ-1. 싶다[십따] 형 【보조】 ♂의도 1 (−고) 의도하는 마음이 있다. ㉠ 주말에 영화를 보고 **싶다**. ♂바람 2 (−으면) 바라는 마음이 있다. ㉠ 방학이 빨리 왔**으면 싶다**. ♂생각 3 (−다, −ㄹ까, −나, −지) 그런 생각이 들다. ㉠ 차가 막히겠**다 싶어** 일찍 출발했다. / 내일 여행을 갈**까 싶다**. / 친구가 언제 가**나 싶어** 전화를 해 보았다. / 하늘을 보니 비가 오**지 싶다**.

> '싶다' 앞에 '−고(의도) / −으면(바람) / −다, −ㄹ까, −나, −지(생각)'
> 와 연결된다.

ㄱ-2. 싶다[십따 sipt'a] 형 ((보조)) 1 (무엇을) 하려고 하는 마음이 있다. ‖ 주말에 시내를 구경하고 싶습니다. / 나는 어릴 적에는 선생님이 되고 싶었다. ㉵ '−고 싶다'로 쓴다. 2 (무슨) 생각이 들다. ‖ 길이 막히겠다 싶어서 전철을 타고 왔습니다. / 아이가

> 하도 잘 먹으니까 저러다 체하지 싶더군요. / 어머니는 내가
> 무슨 실수나 한 것이 아닐까 싶어 몹시 걱정하셨다. ㉬ '-다,
> -ㄹ까, -나, -지' 뒤에 쓴다. (중략)
>
> __『외국인을 위한 한국어 학습사전』에서

(42ㄱ-2)는 뜻풀이와 용례 뒤의 '㉬'에서 보조적 연결어미의 결합을 기술하고 있어서 학습자의 이해 속도를 느리게 한다. 이에 반해, (42ㄱ-1)은 뜻풀이 이전에 보조적 연결어미를 제시하고, 용례에서 보조적 연결어미에까지 글씨체를 굵게 함으로써 학습자에게 '싶다'와 '보조적 연결어미'를 하나의 단위로 묶어서 익힐 수 있도록 하였다.

(6) 관형사의 의미 기술 모형

관형사에서 성상관형사는 고유어와 한자어로 나누어 볼 수 있는데, 고유어 성상관형사(㉤ 새, 헌, 옛 등)의 뜻풀이 기술 방식은 '자질에 따른 풀이'가 적절하다. 한편, 한자어 성상관형사(㉤ 순(純), 신(新), 구(舊), 대(大), 장(長), 이(異) 등)는 초·중급 학습사전에서는 한 단어의 일부분으로 나타나기 때문에 여기서는 관형사로 보지 않으므로 표제어에 등재되지 않는다.

수관형사는 수사와 형태가 같은 것이 대부분이지만 기본적 수관형사는 형태를 달리하므로—㉤ 한, 두, 세, 네 등—표제어로 두고, 뜻풀이 기술 방식은 '메타언어형'으로 한다. 수관형사 중에서 '여러, 모든, 온, 온갖, 갖은, 전(全)' 등은 '자질에 따른 풀이'의 방식이 적절하다.

지시관형사는 가리킴말의 속성상 '화용적 조건에 따른 풀이'가 적절하지만, 고유어 지시관형사(㉤ 이, 그, 저, 이런, 그런, 저런, 다른, 어느, 무슨, 웬 등)를 제외한 한자어 지시관형사(㉤ 전(前), 현(現) 등)는 '메타언어형'이 적절하다.

관형사는 뒤에 오는 명사를 수식하므로 '문형정보'가 필요하지 않지만, 범위를 한정시켜 수식하는 명사의 의미를 구체화시키는 품사이기 때문에 다의의 의미를 가지지 않으므로, '길잡이말'도 필요하지 않다.

(43) 관형사 의미 기술의 변형 모형

> **표제어**(어깨번호)[품사][뜻풀이][용례](관련된 말)(참고상자)

(43-1) 모형 특징
    ① (어깨번호), (관련된 말), (참고상자)는 수의적이다.
    ② 고유어 성상관형사와 수관형사 일부(여러, 모든, 온, 온갖 등)의 뜻풀이 기술 방식은 '자질에 따른 풀이'가 적절하다.
    ③ 한, 두, 세… 등의 수관형사의 뜻풀이 기술 방식은 '메타언어형'이 적절하다.
    ④ 고유어 지시관형사의 뜻풀이 기술 방식은 '화용적 조건에 따른 풀이'가 적절하다.
    ⑤ [용례]에서 반드시 단위성 의존 명사와 함께 용례를 제시한다.
    ⑥ (관련된 말)에서는 뒤에 오는 형태에 따라 달라지는 이형태를 제시한다.
    예) **두** 명, 둘의 비밀, **2(이)** 명은 / **세** 명, **석** 잔, **서너** 잔
    지시관형사의 경우에는 '이-류, 저-류, 그-류' 관련어를 제시한다.
    ⑦ (참고상자)에서는 수관형사 쓰기와 읽는 방법 등을 제시한다.
    예) 한, 두, 세, 네, 다섯
       5 사람[오 사람](×) / [다섯 사람](○)
    ⑧ [길잡이말]과 [문형정보], 부표제어와 삽화는 필요하지 않다.

(44) 관형사 변형 의미 기술 모형의 〈보기〉

ㄱ-1.
    관 그런, 저런   이런 관 이와 같은 예 어제 갑자기 친구가 죽었어요 **이런** 일을 당하고 보니 정신이 없어요

ㄱ-2. **이런**★★★ [이런 irən] 팬 이와 같은. ‖ 제가 **이런** 상을 받게 될
     줄은 생각조차 못했어요. / **이런** 무더운 날엔 짜증이 나게 마련
     이다. 팬그런, 저런

__『외국인을 위한 한국어 학습사전』에서

(44ㄱ-1)은 (43)와 (43-1)에 따른 기술이다. (44ㄱ-2)와 비교했을 때, 용례
에서 ‘이런’의 화용적 조건을 제시하여 해당 표제어의 쓰임을 익히게 한다.
그러나 (44ㄱ-2)는 그렇지 못하다. 이를 ‘가 : 축하해요. 우등상을 받으셨
다고요. 나 : 제가 이런 상을 받게 될 줄 생각하지도 못했어요.’, ‘가 : 오
늘 아주 덥다고 해요. 나 : 이런 무더운 날은 짜증나기 쉬워요.’로 용례를
제시해야 학습자가 정확하게 해당 표제어의 의미를 이해할 수 있다.

(7) 부사의 의미 기술 모형

우리말 부사는 주로 용언 앞에 놓여 그 말의 뜻을 구체적으로 드러내
주는 기능이 중심이라 하나, 실제로는 다양한 기능과 하위 갈래를 가지는
품사이다.9) 여기서는 이들 부사를 갈래별로 다 기술하지는 않고, 성분부
사인, ‘성상부사’, ‘상징부사’, ‘지시부사’를 대상으로 하여, 각각 그 특성에
따른 의미 기술로서의 변형 의미 기술 모형을 논의한다. 부사는 문장에서
부사어로서 수식 기능10)을 한다 해도 매우 다양하게 분화되어 있으므로,

---

9) 부사는 특정한 성분을 수식하는 성분부사와 문장 전체를 꾸며 주는 문장부사로 나눈
   다. 다시 성분부사는 주로 용언의 내용을 실질적으로 꾸미는 성상부사와 사물의 소
   리나 움직이는 모양을 모방한 상징부사, 발화현장을 중심으로 처소나 시간을 가리키
   거나 앞에 나온 이야기의 내용을 지시하는 지시부사, 용언의 의미를 부정하는 방식
   으로 꾸며 주는 부정부사로 나눈다. 한편, 문장부사는 다시 화자의 태도를 표시하는
   양태부사와 앞 문장의 의미를 뒤 문장에 이어주면서 그것을 꾸미는 접속부사로 나눈
   다(남기심 · 고영근(2005) 참고).
10) 박선자(1996)에서는 어찌말 꾸밈 기능의 특성을 검토하기 위해 풀이말의 바탕을 풀

각각 그 부사어의 다양한 수식 기능을 고려한 뜻풀이가 이루어져야 할 것이다.

(45) 성상부사 변형 의미 기술 모형

> **표제어**(어깨번호)[품사](길잡이말)[뜻풀이][용례](관련된 말)(참고상자)(삽화)

(45-1) 모형 특징

① (어깨번호), (관련된 말), (참고상자)는 수의적이다.

② (길잡이말)도 수의적이다.

; 3개 이상의 다의의 뜻을 가진 표제어일 경우에만 제시한다.

③ 성상부사의 뜻풀이 기술 방식은 '나열형'이나 '자질에 따른 풀이'가 적절하다.

④ (삽화)는 수의적이다.

⑤ (참고상자)에서는 유의어쌍이나 유의어군의 차이점에 대해 제시한다.

⑥ [문형정보]는 필요하지 않다.

(46) 성상부사 변형 의미 기술 모형의 〈보기〉

1 ㈜ 굉장히, 대단히, 매우, 무척, 꽤
2 ㈜ 아예
3 ㈜ 전혀

아주 🔠 ♂정도 1 정도나 수준이 보통보다 높게 ㋞ 이 서점에는 잡지가 **아주** 많다.
2 ♂일이나 소식 어떤 일이나 소식 등이 없어질 정도로 ㋞ 담배를 **아주** 끊었다. / 그는 친구들과 **아주** 소식을 끊고 산다.
3 ♂일·대상 아무 일(대상)도 ㋞ 그는 그 이후로 일은 **아주** 하지 않으려고 한다.

아주1   신발
아주 작은 신발 / 아주 큰 신발

이바탕, 월바탕, 뜻바탕, 말본바탕으로 나누어 어찌 꾸밈 기능을 논하였다.

위의 성상부사는, 위치(예 바로)나 수량(예 겨우), 정도(예 매우, 퍽, 꽤, 아주, 가장, 참, 제법, 매우 등)를 뜻하는 부사로서 그 정도를 잴 수 있으므로 정도성 자질(뜻바탕)을 가지고 있다고 한다. 이에 따라 뜻풀이에서 '정도성' 자질을 기술해 주어야 한다. 이들에 대한 기존 사전들의 뜻풀이 기술 방식은 '어휘적 대치형'이거나 '나열형'으로 제시하는 경우가 많은데, 이와 같은 (47)의 어휘적 대치형은 부적절한 기술 방식이다.

> (47)　ㄱ-1. **참**[3]★★★[매우] [참 tsʰam] 뷔 정말로. ‖ 세월이 **참** 빠른 것 같아요. / 영민 씨는 마음이 **참** 넓은 사람인 것 같아요. / 어제 잠을 못 잤더니 **참** 피곤하네요. 비)정말.
>
> 　　　ㄱ-2. **정말로**(正－－) [정 : 말로 tsə : ŋmallo] 뷔 거짓 없이 말하여. 진짜로. ‖ **정말로** 아빠가 그런 말씀을 하셨어요? / 누가 범인인지 **정말로** 알 수 없는 일이었다.
>
> 　　　ㄱ-3. **정말**[2]★★☆[매우] (正－)[정 : 말 tsə : ŋmal] 뷔 매우. 참으로. ‖ **정말** 실례가 많았습니다. / **정말** 오랜만입니다. / 말로만 듣던 세대 차이가 **정말** 실감 나는구나.

__『외국인을 위한 한국어 학습사전』에서

(47ㄱ-1) '참'은 '아주, 무척' 등은 '보통의 정도를 넘게'라는 뜻인데, 이 사전에서는 '어휘적 대치형'으로 '정말로'로 풀이하고 있다. 그런데 바로 다음 표제어인 '정말로'의 뜻풀이는 '거짓 없이 말하여'로 되어 있어 '참'의 뜻풀이로는 맞지 않다. 또한, (47ㄱ-1)에서 비슷한 말로 '정말'(정말[2]로 제시해야 옳다.－통일성, 일관성 부족)을 들고, 여기서 '매우, 참으로'로 기술하고 있다. 그리하여 학습자가 뜻을 완전히 이해하려면, 다시 '매우, 참으로'로 '다시 찾기'를 해야 하는 번거로움이 생긴다. 특히 성상부사에서 이러한 풀이가 잦은데, 이를 넘어서기 위해 이 연구에서는 '자질에 따른 뜻풀이' 방식을 지향한다.

'상징어'의 발달은 한국어 어휘 특질의 대표적 양상 중의 하나이다. 그럼에도 불구하고 기존의 학습사전에서는 '상징어(또는 상징부사)'에 대해서는 거의 다루고 있지 않다.

이 연구에서 구축·제안할 학습사전 모형에서는, 한국어 특질을 대표하는 '상징어(상징부사)'를, 고빈도 풀이씨와의 의미적 공기에 따라 일정한 기본 상징어를 제시해야 함을 전제로 하여 의미 기술 방식과 모형을 제안할 것이다. 상징어는 상태나 동작의 모양이나 소리를 직접 시늉한 말이므로 공기하는 풀이씨에 따라 의미적 제약이 아주 강하므로,11) 선정된 풀이씨 내에서 관련된 상징부사를 대상으로 다룬다. 이같이 극도의 공기 제약을 가지므로, 어깨번호나 길잡이말 항목이 필요하지 않다. 그보다는 상징어와 공기하는 특정 풀이씨를 하나의 연어 또는 구 단위로서 정형화하여 가시화하는 방법으로 기술하는 것이, 학습자들이 습득 활용하기에 좋다. 또한, '상징부사'는 그 특성상 해당 사태를 그린 삽화를 활용하면 외국인 학습자들이 쉽게 상징어의 의미를 이해할 수 있고, 적절하게 표현할 수 있게 된다.

(48) 상징부사 변형 의미 기술 모형

표제어[품사][뜻풀이][용례](관련된 말)(참고상자)
부표제어
(삽화)

(48-1) 모형 특징
　① 뜻풀이 기술 방식은 '자질에 따른 풀이'가 적절하다.
　② 용례에서는 풀이씨 제약을 보일 수 있는 예문을 제공한다.

---

11) 박선자(1996 : 269)에서 소리시늉말, 짓시늉말은 본디 해당 풀이씨의 그 모양, 소리를 시늉한 것이므로 그 해당 풀이씨와만 공기하는 극도의 공기 제약을 가진다고 하여 해당 보기를 구체적으로 제시하였다.

③ (관련된 말)에서는 준말 > 본말 > 큰말 > 작은말 > 된소리말 > 여린말 > 거센말 등의 관계를 제시한다.

④ (관련된 말)과 (참고상자)는 수의적이다.

⑤ 삽화를 활용한다.

⑥ [문형정보]는 필요하지 않다.

(49) 상징부사 변형 의미 기술 모형의 〈보기〉

ㄱ-1.

|큰| 허허

하하 |부| 입을 크게 벌려 마음껏 크게 웃는 소리, 또는 그 모양 |예| 그의 말에 모두 **하하** 웃었다.
◇ **하하 웃다** 기쁠 때 입을 벌려 **큰 소리 내다.**
|예| 친구는 종일 **하하** 웃고 다닌다.

'하하'는 입을 크게 벌려 웃는 소리, 또는 그 모양이고 '호호'는 입을 작게 벌려 웃는 소리, 또는 그 모양이다. 한국어에서 '하하'는 남자의 웃음으로, '호호'는 여자의 웃음으로 나타낸다.

ㄱ-2.

|잠| 벙글벙글
|된| 빵글빵글

방실방실 |부| 입을 조금 벌려 소리 없이 귀엽고 부드럽게 자꾸 웃는 모양
|예| 아기가 **방실방실** 웃는다.
◇ **방실방실 웃다** 기쁠 때 입을 조금 벌려 소리 내다.
|예| 아기가 **방실방실** 웃으며 누워 있다.

아기가 **방실방실** 웃는다.

ㄴ. **무럭무럭** [무렁무럭] 厓 잘 자라는 모양

　　　예 아이가 **무럭무럭** 잘 자란다.

　　　◇ **무럭무럭 자라다** 사고 없이 잘 크다.

　　　예 콩나물이 **무럭무럭** 자란다.

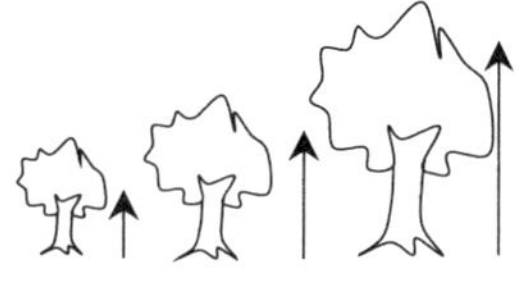

　(49ㄱ-1), (49ㄱ-2)에서 웃음을 시늉한 말에는 '하하'와 같이, 소리와 모양을 다 시늉한 말이 있는 반면에, '방실방실'과 같이, 모양만을 시늉한 말이 있다. 이를 기술하여 표현하기보다는 삽화를 통해 보여 주는 것이 학습자의 이해를 돕는다. 그러나 (49ㄴ) '무럭무럭'과 같이, 삽화로 나타내기에 힘든 경우도 있다.

　지시부사는 처소나 시간, 앞에 나온 이야기의 내용을 지시하는 부사로, ♂장소 지시, ♂시간 지시, ♂사건·상황 지시 등의 길잡이말을 제공하고, 관련된 말에서는 원근에 따른 관련된 말을 제시하고, 참고상자에서는 이들 관계를 설명한다.

　(50)　**지시부사 변형 의미 기술 모형**

표제어(어깨번호)[품사][길잡이말][뜻풀이][용례][관련된　말][참고상자]
(삽화)

　(50-1) **모형 특징**

　　① (어깨번호)는 수의적이다.

　　② [길잡이말]에서는 ♂장소 지시, ♂시간 지시, ♂사건·상황 지시의 길잡이말을 제시한다.

　　③ 지시부사의 뜻풀이 기술 방식은 '화용적 조건에 따른 풀이'(장소 지시, 사건·상황 지시)나 '상하관계어나 방향대립어에 의한 풀이'(시간 지시)가 적절하다.

④ 부표제어와 삽화는 필요하지 않다.

⑤ [용례]에서는 화용적 조건을 제시한 예문을 제시하고, 상하관계 정보를 이용한 용례를 제시한다.

⑥ [참고상자]에서는 관련된 말의 관계를 도식화하여 단어의 의미를 돕는다.

⑦ (삽화)는 수의적이다. 장소 지시일 경우에 삽화를 사용한다.

(51) **지시부사 변형 의미 기술 모형의 〈보기〉**

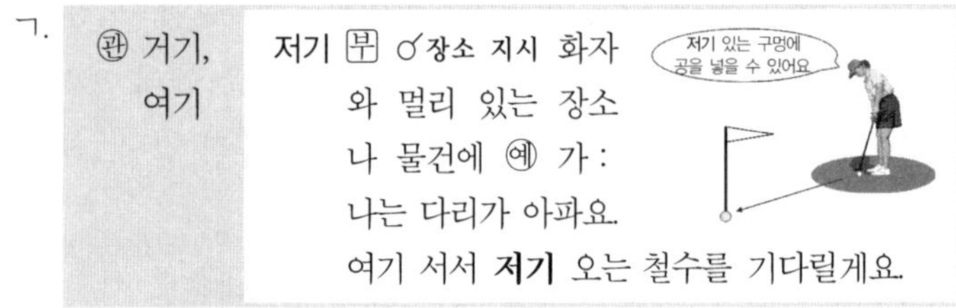

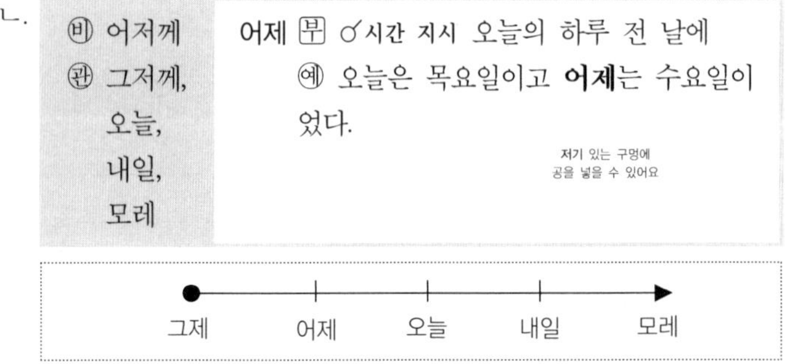

(51ㄱ)은 '장소 지시'의 부사로, 삽화를 사용하여 '저기'의 의미를 이해할 수 있게 한다. (51ㄴ)은 '시간 지시'로, 관련된 말을 사용하여 '어제'의 의미 정보를 제공하고 있는데, (52ㄱ)은 화용적 조건을 제시하지 않은 용례를 제공하고 있으며, (52ㄴ)의 용례로는 '어제'의 의미를 정확

하게 파악할 수 없다. 이로 보아, 이 의미기술에서는, '어제', '오늘', '모
레' 등 시간과 관련된 부사와의 관계에 대한 의미 정보를 제공하지 못
하고 있다.

(52) ㄱ. **저기**²★★★[저곳에] [저기 tsəgi] 㗊 저곳에. ‖ **저기** 수미가 와요. / **저기**
        있는 분이 우리 아버지예요. 㘰 조기. 㗘 거기² · 여기²

     ㄴ. **어제**²★★★[저곳에] [어제 ədze] 㗊 오늘의 하루 전 날에. ‖ **어제** 뭐 했
        어요? / 나는 **어제** 백화점에서 친구를 만났습니다. 㘲 어저께². 㗘
        오늘² · 내일²

__『외국인을 위한 한국어 학습사전』에서

부정부사로는 '안'(의도부정)과 '못'(능력부정)이 있다. 부정부사는 용언의
부정법과 관련된 것으로, 뜻풀이 기술 방식은 '메타언어형'이 적절하다.

(53) **부정부사 변형 의미 기술 모형**

표제어[어깨번호][품사][뜻풀이][용례][관련된 말][참고상자]
부표제어

(53-1) **모형 특징**
    ① 부정부사의 뜻풀이 기술 방식은 '메타언어형'이 적절하다.
    ② '삽화'와 '문형정보'는 필요하지 않다.
    ③ [관련된 말]에서는 '안'과 '못', '아니' 등을 제시한다.
    ④ [참고상자]에서는 '안'과 '못'의 관계와 긴 부정과 짧은 부정에
       대해 설명한다.

(54) **부정부사 변형 의미 기술 모형의 〈보기〉**

     ㄱ. 㗈 아니   **안**² 㗊 어떤 일이나 상태를 부정하는 뜻을
          㗘 −지 않다,   나타낸다.
          못²   㘐 나는 TV를 안 본다.

ⓑ 그렇지
않아도

▶**안 그래도** 어떤 일을 하려는 때가 상대방과 맞았을 때 하는 말 ㉐ 가 : 우리 내일 여행을 갑시다. 나 : **안 그래도** 제가 철수 씨에게 여행을 가자고 막 하려고 했는데요.

'안'과 '-지 않다' 부정법

'안'과 '-지 않다'는 동사나 형용사를 부정할 때 사용하는 문법으로, '안'은 동사, 형용사의 앞에, '-지 않다'는 동사, 형용사(어간)의 뒤에 온다.
㉐ 철수는 밥을 안 먹었다.(○) / 않 먹었다.(×)
　 철수는 밥을 먹지 않았다. / 먹지 안았다.(×)

ㄴ.

㉼ **안²**

못² [몯] 🅱 어떤 일을 할 수 없거나 할 줄 모른다는 뜻을 나타낸다. ㉐ 너무 바빠서 밥을 **못** 먹었다.
　▶**못 먹는 감 찔러나 본다** 될 가능성이 없으면서도 한번 해 보는 행동을 나타내는 말 ㉐ **못 먹는 감 찔러나 본다**는 마음으로 일을 방해하지 마세요.

'안'과 '못'의 차이

부정(不定)을 나타내는 부사로 '안'과 '못'이 있다. '안'은 의도부정이지만 '못'은 능력부정이다.
㉐ 돈은 있지만, 꼭 필요하지 않아서 **안** 산다. (의도)
　 그 옷을 사고 싶지만, 돈이 없어서 **못** 산다. (능력)

(55)　ㄱ. 안²★★★[부정] [안 an] 뫼 어떤 일이나 상태를 부정하는 뜻을 나타낸
다. '아니'의 준말. ‖저는 아침을 **안** 먹고 다닙니다. / 내일까지
하숙비를 내지 않으면 **안** 됩니다. 뫼 아니¹.

▶ **안 그래도·그렇지 않아도** ☞ 그렇다.

ㄴ. 못³★★★[아니] [몯 mo : t̚] 뫼 1 '(그것을) 할 수 없다'는 뜻을 나타낸
다. ‖너무 피곤해서 시계 소리를 **못** 들었어요. / 어제 2(두)시간밖
에 **못** 잤어요. / 한자는 너무 어려워서 **못** 쓰겠어요. 뫼 동사 앞에
쓴다. 2 '(무엇을) 할 줄 모르다', '능력이 없다'는 뜻을 나타낸다.
‖저는 운전을 **못** 해요. / 저는 수영을 **못** 해요. 뫼 동사 앞에 쓴
다. 3 '모자라게'라는 뜻을 나타낸다. ‖남수의 키는 150(백오십)
센티미터가 조금 **못** 된다. / 어제 모임에는 50(오십)명이 채 **못** 되
게 모였더군요. 뫼 아니¹·안². 뫼 주로 '되다' 앞에 쓴다.

▶ **못 먹는 감 찔러나 본다** 이루어질 가능성이 없는 줄 알면서도
괜히 해 보는 것을 나타내는 말. ‖**못 먹는 감 찔러나 본다**는
생각으로 남의 일을 계속 방해하지 말아요.

▶ **못 이기는 [체·척]** 주위 사람들이 못하도록 말려서 하는 수 없
다는 듯이. ‖주위에서 싸움을 말리기에 **못 이기는 척** 그만두
었다.

_『외국인을 위한 한국어 학습사전』에서

(55)와 비교하여, (54)의 '안²'에서는 부정법에 대해, '못²'에서는 '안'과
'못'의 차이에 대해 참고상자에서 정보를 제공한다. '안²'에서 '안 먹었다'
와 '않 먹었다', '먹지 않았다'와 '먹지 안았다'의 예를 제시하여 학습자가
자주 오류를 범하는 부분을 제시함으로써 학습자에게 해당 표제어의 쓰
임을 제공한다.

문장부사는 화자의 태도를 표시하는 양태부사와 앞 문장의 의미를 뒷
문장에 이어주면서 그것을 꾸미는 접속부사가 있다. 양태부사[12]는 화자

---

12) 박선자(1996 : 284~287)에서 말본바탕에 따른 공기관계에서 '말재어찌말'과 '말재바
탕'과의 공기를 살폈다.

의 심리적 태도를 나타내는 것으로, 말본바탕(문법적 의미)에 따른 공기 제약을 받기 때문에 이를 '참고상자'에서 다루어야 한다. 양태부사의 뜻풀이는 화자의 태도를 고려한 '화용적 조건에 따른 풀이'로 기술하고, 접속부사13)의 뜻풀이는 문장의 앞뒤 관계를 고려한 '메타언어형'으로 기술한다.

(56) 문장부사 변형 의미 기술 모형

표제어[품사][뜻풀이][용례](관련된 말)[참고상자]
(부표제어)

(56-1) 모형 특징
① 양태부사의 뜻풀이 기술 방식은 '화용적 조건에 따른 풀이'가 적절하고, 접속부사의 뜻풀이 기술 방식은 '메타언어형'이 적절하다.
② (부표제어)와 (관련된 말)은 수의적이다.
③ [용례]는 화용적 조건이 갖추어지도록 예를 제시한다.
④ [참고상자]에서, 양태부사는 말본바탕에 따른 공기관계, 접속부사는 '화용적 조건' 등에 대한 정보를 제공한다.

(57) 문장부사 변형 의미 기술 모형의 〈보기〉
ㄱ. **혹시** [혹씨] 閉 1 확실하지 않지만 예 철수 : 그가 왜 안 올까요?
영희 : **혹시** 그 사람이 약속을 잊어버린 게 아닐까요?

ㄱ. 시킴바탕(−라)과의 공기 : 좀, 제발, 아무쪼록, 부디
ㄴ. 물음바탕(−느냐, −ㄹ까)과의 공기 : 왜, (언제), (어디), 어찌, 얼마나
ㄷ. 추정바탕(−자)과의 공기 : 혹시, 행여, 설마, 아마도
ㄹ. 가정바탕(−면, −라면)과의 공기 : 만일, 혹시, 가령, 설사
ㅁ. 양보바탕(−더라도, −ㄹ망정, −ㄹ지라도)과의 공기 : 비록, 설령, 아무리
ㅂ. 의도바탕(−마, −ㄹ게)과의 공기 : 기어코, 반드시, 꼭 (추정바탕의 하나로서 의도)
ㅅ. 단정바탕(−겠, −ㄹ 것)과의 공기 : 물론, 모름지기, 반드시, 의당 …
13) 허웅(『국어학』, 1991)에서는 '접속부사'를 뒤의 말과 이어지는 힘이 매우 약해서 홀로말이 되므로 '이음씨(접속사)'로 본다.

> 주로 의문을 나타내는 문장에 쓴다. 강조할 때는 '혹시나', '혹시라도'를 쓰기도 한다.

2 그런 일이 있을지도 모르는 경우에 ⑩ 가 : 생일 축하해요. **혹시** 선물이 마음에 안 **들면** 교환해도 돼요. / 가 : 친구가 금방 온다고 했는데. 나 : 어디쯤이래요? 가 : **혹시** 급한 일이 있**거든** 먼저 가세요. / : 전 오늘 바빠서 회의에 참석할 수 없을 것 같아요. 나 : **혹시** 시간이 늦더**라도** 오세요.

> 강조할 때는 '혹시나', '혹시라도'를 쓰기도 한다. 주로 '-면, -라도, -거든'과 함께 가정을 나타내는 문장에 쓴다.

ㄴ. 그런데 🈭 1 화제를 앞의 내용과 관련시키면서 다른 방향으로 이끌 때 쓰는 말 ⑩ 가 : 배가 고파요. 밥 먹으러 가요. 나 : **그런데** 왜 아까 선생님께 밥을 먹었다고 말했어요? 2 앞의 내용과 반대되는 내용을 이끌 때 쓰는 말 ⑩ 동생은 키가 커요. **그런데** 나는 키가 작아요. 🈴 그렇지만, 그러나

'그런데'와 '그렇지만'

'그런데'와 '그렇지만'은 앞뒤 문장의 뜻이 서로 반대일 경우에만 바꿔 쓸 수 있다.

⑩ 어제 영화를 보러 갔다. **그런데** 그곳에서 친구를 만났다.(○)
어제 영화를 보러 갔다. **그렇지만** 그곳에서 친구를 만났다.(×)
이것은 크다. **그런데** 저것은 작다.(○)
이것은 크다. **그렇지만** 저것은 작다.(○)

---

(58) ㄱ. **혹시**★★★[부정] (或是)[혹씨 hoksʼi] 🈭 1 확실한 것은 아니지만. ‖ **혹시** 모르니까 우산을 갖고 가세요. / **혹시** 약속을 잊어버린 게 아닐까요? 🈐 1. 강조할 때는 '혹시나, 혹시라도'로도 쓴다. 2. 주로 의문을 나타내는 문장에 쓴다. (중략)

ㄴ. 그런데***[그런데 kɯrənde] 囝 1 (형편이나 상태나 현상이) 그와
같은데. ‖ 공원에 가서 사진 찍으려고 했어요. **그런데** 비가 와서
못 갔어요. / 한국에 온 지 벌써 6(육)개월이나 됐어요. **그런데** 한
국어 실력이 늘지 않아요. ㉬근데. (중략)

_『외국인을 위한 한국어 학습사전』에서

(58)에서는 '㉠'(참고 정보)에서 다루고 있는 해당 표제어의 문법적 의미
에 대한 정보를 (57)에서는 '참고상자'에서 다루고 있다. 이는 문법 정보
를 가시화하기 위한 기술 방법이다. (57ㄱ)의 용례를 보면, 화용 조건에
맞는 예를 제시한 반면에 (58ㄱ)은 그렇지 않다.

(8) 감탄사의 의미 기술 모형

감탄사는 화자가 자신의 느낌이나 의지를 특별한 단어에 의지함이 없
이 직접적으로 표시하는 품사로, 이는 따라오는 문장과 관련을 짓지 않고
독립해서 쓰이는 독립어이다.

(59) 감탄사의 변형 의미 기술 모형

표제어 (어깨번호)[품사][뜻풀이][용례](관련된 말)(참고상자)
(부표제어)
(삽화)

(59-1) 모형 특징
 ① (어깨번호), (관련된 말), (참고상자)는 수의적이다.
 ② 감정감탄사의 뜻풀이 기술 방식은 '메타언어형'이 적절하다.
 ③ 의지감탄사의 뜻풀이 기술 방식은 '화용적 조건에 따른 풀이'가
  적절하다.
 ④ [용례]에서는 화용적 조건이 주어지는 대화체의 용례를 제시한다.

⑤ (부표제어)와 (삽화)는 수의적이다.
⑥ 의지감탄사는 참고상자에서 상대방의 사회적 지위에 따라 형태가 달라지는 정보를 제공한다.
⑦ 감정감탄사는 삽화를 사용하여 학습자의 이해를 돕는다.

(60) 감탄사의 변형 의미 기술 모형의 〈보기〉

ㄱ. 감정감탄사

아[2] 감 1 놀라거나 기쁠 때, 또는 아프거나 슬플 때 내는 소리 예 가 : 시험에 합격했어요? 나 : **아**, 떨어졌어요. 2 모르는 것을 알았을 때 내는 소리 예 가 : 이 문제는 이렇게 풀어요. 나 : **아**, 알고 봤더니 쉽네요.

시험에 떨어졌다.
아, 슬프다.

ㄴ. 의지감탄사

그래[1] 감 1 상대의 말에 동의하거나 긍정하는 대답 예 가 : 영화 보러 가자. 나 : **그래**. 가자. / 가 : 그가 요즘 아픈 것 같아. 나 : **그래**. 그런 것 같아. 2 어떤 일의 앞뒤 상황을 알고 싶어 상대에게 따져 물을 때에 쓴다. 예 가 : 네가 먼저 어제 나한테 그랬잖아. 나 : **그래**, 말이 나온 김에 솔직하게 말해 보자.

> 상대방의 지위가 높거나 대우해야 하는 상황에서는, '예'나 '그래요'가 쓰이고 지위가 낮을 때는 '그래'가 쓰인다.

(61) ㄱ. 감정감탄사

아[2★★★][놀람] [아 a] 감 1 놀라거나 아주 좋거나 슬픈 느낌을 나타내는 소리. ‖ **아**, 그게 정말이냐? / 아, 미안합니다. / **아**, 아무 것도 아닙니다. 2 모르는 것을 깨달았을 때 내는 소리. ‖ **아**, 좋은 생각이 났어요. 참 길고 낮았다가 높게 소리 낸다. (중략)

ㄴ. 의지감탄사

그래[1★★★][응] 감 1 '그렇게 하겠다', '그렇다', '알았다' 등과 같이 상대방의 말에 동의하거나 긍정하는 뜻으로 대답하는 말. ‖ (가) : 배고픈데 밥 먹을까? (나) : **그래**, 밥 먹으러 가지. / (가) : 도서관에 같이 갈래요? (나) : **그래요**, 같이 가요. 참 친한 사람이나

아랫사람에게 대답할 때 쓴다. 높임말은 '예, 그래요'이다. (중략)

_『외국인을 위한 한국어 학습사전』에서

감정감탄사는 일정한 어조가 결부되거나 얼굴 표정이나 손짓 등이 동반되어 구어체에 많이 쓰이므로 기술하는 것보다 실제 상황에 따른 얼굴 표정이나 손짓 등이 함께 주어진 삽화를 통해서 더 잘 이해할 수 있다. 따라서 (60ㄱ)은 (61ㄱ)과 달리 '아'의 감탄사가 슬픔, 반가움, 기쁨, 놀라움 등을 다양하게 표현할 수 있는데, 여기서는 얼굴 표정이나 손을 입에 대고 슬픔을 참는 모습을 보인 삽화를 보임으로써 '슬픔'의 감탄사 '아'임을 쉽게 이해할 수 있다.

의지감탄사는 상대방의 사회적 지위에 따라 어느 정도 구별되는 형태이므로 이에 대한 설명을 참고상자에서 다룬다.

(9) 조사, 어미의 의미 기술 모형

조사나 어미는 다른 문법적 요소와의 관계를 나타내는 문법 요소로, 부표제어와 삽화가 필요하지 않다. 어미는 문법적 관계를 표시한다는 점에서 조사와 비슷한 점이 있지만, 분리성이 없는 등 단어로 보지 않아 조사와 다르다. 그러나 여기서는 '의미 기술'의 모형을 살피는 것으로, 문법적인 관계를 표시한다는 데 공통점을 보이므로, '조사'와 그 의미 기술 모형을 같은 방식으로 다룬다.

(62) 조사, 어미의 변형 의미 기술 모형

표제어(어깨번호)[품사][뜻풀이][용례](관련된 말)(참고상자)

(62-1) 모형 특징

    ① (어깨번호)와 (관련된 말), (참고상자)는 수의적이다.

    ② 뜻풀이 기술 방식은 '메타언어형'이 적절하다.

    ③ 부표제어와 삽화는 필요하지 않다.

    ④ (참고상자)에서는 문법적 의미에 대한 정보를 제공한다.

(63)   조사, 어미의 변형 의미 기술 모형의 〈보기〉

    ㄱ. 다가¹ 조 1 장소를 강조할 때 쓴다. 예 여기**다가** 넣으세요. / 학교 **다가** 전화를 거세요. 2 ('－에'와 결합하여)더 있음을 나타낼 때 쓴다. 예 여동생 한 명<u>에</u>**다가** 남동생이 2명 있다. 3 ('－로'와 결합하여) 수단, 방법을 강조할 때 쓴다. 예 술<u>로</u>**다가** 화를 풀면 안 된다.

    ㄴ. －아라¹ 【어미】 1 명령·지시할 때 쓴다. 예 집에 어서 가라. 2 소망하거나 기원할 때 쓴다. 예 새해 복 많이 받아라.

> 2는 친한 사람이나 아랫사람에게 말할 때 쓴다. '말다'에 '－아라'가 결합하면, '마라'이다.
> 예 잡다 → 잡아라 / 놓다 → 놓아라 / 먹다 → 먹어라 / 입다 → 입어라
>   말다 → 마라 ; 가지 마라(○) / 가지 말아라(×)

(64)   ㄱ. 다가¹☆★★[책상에다가] [다가 daga] 조 1 장소를 강조하는 뜻을 나타낼 때 쓴다. ‖ 여기**다가** 받으실 분의 주소를 적으세요. / 저기**다가** 이름을 쓰세요. / 이쪽 벽에**다가** 달력을 걸까요? 참 주로 '에다가'로 쓴다. 2 그것 말고 또. 게다가. 하나가 아닌 여러 가지가 있음을 나타낼 때 쓴다. ‖ 어제 월급에**다가** 보너스까지 받았어요. / 과일에**다가** 커피까지 주시니 너무 고마워요. 참 주로 '에다가'로 쓴다. 3 수단, 방법을 강조하는 뜻을 나타낼 때 쓴다. ‖ 술로**다가** 화를 풀면 안 됩니다. / 한국 음식은 수저로**다가** 먹어야 해요. 참 주로 '로다가'로 쓴다. (중략)

      ▶ [－ㄴ/은·－는]데다가 ☞데1.

    ㄴ. －아라¹★★★ [아라 ara] ((어미)) 1 손아랫사람에게 명령하거나 지시할 때 쓴다. ‖ 어서 전화 받아라. / 어거 접시에 좀 담**아라**. 2 그리

되기를 소망하거나 기원할 때 쓴다. ‖ 너희들도 소원 성취하고 새해 복 많이 받**아라**. / 즐거운 크리스마스 보**내라**. ⓐ 친한 사람이나 아랫사람에게 말할 때 쓴다. (중략)

_『외국인을 위한 한국어 학습사전』에서

(64ㄱ)의 ‘ⓐ’(참고정보)에서 기술한 부분을 (63ㄱ)에서는 뜻풀이에 앞서 ‘(   )’ 안에 제공하여 간결하게 기술하고, 뜻풀이 앞에서 먼저 유형화한 정보를 제시함으로써 그에 따라 용례를 살펴볼 수 있게 하는 기술 등으로 학습자의 이해 속도를 높이기 위한 방법을 모색했다.

조사·어미는 앞말(체언이나 용언의 어간 등)에 붙어, 실제 문장에서 그 쓰임을 파악할 수 있는 문법적 요소이다. 다양한 형태, 또한 여러 형태의 겹침 등으로, 이들을 구체적으로 다루기에는 그 내용이 많고 다양하다.[14] 따라서 이 연구에서는 조사·어미를 한데 묶어 기술 모형을 제시하며, 상세히 다루지 않겠다.

이 장에서는, 한국어 학습사전에서의 의미 기술의 모형을 해당 표제어와 관련하여 의미 정보를 제공하는 항목들을 살펴보고, 미시구조 내 ‘뜻풀이 항목’에서의 의미 기술 방식과 아울러, 각 항목들과의 관련성을 고려하여 품사에 따라 기본 의미 기술의 모형과, 이를 기본으로 한 변형 의미 기술의 모형을 제시하였다. 이는, 외국인 학습자에게 한국어 어휘의 의미정보를 보다 체계적으로 유형화하여 한국어 이해와 습득의 이상적 모형으로 구축해 본 의미 기술 모형이다.

---

14) 외국인 학습자를 위해, 이희자·이종희의 『한국어 학습용 어미·조사 사전』(한국어 학습용, 2001)이 출판되었다. 그러나 문법적인 설명 등이 전문적인 면이 있어, 외국인 학습자가 이해하기에 좀 힘든 감이 있다.

제5장
한국어 학습사전 내용 구조 제안 모형

이 장에서는 한국어 학습사전의 의미 기술의 모형을 토대로 하여, 1절에서는 일부 어휘를 대상으로 한국어 학습사전의 거시구조의 모형을 제안하고, 2절에서는 한국어 학습사전의 미시구조를 구성하고 있는 각 항목들을 어떻게 기술할 것인지 미시구조의 모형을 제안한다. 그리고 3절에서는 이들을 총괄하여 '한국어 학습사전'의 내용 구조 총괄 모형을 제안하고자 한다.

1. 거시구조 모형

사전의 거시구조(Macrostructure)는 정렬된 모든 표제어의 집합으로서 표제어를 어떻게 선정하며 선정된 표제어를 어떻게 배열하는가에 따라 그 구조가 달라진다.

1) 표제어 선정 범위

일반적인 사전이라도 사용자 수준 고려가 우선 적용되는 부분은 표제어 선정이다. 이 연구의 출발점이 사용자 요구 중심의 한국어 학습사전 모형 구축에 있으므로 한국어 학습에 효율적인 표제어 선정의 범위는 우선적으로 사용자의 수준(등급)이 고려되어야 한다. 이 연구에서의 한국어 학습사전은 초·중급 수준의 성인 외국인 학습자를 대상으로 하는 사전임을 고려하여 그에 알맞은 표제어 선정 범위를 정하기로 하였다.

이를 위해, 이미 한국어 학습사전으로서 정통성이 있는 '외국어로서의 한국어 학습사전'의 표제어 선정 범위를 먼저 검토한다.

(1) "이 사전은 한국어로 쓰여진 **일상적인 글의 약 80% 이상을 이해하는 데에 필수적인 5천여 개의 기본 어휘 외에, 한국어 학습에 필요한 다양한 어휘를 보충하여 만들었다.**"
   ① 표준어를 기본으로 하되, 일상생활에서 많이 사용되는 구어, 그리고 학습자가 흔히 틀리는 잘못된 표현과 어휘도 수록하였다.
   ② 한국의 문화를 학습하고 이해하는 데에 꼭 필요한 문화 어휘를 골라 수록하였다.
   ③ 한국어 학습에 필요한 지명 등의 고유명사도 선별하여 수록하였다.
   ④ 한국어 학습에 필요한 조사와 어미 등의 문법 요소를 풍부하게 수록하였다.
   ⑤ 불규칙하게 활용하는 동사나 형용사의 어간 부분을 가표제어 형식으로 수록하였다.

__『외국인을 위한 한국어 학습사전』의 일러두기에서

(1)은 표제어 선정 범위를 제시한 것으로, 일상적인 글을 약 80% 이상을 이해하는 데 필수적인 어휘 5천여 개를 기본 어휘로 선택했고, 그 외

에 한국어 학습에 필요한 다양한 어휘를 보충했다고 한다.

그러나 위 사전은 한국어 학습에서 필요한 등급별 어휘량과 그 분포에서 김광해(2003)가 정한 범위와 차이를 보인다. 김광해(2003)에서 추출한 1, 2등급 어휘(초·중급 수준의 어휘에 해당하는) 중, 1등급 어휘는 거의 다 등재되어 있지만, 2등급 어휘는 서로 많이 다르다.[1] 김광해(2003)의 2등급 4,245어 중 'ㄱ'에 해당하는 어휘 601개의 약 50%(309개)가 『외국인을 위한 한국어 학습사전』에는 없다.

---

1) 김광해(2003)는 기존에 계량 처리된 자료들을 통한 메타 계량 방법으로 국어에서 사용되는 총어휘 목록을 등급별로 구분하여 제시하였다. 메타 계량에 사용된 자료로는 한국어 어휘 교육 연구(조현용, 2000), 외국인 학습자를 위한 초급 한국어 사전(배주채, 2000), 텍스트 유형별 기초 어휘 의미 빈도, 한국어 교육 기초 어휘 의미 빈도 사전의 개발(한국어 세계화 추진위원회, 1999), 한국어교육 기초어휘 의미빈도사전의 개발사업보고서(서상규, 문화관광부, 2000), 임지룡(기초어휘연구, 1991), 연세한국어사전(연세대), 국어사전 표제어 자료(고려대 민족문화연구원, 2000) 등 총 17개이다. 김광해(2003)에서 수록한 어휘의 양과 개략적인 의미는 다음과 같다.

어휘량	누계	국어교육용		한국어교육용		
		등급	개념	4구분	6구분	개념
1,845	1,839	1	기초어휘	초급	1	자국인과 어휘량을 일치시키는 방향으로 조절함
4,245	6,084	2	정규 교육 이전	중급	2	
8,358	14,442	3	정규 교육 개시-사춘기 이전, 사고 도구어 일부 포함	상급	3	
					4	
19,377	33,819	4	사춘기 이후-급격한 지적 성장, 사고 도구어 포함	고급	5	
					6	

(2) 『외국인을 위한 한국어 학습사전』에 없는 어휘 목록 비교 결과

(단위 : 개)

『학습사전』	전문어	동·식물어	일상어	한자어	기본어
개수	88	29	13	31	21
『학습사전』	문화어	합성어·파생어	꾸밈어 / 의성·의태어	느낌어	총계
개수	22	64	24	17	309

*『학습사전』은 『외국인을 위한 한국어 학습사전』 약자
전문어 > 합성어·파생어 > 한자어 > 동·식물어 > 꾸밈어 > 문화어 > 기본어 >
일상어 > 느낌어

(2)는 'ㄱ'부분의 2등급 어휘 목록 차이를 어휘의 성격에 따라 비교 조사한 결과이다. 여기서 『등급별 국어교육용 어휘』와 가장 큰 차이를 보인 어휘는 '전문어'(88개)로 『외국인을 위한 한국어 학습사전』에 등재되어 있지 않다.

한국어 학습 어휘 선정은 모어 화자의 어휘 사용 빈도 조사를 바탕으로 이루어진다. 그러나 한국어 모어 화자의 어휘 사용 빈도와 학습자의 학습 어휘 선정의 관계는 무조건적 일치가 이루어질 수는 없다. 이는 외국인 학습자와 한국어 모어 화자가 어휘 의미망이 다르며 각각 한국어에 대한 태도가 다르기 때문이다.

우선, 한국어 학습자에게는 기본 생활 어휘와 학습 교재를 중심으로 한 학습 어휘, 교실 어휘 등을 기본어휘로 선정 제공해야 한다.

사전의 표제어 선정에는 김광해(2003)의 **메타 계량법**'을 사용하면 보다 객관적인 표제어 추출이 가능하다. 여기서 '메타 계량법'은 더 높은 객관성을 확보하기 위하여 구상된 것으로, 직접 말뭉치를 계량하는 것이 아니라 기존에 계량 처리된 자료들을 충분히 구하여 그 분포 상황과 자료의 타당성을 검토 비교함으로써 중요도를 정하는 방법을 말한다.

이 방법을 통해서 논의의 편의상 여러 표제어 중에서 '기본 형용사'를

표본으로, 메타 계량법을 사용한 표제어 추출을 시도하고자 한다. 여기서 메타 계량의 대상으로 삼은 자료는, 정호성(2002)의 『주요 어휘 용례집―동사 편』(상/하)과 『주요 어휘 용례 수집 및 정리―형용사 편』(2001), 그리고 조남호(2002)의 『현대 국어 사용 빈도 조사―한국어 학습용 어휘 선정을 위한 기초 조사』, 한국어 세계화 재단·국립국어원(2006)의 『외국인을 위한 한국어 학습사전』, 김광해(2003)의 『등급별 국어교육용 어휘』, 서상규(2000)의 『한국어 교육 기초 어휘 의미 빈도 사전의 개발』이다.

이 사전은 한국어 학습사전이므로 사용빈도에 따른 정보를 중심으로 하는 것이 학습자에게 유용한 사전이 된다는 전제하에, 『현대 국어 사용 빈도 조사』의 자료를 기본으로 기타 자료들과 비교하여 '기본 형용사'의 표제어를 선정하도록 한다. 여기에 대한 자료 분석을 (3)으로 제시한다.

(3) 표제어 선정을 위한 메타계량 결과 : 기본 형용사

개수	사용빈도	주요어휘	학습사전	등급별	기초어휘	결과
1	있다	○	○	○1등급	○	○○○
2	없다	○	○	○1등급		
3	같다	○	○	○1등급		
4	그렇다	○	○	○1등급	○	○○○
5	크다	○	○	○1등급	○	○○○
6	많다	○	○	○1등급	○	○○○
7	좋다	○	○	○1등급		
8	어떻다	○	○	○1등급	○	○○○
9	이렇다	○	○	○1등급	○	○○○
10	이러하다	×	○별 2개	○1등급		
11	다르다	○	○	○1등급	○	○○○
12	새롭다	○	○	○1등급	○	○○○
13	중요하다	○	○	○1등급		
14	어렵다	○	○	○1등급	○	○○○

개수	사용빈도	주요어휘	학습사전	등급별	기초어휘	결과
15	쉽다	○	○	○1등급	○	○○○
16	필요하다	○	○	○1등급	○	○○○
17	작다	○	○	○1등급	○	○○○
18	높다	○	○	○1등급	○	○○○
19	자연스럽다	○	○별 2개	○2등급		
20	불과하다	○	○등재	○3등급		
21	엄청나다	○	○별 1개	○2등급		
22	늦다	○	○	○1등급	○	○○○
23	분명하다	○	○별 2개	○1등급	○	○○○
24	훌륭하다	○	○	○1등급		
25	낮다	○	○	○1등급	○	○○○
26	즐겁다	○	○	○1등급		
27	예쁘다	○	○	○1등급		
28	정확하다	○	○	○3등급		
29	맛있다	×	○	○1등급		
30	아름답다	○	○	○1등급	○	○○○
31	길다	○	○	○1등급	○	○○○
32	깊다	○	○	○1등급	○	○○○
33	어리다	○	○	○1등급	○	○○○
34	힘들다	○	○별 2개	○1등급		
35	가능하다	○	○별 2개	○1등급	○	
36	젊다	○	○	○1등급	○	○○○
37	강하다	○	○	○1등급	○	○○○
38	아프다	○	○	○1등급	○	○○○
39	적다	○	○	○1등급	○	○○○
40	다양하다	○	○별 2개	○2등급		
41	빠르다	○	○	○1등급	○	○○○
42	넓다	○	○	○1등급	○	○○○
43	가깝다	○	○	○1등급	○	○○○
44	재미있다	○	○	○1등급		

개수	사용빈도	주요어휘	학습사전	등급별	기초어휘	결과
45	멀다	○	○	○1등급	○	○○○
46	이상하다	○	○	○1등급		
47	비슷하다	○	○	○1등급		
48	심하다	○	○	○1등급	○	○○○
49	싫다	○	○	○1등급	○	○○○
50	괜찮다	○	○	○1등급		
51	어떠하다	×	○별 2개	○1등급		
52	짧다	○	○	○1등급	○	○○○
53	고맙다	○	○	○1등급	○	○○○
54	바쁘다	○	○	○1등급	○	○○○
55	나쁘다	○	○	○1등급	○	○○○
56	커다랗다	×	○별 2개	○2등급		
57	무섭다	○	○	○1등급	○	○○○
58	지나치다	×	○별 1개	○1등급	○	
59	부드럽다	○	○	○1등급		
60	심각하다	○	○별 2개	○2등급		
61	맑다	○	○	○1등급	○	○○
62	바르다	○	○별 2개	○2등급		
63	옳다	○	○	○1등급	○	○○○
64	뜨겁다	○	○	○1등급		
65	가볍다	○	○	○1등급		
66	단순하다	○	○별 1개	○2등급		
67	푸르다	○	○	○1등급	○	○ ○ ○
68	부족하다	○	○	○1등급		
69	자유롭다	○	○별 2개	○2등급		
70	건강하다	○	○	○1등급		
71	당연하다	○	○별 1개	○2등급		
72	따뜻하다	○	○	○1등급	○	○○○
73	밝다	○	○	○1등급	○	○○○
74	곱다	○	○	○1등급		

개수	사용빈도	주요어휘	학습사전	등급별	기초어휘	결과
75	간단하다	○	○	○1등급		
76	복잡하다	○	○	○1등급	○	○ ○ ○
77	일정하다	○	○별 1개	○2등급		
78	알맞다	○	○	○1등급		
79	희다	○	○	○1등급	○	○ ○ ○
80	수많다	×	○별 1개	○2등급		
81	똑같다	○	○별 2개	○1등급		
82	독특하다	○	○별 2개	○2등급		
83	진정하다	○	× 등재	○4등급		
84	편하다	○	○	○1등급		
85	깨끗하다	○	○	○1등급	○	○ ○ ○
86	어둡다	○	○	○1등급		
87	미안하다	○	○	○1등급	○	○ ○ ○
88	하얗다	○	○	○1등급		
89	확실하다	○	○별 1개	○2등급		
90	바람직하다	×	○별 1개	○2등급		
91	착하다	○	○	○1등급		
92	검다	○	○별 2개	○1등급	○	
93	불가능하다	×	× 등재	○3등급		
94	유명하다	○	○	○1등급		
95	충분하다	○	○별 2개	○2등급		
96	기쁘다	○	○	○1등급	○	○ ○ ○
97	올바르다	○	○별 1개	○2등급		
98	춥다	○	○	○1등급		
99	흔하다	○	○별 1개	○2등급		
100	뛰어나다	○	○별 2개	○2등급		
101	무겁다	○	○	○1등급		
102	특별하다	○	○별 2개	○2등급		
103	낫다	○	○	○1등급		
104	가난하다	○	○별 2개	○1등급		

개수	사용빈도	주요어휘	학습사전	등급별	기초어휘	결과
105	강력하다	○	× 등재	○3등급		
106	좁다	○	○별 1개	○1등급		
107	틀림없다	○	○	○2등급		
108	불편하다	○	○별 2개	×		
109	비싸다	○	○	○1등급		
110	놀랍다	○	○별 2개	×		
111	시원하다	○	○	○1등급	○	○ ○ ○
112	궁금하다	○	○	○2등급		
113	약하다	○	○	○1등급		
114	반갑다	○	○	○1등급	○	○ ○ ○
115	행복하다	○	○별 2개	○2등급		
116	풍부하다	×	○별 2개	○1등급		
117	상당하다	○	× 등재	○2등급		
118	적절하다	○	○별 1개	○2등급		
119	굵다	○	○별 2개	○2등급		
120	낡다	○	○별 1개	○1등급	○	
121	붉다	○	○	○1등급	○	○ ○ ○
122	위대하다	×	× 등재	○2등급		
123	거대하다	○	× 등재	○2등급		
124	드물다	○	○별 1개	○2등급		
125	안녕하다	○	○	○1등급		
126	소중하다	○	○별 2개	○2등급		
127	뚜렷하다	○	○	×		
128	유일하다	○	× 등재	○3등급		
129	철저하다	○	× 등재	○3등급		
130	화려하다	○	○별 1개	○2등급		
131	위험하다	○	○	○1등급		
132	둥글다	○	○별 2개	○1등급		
133	불안하다	×	○별 2개	○3등급		
134	낯설다	○	× 등재	○2등급		

개수	사용빈도	주요어휘	학습사전	등급별	기초어휘	결과
135	못지않다	×	× 등재	○3등급		
136	순수하다2	○	○별 1개	○2등급		
137	싸다5	○	○	○1등급		
138	대단하다	○	○	○1등급		
139	슬프다	○	○	○1등급		
140	편리하다	○	○	○1등급		
141	활발하다	○	○별 2개	○2등급		
142	거칠다	○	○별 2개	○2등급		
143	조그맣다	○	× 등재	○2등급		
144	부끄럽다	○	○별 2개	○1등급		
145	진지하다	○	× 등재	○3등급		
146	빨갛다	○	○	○1등급		
147	편안하다1	○	○별 1개	○2등급		
148	부럽다	○	○별 2개	○1등급	○	
149	급하다	○	○	○1등급	○	○○○
150	특정하다	○	×	○4등급		
151	짙다2	○	○별 2개	○2등급		
152	엄격하다2	○	× 등재	○2등급		
153	완벽하다	○	× 등재	○2등급		
154	완전하다1	○	× 등재	○3등급		
155	솔직하다	×	○별 1개	○2등급		
156	안타깝다	○	○별 1개	○2등급		
157	이르다3(빠)	○	○별 1개	○1등급	○	
158	적당하다2	×	○	○2등급		
159	조용하다1	○	○	○1등급	○	○○○
160	귀엽다	○	○	○1등급		
161	답답하다	○	○	○2등급		
162	동일하다	○	× 등재	○4등급		
163	피곤하다	○	○	○1등급		
164	신선하다3	○	× 등재	○3등급		

개수	사용빈도	주요어휘	학습사전	등급별	기초어휘	결과
165	덥다1	○	○	○1등급		
166	죄송하다	○	○	○1등급		
167	어색하다2	○	○별 1개	○2등급		
168	평범하다	○	× 등재	○4등급		
169	마땅하다	×	× 등재	○2등급		
170	아무렇다	×	○별 1개	○1등급	○	
171	두껍다	○	○별 2개	○1등급		
172	안전하다	○	× 등재	○2등급		
173	두드러지다	○	× 등재	○3등급		
174	엉뚱하다	○	× 등재	○2등급		
175	영원하다	○	× 등재	○2등급		
176	튼튼하다	○	○	○1등급	○	○ ○ ○
177	조심스럽다	○	× 등재	○2등급		
178	불가피하다	×	× 등재	○4등급		
179	진하다1	○	○별 1개	○2등급		
180	치열하다2	○	×	○3등급		
181	두렵다	○	○별 2개	○2등급		
182	아쉽다	○	× 등재	○2등급		
183	저렇다	○	× 등재	○2등급		
184	노랗다	○	○	○1등급		
185	잘다	○	×	○2등급		
186	불쌍하다	○	○별 1개	○1등급		
187	친하다	○	○	○1등급		
188	귀하다	○	○별 2개	○1등급		
189	굳다	○	○별 2개	○1등급		
190	까맣다	○	○별 2개	○1등급		
191	더럽다	○	○	○1등급		
192	뒤늦다	×	×	○3등급		
193	유리하다1	×	× 등재	○3등급		
194	불행하다	○	× 등재	×		

개수	사용빈도	주요어휘	학습사전	등급별	기초어휘	결과
195	외롭다	○	○별 1개	○1등급		
196	환하다	○	○별 2개	○2등급		
197	멋지다	○	× 등재	○2등급		
198	억울하다	○	○별 1개	○2등급		
199	건전하다	○	× 등재	○3등급		
200	다름없다	○	× 등재	○3등급		
201	당당하다	○	× 등재	○2등급		
202	세다3(기)	○	○	○1등급	○	○ ○ ○
203	정당하다1	○	×	○3등급		
204	폭넓다	○	×	○3등급		
205	별다르다	○	× 등재	○2등급		
206	유사하다3	×	× 등재	○2등급		
207	파랗다	○	○	○1등급		
208	강렬하다2	○	×	○4등급		
209	괴롭다	○	○별 2개	○2등급		
210	가득하다1	○	× 등재	○2등급		
211	밀접하다	○	× 등재	○3등급		
212	소박하다	○	×	○3등급		
213	부당하다	○	×	○3등급		
214	성실하다2	×	× 등재	○3등급		
215	잦다3	○	× 등재	○3등급		
216	투명하다2	○	× 등재	○3등급		
217	고통스럽다	○	×	○3등급		
218	곤란하다	○	○	○3등급		
219	귀찮다	○	○	○2등급		
220	밉다	○	○별 2개	○1등급		
221	아깝다	○	○별 1개	○2등급		
222	어리석다	○	○별 2개	○2등급		
223	우습다	○	○별 1개	○2등급		
224	익숙하다	○	○별 2개	○3등급		

개수	사용빈도	주요어휘	학습사전	등급별	기초어휘	결과
225	차다4(날)	○	○	○1등급		
226	무관하다3	○	×	○4등급		
227	만족하다	○	× 등재	○2등급		
228	섬세하다	○	×	○3등급		
229	적합하다	○	× 등재	○3등급		
230	힘차다	○	○별 1개	○2등급		
231	감사하다5	○	○	○1등급		
232	고요하다	○	× 등재	○2등급		
233	그립다	○	○별 2개	○1등급		
233	그립다	○	○별 2개	○1등급		
234	날카롭다	○	○별 1개	○2등급		
235	느리다1	○	○별 1개	○1등급		
236	똑똑하다	○	○별 2개	○1등급		
237	만만하다1	○	× 등재	○3등급		
238	못되다	○	× 등재	○2등급		
239	친절하다	○	○	○1등급		
240	명백하다	○	×	○2등급		
241	상관없다	×	× 등재	○4등급		
242	신기하다1	○	×등재	○2등급		

우선 『현대 국어 사용 빈도 조사』에서 사용 횟수 50까지를 대상으로 해서 '형용사' 부분만을 선별한 결과 총 242개의 형용사가 추출되었다. 이것을 기준 표지로 삼은 후에 기타 자료에서 제시한 목록과 비교한 결과, 공통적으로 추출된 목록은 53개이다. 바로 (4)가 그 목록이다.[2]

---

[2] 『현대 국어 사용 빈도 조사』는 『사용 빈도』로, 『주요 어휘 용례 수집 및 정리』는 『용례집』으로, 『외국인을 위한 한국어 학습사전』은 『학습사전』으로, 『등급별 국어교육용 어휘』는 『등급별』로, 『한국어 교육 기초 어휘 의미 빈도 사전의 개발』은 『기초 어휘』로 줄여 쓰기로 하겠다.

(4) 메타계량법을 통한 결과 분석

■ 공통되는 어휘

개수	사용빈도	주요어휘	학습사전	등급별	기초어휘	결과
1	있다	○	○	○1등급	○	○ ○ ○
4	그렇다	○	○	○1등급	○	○ ○ ○
5	크다	○	○	○1등급	○	○ ○ ○
6	많다	○	○	○1등급	○	○ ○ ○
8	어떻다	○	○	○1등급	○	○ ○ ○
9	이렇다	○	○	○1등급	○	○ ○ ○
11	다르다	○	○	○1등급	○	○ ○ ○
12	새롭다	○	○	○1등급	○	○ ○ ○
14	어렵다	○	○	○1등급	○	○ ○ ○
15	쉽다	○	○	○1등급	○	○ ○ ○
16	필요하다	○	○	○1등급	○	○ ○ ○
17	작다	○	○	○1등급	○	○ ○ ○
18	높다	○	○	○1등급	○	○ ○ ○
22	늦다	○	○	○1등급	○	○ ○ ○
23	분명하다	○	○별2개	○1등급	○	○ ○ ○
25	낮다	○	○	○1등급	○	○ ○ ○
30	아름답다	○	○	○1등급	○	○ ○ ○
31	길다	○	○	○1등급	○	○ ○ ○
32	깊다	○	○	○1등급	○	○ ○ ○
33	어리다	○	○	○1등급	○	○ ○ ○
36	젊다	○	○	○1등급	○	○ ○ ○
37	강하다	○	○	○1등급	○	○ ○ ○
38	아프다	○	○	○1등급	○	○ ○ ○
39	적다	○	○	○1등급	○	○ ○ ○
41	빠르다	○	○	○1등급	○	○ ○ ○
42	넓다	○	○	○1등급	○	○ ○ ○
43	가깝다	○	○	○1등급	○	○ ○ ○
45	멀다	○	○	○1등급	○	○ ○ ○

개수	사용빈도	주요어휘	학습사전	등급별	기초어휘	결과
48	심하다	○	○	○1등급	○	○ ○ ○
49	싫다	○	○	○1등급	○	○ ○ ○
52	짧다	○	○	○1등급	○	○ ○ ○
53	고맙다	○	○	○1등급	○	○ ○ ○
54	바쁘다	○	○	○1등급	○	○ ○ ○
55	나쁘다	○	○	○1등급	○	○ ○ ○
57	무섭다	○	○	○1등급	○	○ ○ ○
61	맑다	○	○	○1등급	○	○ ○ ○
63	옳다	○	○	○1등급	○	○ ○ ○
65	가볍다	○	○	○1등급	○	○ ○ ○
67	푸르다	○	○	○1등급	○	○ ○ ○
72	따뜻하다	○	○	○1등급	○	○ ○ ○
73	밝다	○	○	○1등급	○	○ ○ ○
76	복잡하다	○	○	○1등급	○	○ ○ ○
79	희다	○	○	○1등급	○	○ ○ ○
85	깨끗하다	○	○	○1등급	○	○ ○ ○
87	미안하다	○	○	○1등급	○	○ ○ ○
96	기쁘다	○	○	○1등급	○	○ ○ ○
111	시원하다	○	○	○1등급	○	○ ○ ○
114	반갑다	○	○	○1등급	○	○ ○ ○
121	붉다	○	○	○1등급	○	○ ○ ○
149	급하다	○	○	○1등급	○	○ ○ ○
159	조용하다	○	○	○1등급	○	○ ○ ○
176	튼튼하다	○	○	○1등급	○	○ ○ ○
202	세다3(기)	○	○	○1등급	○	○ ○ ○

　　여기서 『사용 빈도』의 어휘 목록과 다른 어휘 목록들이 서로 차이를
보이는 것은 서로 그 어휘 추출의 목적이 다르다는 데 있다.3)

---

3) 『사용 빈도』는 무조건적으로 한국어 모어 화자가 사용하는 여러 표본을 대상으로 해

『사용 빈도』의 어휘 목록들에 비해서 다른 어휘 목록들은 교육을 목적으로 한 표본 추출이어서, 대부분 주제별 학습·교육의 어휘들로 의미적 관련성을 가진 어휘들이다. (5)를 보자.

(5) 『학습사전』에 추출된 '형용사' 목록 분포

ㄱ. B 가득하다, 고르다, 낯설다, 독특하다, 뛰어나다, 뜨겁다, 만족하다, 불가능하다, 불행하다, 엉뚱하다, 영원하다, 완벽하다, 우수하다, 잘생기다, 저렇다, 조심스럽다, 차갑다, 평범하다

ㄴ. 3 가깝다, 가볍다, 간단하다, 강하다, 같다, 건강하다, 계시다, 고맙다, 곤란하다, 곧다, 곱다, 괜찮다, 궁금하다, 귀엽다, 귀찮다, 그렇다, 급하다, 기쁘다, 길다, 깊다, 깨끗하다, 나쁘다, 낫다, 낮다, 넓다, 노랗다, 높다, 늦다, 다르다, 답답하다, 대단하다, 더럽다, 덥다, 많다, 맑다, 맛있다, 멀다, 무겁다, 무섭다, 미안하다, 바쁘다, 반갑다, 밝다, 복잡하다, 부드럽다, 부족하다, 비슷하다, 비싸다, 빠르다, 빨갛다, 새롭다, 쉽다, 슬프다, 시끄럽다, 시원하다, 싫다, 심하다, 싶다, 싸다, 쓰다, 아니다, 아름답다, 아프다, 안녕하다, 알맞다, 약하다, 어둡다, 어떻다, 어렵다, 없다, 예쁘다, 옳다, 이렇다, 이상하다, 있다, 작다, 적다, 적당하다, 젊다, 정확하다, 좁다, 좋다, 죄송하다, 중요하다, 즐겁다, 짧다, 차다, 착하다, 춥다, 친절하다, 친하다, 크다, 파랗다, 편리하다, 편하다, 푸르다, 피곤하다, 필요하다, 하얗다, 훌륭하다, 희다

ㄷ. 2 가난하다, 가능하다, 거칠다, 검다, 괴롭다, 굳다, 굵다, 귀하다, 그립다, 까맣다, 놀랍다, 다양하다, 달다, 두껍다, 두렵다, 둥글다, 똑같다, 똑똑하다, 똑바로, 물론이다, 밉다, 바르다, 부끄럽

서 목록을 추출한 반면에, 『주요 어휘』는 주요 어휘 추출을 목적으로, 『학습사전』은 '학습'에 도움을 줄 목적으로, 『등급별』은 '국어교육'에 도움을 줄 목적으로 어휘를 추출하고자 했다. 또한 『기초 어휘』는 '한국어 교육에 기초가 되는 어휘'를 추출하고자 했다.

다, 부럽다, 분명하다, 불안하다, 불편하다, 섭섭하다, 소중하다, 심각하다, 심심하다, 쓸쓸하다, 아무렇다, 어떠하다, 어리석다, 어지럽다, 우울하다, 위험하다, 유명하다, 이러하다, 익숙하다, 자연스럽다, 자유롭다, 짙다, 짜다, 충분하다, 커다랗다, 특별하다, 풍부하다, 행복하다, 환하다, 활발하다, 흐리다, 힘들다

ㄹ. 1 감사하다, 날카롭다, 낡다, 느리다, 단순하다, 당연하다, 드물다, 미끄럽다, 바람직하다, 불쌍하다, 서투르다, 솔직하다, 수많다, 순수하다, 시다, 싱겁다, 씩씩하다, 아깝다, 안전하다, 안타깝다, 얇다, 얕다, 어색하다, 억울하다, 엄청나다, 연하다, 옅다, 올바르다, 외롭다, 우습다, 이르다, 일정하다, 자랑스럽다, 적절하다, 정직하다, 지나치다, 지루하다, 지저분하다, 진하다, 창피하다, 캄캄하다, 특수하다, 틀림없다, 편안하다, 한가하다, 화려하다, 확실하다, 흔하다, 힘차다

　※ B는 국립국어연구원 "한국어 학습용 단어" A등급 또는 B등급의 단어를 말하고, 1, 2, 3은 『학습사전』의 중요도 표시의 '★'의 개수이다.

(6) **어휘 목록 분석**

ㄱ. 대립을 이루는 쌍

가볍다–무겁다, 높다–낮다, 건강하다–아프다, 많다–적다, 간단하다–복잡하다, 넓다–좁다, 괜찮다–곤란하다, 밝다–어둡다, 강하다–약하다, 늦다–빠르다, 길다–짧다, 비싸다–싸다, 같다–다르다, 덥다–춥다, 깨끗하다–더럽다, 어렵다–쉽다, 없다–있다, 크다–작다, 안녕하다 / 고맙다–미안하다 / 죄송하다, 즐겁다 / 기쁘다–슬프다, 멀다–가깝다, 나쁘다 / 싫다–좋다 / 착하다 / 낫다

ㄴ. 유사한 어휘

① 생김새 : 귀엽다 / 곱다 / 예쁘다 / 아름답다 / 젊다

② 정도성 : 대단하다 / 훌륭하다 / 부족하다, 심하다, 알맞다, 옳다 / 적당하다 / 비슷하다 / 이렇다

    ③ 인사말 : 반갑다, 친절하다, 어떻다, 계시다

    ④ 마음 : 싫다, 답답하다, 무섭다, 귀찮다, 궁금하다, 편하다, 친
       하다, 피곤하다

    ⑤ 날씨 : 시원하다, 맑다, 차다

    ⑥ 맛 : 맛있다, 쓰다, 부드럽다

    ⑦ 색깔 : 푸르다-하얗다 / 희다-빨갛다-노랗다-파랗다

    ⑧ 교실 어휘 : 시끄럽다, 아니다, 새롭다, 이상하다, 정확하다, 중
       요하다, 필요하다

    ⑨ 교통 : 바쁘다, 편리하다, 그렇다, 급하다

  ㄷ. 관련성을 찾을 수 없는 어휘
    깊다, 곧다

(5)와 (6)은 『학습사전』의 형용사 어휘 목록이다. 여기서 중요도 표시를 해 놓은 부분을 분석한 결과, 이들 어휘들은 서로 의미적 관련성을 가진 어휘 목록들로 등재되어 있다. 한국어 학습사전도 '학습'을 목적으로 하기 때문에 어휘들의 의미적 관련성을 고려한 어휘 목록 선정을 해야 한다.

그러나 『사용 빈도』는 '학습 목적'에 따른 어휘 목록이 아니라 여러 분야에서 한국어 모어 화자 사용 어휘를 추출한 목록이다. 따라서 이 어휘 목록은 학습사전의 표제어를 선정 시 그 바탕이 될 수는 있지만, 표제어로 선정하기 위해서는 학습 '목적'에 따라 다시 가공해야 한다.

한편, 『기초 어휘』의 어휘 목록에서는 '없다, 같다, 좋다, 예쁘다, 괜찮다, 춥다, 싸다, 쉽다'가 없는 것으로 보아 목록 선정에 문제가 있다. 메타 계량법으로 어휘 목록을 추출한다면, 이렇게 누락될 수 있는 어휘 목록들을 점검할 수 있어서 어휘를 선정하는 데 유리하다.

따라서 한국어 학습사전에서 표제어 선정과 그 범위는 메타 계량법을 통해서, '학습'의 목적 아래 '학습의 효용성'을 고려하여 등급별 표제어를 선정이 필요하다. 메타 계량법에 의한 표제어 선정 절차는 (7)과 같다.

(7) 메타 계량법에 의한 표제어 선정
    ① 5개 어휘 목록(선정된 어휘 목록)에서 공통된 어휘를 추출한다.
    ② 학습 단계 내용을 바탕으로 한 등급별(1급, 2급, 3급 이내) 어휘 목록 추출한다.
    ③ 어휘 목록 추출 시(표제어 선정 시)에 의미 관계를 고려한다.

메타 계량법에 의한 표제어 선정은, 5개의 어휘 목록들을 대상으로 공통된 어휘를 1차 표제어로 선정하고, 누락된 어휘들을 점검한다. 그리고 선정된 어휘를 등급별 분류와 의미 관계에 따른 어휘 목록 검토를 통해서 이루어진다.

공통 어휘 목록 (8)을 보자.

(8) 메타 계량법에 의한 〈5개 공통 어휘 목록〉 제시
    ㄱ-1. 5개의 목록에 모두 있으면서 『등급별』에서 1등급인 경우
        있다, 그렇다, 크다, 많다, 어떻다, 이렇다, 다르다, **새롭다**, 어렵다, 쉽다, 필요하다, 작다, 높다, 늦다, **분명하다**, 낮다, 아름답다, 길다, 깊다, **어리다**, **젊다**, 강하다, 아프다, 적다, 빠르다, 넓다, 가깝다, 멀다, **심하다**, 싫다, 짧다, 고맙다, 바쁘다, 나쁘다, **무섭다**, 맑다, 옳다, 가볍다, 푸르다, 따뜻하다, 밝다, 복잡하다, 희다, 깨끗하다, 미안하다, 기쁘다, 시원하다, 반갑다, **붉다**, 급하다, 조용하다, **튼튼하다**, 세다

    ㄱ-2. 5개의 목록에 모두 있으면서 『등급별』에서 1등급이 아닌 경우
        낡다, 검다, 분명하다, 가능하다, 부럽다, 이르다

    ㄴ-1. 5개의 목록 중에 『기초 어휘』에만 없는 경우
        없다, **같다**, **좋다**, 중요하다, 자연스럽다, 훌륭하다, **즐겁다**, **예쁘다**, **좁다**, **힘들다**, 다양하다, **재미있다**, 이상하다, **비슷하다**, **괜찮다**, 부드럽다, 심각하다, 바르다, 뜨겁다, **가볍다**, 부족하다, 자유롭다, **건강하다**, 곱다, **간단하다**, **알맞다**, 똑같다, 독특하

다, 편하다, **어둡다**, **하얗다**, **착하다**, **유명하다**, 충분하다, **춥
다**, 뛰어나다, **무겁다**, 특별하다, **낫다**, 가난하다, **비싸다**, 궁금
하다, **약하다**, 행복하다, 굵다, **안녕하다**, 소중하다, 위험하다,
둥글다, **싸다**, 대단하다, **슬프다**, **편리하다**, 활발하다, 거칠다,
부끄럽다, **빨갛다**, 짙다, 귀엽다, 답답하다, 피곤하다, 덥다, **죄
송하다**, 두껍다, 안전하다, 영원하다, 조심스럽다, 두렵다, 아쉽
다, **저렇다**, **노랗다**, 불쌍하다, 친하다, 귀하다, 굳다, **까맣다**,
더럽다, 외롭다, 환하다, 멋지다, **파랗다**, 괴롭다, 가득하다, 귀
찮다, 믿다, 아깝다, 어리석다, 차다, 감사하다, 고요하다, 그립
다, 똑똑하다, 친절하다

엄청나다, 단순하다, 일정하다, 당연하다, 확실하다, 올바르다, 흔하
다, 강력하다, 틀림없다, 상당하다, 적절하다, 거대하다, 드물다, 유
일하다, 철저하다, 화려하다, 낯설다, 못지않다, 순수하다, 조그맣다,
진지하다, 편안하다, 엄격하다, 완벽하다, 완전하다, 안타깝다, 동일
하다, 신선하다, 어색하다, 평범하다, 두드러지다, 진하다, 유리하다,
억울하다, 건전하다, 다름없다, 당당하다, 별다르다, 밀접하다, 소박
하다, 부당하다, 잦다, 투명하다, 우습다, 익숙하다, 만족하다, 적합
하다, 힘차다, 날카롭다, 느리다, 만만하다, 못되다, 신기하다

ㄴ-2. 5개의 목록 중 1개의 목록에만 없는 경우
아무렇다, 불과하다, 자연스럽다, 정확하다

ㄴ-3. 5개의 목록 중 2개의 목록에 없는 경우
맛있다, **어떠하다**, 커다랗다, 수많다, 바람직하다, 불편하다, 놀
랍다, 풍부하다, 위대하다, 뚜렷하다, 불안하다, 특정하다, 솔직
하다, 적당하다, 마땅하다, 아무렇다, 불가피하다, 치열하다, 잘
다, 뒤늦다, 불행하다, 정당하다, 폭넓다, 유사하다, 강렬하다,
성실하다, 고통스럽다, 무관하다, 섬세하다, 명백하다, 상관없다

(8ㄱ-1)에서 '새롭다, 어리다, 젊다, 심하다, 무섭다, 붉다, 튼튼하다' 등
의 어휘는 1급 수준(기초 수준)의 어휘가 아니다. 이는 (3)의 어휘 사용 빈

도 순위에서 '튼튼하다'보다 '건강하다'가 순위가 높다. 한편, '붉다'와 '빨갛다'는 '빨갛다'보다 '붉다'가 순위가 높지만,[4] 실제 한국어 교육이나 학습에서는 '붉다'보다는 '빨갛다'가 기초어휘이다. 이는 국내 한국어 교재의 어휘 목록을 조사한 결과에서도 조사되었다((8-1)′ 참조).

(8-1)′ 국내 한국어 교재 등급별 어휘 목록　　　　　(단위 : 학습 단계)

단어 한국어 교재	붉다	빨갛다
한국어(연세대학교 한국어 학당)	없음	1
배우기 쉬운 한국어(성균 어학원)	3	2
서강 한국어(서강대학교 한국어교육원)	없음	1
서울대 한국어(서울대학교 언어교육원)	없음	1

그리고 '심하다, 젊다, 어리다, 새롭다' 등의 어휘도 1급 수준의 어휘가 아니다. 국내 한국어 교재 조사에서도 나타난다((8-2)′ 참조). 그리고 (8ㄱ-2)의 어휘 역시 기초어휘로는 부적절하다.

(8-2)′ 국내 한국어 교재 등급별 어휘 목록　　　　　(단위 : 학습 단계)

단어 한국어 교재	심하다	젊다	어리다	새롭다
한국어(연세대학교 한국어 학당)	3	없음	2	없음
배우기 쉬운 한국어(성균 어학원)	2	없음	2	3
서강 한국어(서강대학교 한국어교육원)	없음	1	2	3
한국어(서울대학교 언어교육원)	3	2	3	3.4
한국어(경희대학교 국제교육원 한국어교육부)	2	3	2	2
외국인을 위한 한국어(이화여자대학교)	없음	2	2	없음

---

4) 사용빈도에 따른 어휘 목록인 (4)를 보면, '건강하다'가 70번째, '튼튼하다'가 176번째이다. 한편, 이 목록에 따르면, '붉다'는 121번째, '빨갛다'는 146번째로 '붉다'가 더 자주 사용된다.

한편, (8ㄴ-1)의 어휘 중에서 '즐겁다, 예쁘다, 좁다, 힘들다, 재미있다, 비슷하다, 괜찮다, 가볍다, 건강하다, 간단하다, 알맞다, 어둡다, 하얗다, 착하다, 유명하다, 춥다, 무겁다, 낮다, 비싸다, 약하다, 안녕하다, 싸다, 슬프다, 편리하다, 빨갛다, 죄송하다, 저렇다, 노랗다, 까맣다, 더럽다, 파랗다' 등은 모두 기본어휘로서 목록에 제시하기에 충분하다. 이는 『한국어 학습용 어휘 선정 결과 보고서』(조남호, 2003)와 비교했을 때, '즐겁다, 예쁘다, 힘들다, 재미있다, 비슷하다, 괜찮다, 가볍다, 건강하다, 유명하다, 춥다, 무겁다, 비싸다, 안녕하다, 싸다, 슬프다, 죄송하다'는 1급의 어휘이고, 나머지는 2급 어휘로 선정하였음을 확인할 수 있다.5) 결국 여러 종류의 어휘 목록들을 메타 계량법을 사용할 때에 반드시 선별하는 작업이 필요하다.

다음은 추출 어휘를 '등급별'로 추출할 때, '한국교육검정평가원'에서 제시한 '등급별 평가 기준'의 내용을 그 검토 기준으로 삼는다. '등급별 평가 기준'의 내용은 (9)와 같다.

(9) 한국교육과정평가원에서 제시하는 등급별 평가 기준 내용

기준	등급	내용
총괄 기준	1급	자기 소개하기, 물건 사기, 음식 주문하기, 등 생존에 필요한 기초적인 언어 기능을 수행할 수 있다. 또한 자기 자신, 가족, 날씨 등 매우 사적이고 친숙한 소재와 관련된 간단한 내용을 이해하고 표현할 수 있다. 약 800개의 기초 어휘와 기본 문법에 대한 이해를 바탕으로 간단한 문장을 생성할 수 있다. 또한 간단한 생활문과 실용문을 이해하고, 구성할 수 있다.

---

5) '안녕하다', '괜찮다' 등은 우리가 인사를 할 때 쓰는 기초적인 회화의 어휘로서 충분히 '기본어휘'로 선정된다. 또한 '맛있다'와 '어떠하다' 역시 기초 회화에서 자주 쓰는 어휘로, 기본어휘 목록에 제시해야 한다.

기준	등급		내용
총괄 기준	2급		전화하기, 부탁하기, 제안하기 등의 일상생활에 필요한 언어 기능과 우체국, 은행, 병원 등의 공공시설 이용에 필요한 기본적 기능을 수행할 수 있다. 약 1,500~2,000개의 어휘를 이용하여, 일과 취미, 약속 등 사적이고 친숙한 소재에 관한 내용을 이해하고 표현할 수 있다. 공식적 상황과 비공식적 상황에서 언어를 구분해 사용할 수 있다.
	3급		한국어로 일상생활을 영위하는 데 별 어려움을 느끼지 않는다. 출입국 관리사무소, 여행사 등의 공공시설을 이용하고, 사회적인 관계를 유지하는 데 필요한 설명하기, 묘사하기, 거절하기 등의 언어 기능을 기본적으로 수행할 수 있다. 자신에게 친숙한 사적인 소재뿐만 아니라 직업, 사건, 국가, 생활문화 등의 친숙한 사회적 소재를 문단 단위로 표현하거나 이해할 수 있다. 문어와 구어의 기본적인 특성을 구분해서 이해하고 사용할 수 있다.
영역	어휘 / 문법	1급	• 일상생활에 필요한 가장 기본적인 어휘를 이해하고 사용할 수 있다. (예 : 사물, 수, 동작, 상태 관련 어휘) • 사적이고 친숙한 소재와 관련된 기본적인 어휘를 이해하고 사용할 수 있다. (예 : 가족, 날씨, 음식 관련 어휘) • 기본적인 문장 구조와 문장의 종류를 이해하고 바르게 사용할 수 있다. (예 : −이 / 가, −을 / 를, −고, −지만) • 시제, 부정문, 자주 쓰이는 불규칙 활용('—', 'ㅂ', 'ㄹ')을 바르게 사용할 수 있다.
		2급	• 일상생활에 자주 사용되는 어휘를 이해하고 사용할 수 있다. • 공공시설 이용 시 자주 사용되는 기본적인 어휘를 이해하고 바르게 사용할 수 있다. • 자주 쓰이는 조사와 연결 어미를 이해하고 바르게 쓸 수 있다. (예 : '보다', '이나', '−는데', '−으면서')

기준	등급		내용
영역	어휘/문법	2급	• 관형형('-은', '-는', '-을'), 높임법, 불규칙 활용('를', 'ㅅ', 'ㅎ', 'ㄷ'), 자주 쓰이는 보조 용언('-고 있다, -어 보다 등)을 바르게 사용할 수 있다.
		3급	• 일상생활에서 사용되는 대부분의 어휘를 이해하고 바르게 사용할 수 있다. • 업무나 사회 현상과 관련한 기본적인 어휘를 이해하고 바르게 사용할 수 있다. • 비교적 복잡한 조사와 연결 어미를 이해하고 바르게 사용할 수 있다. (예 : '만큼', '처럼', '-어도', '-자마자') • 반말, 간접 화법, 사동법과 피동법, 비교적 자주 쓰이는 보조용언('-어 놓다', '-어 버리다' 등)을 바르게 사용할 수 있다.
	쓰기	1급	• 정형화된 표현이나 외운 표현을 사용하여 대화를 구성할 수 있다. • 기본적인 문장 구조를 이해하여 간단한 문장이나 대화를 구성할 수 있다. • 일상적이고 친숙한 소재에 대해 짧은 생활문을 쓸 수 있다. • 글자 구성 원리를 이해하여 맞춤법에 맞게 글씨를 쓸 수 있다.
		2급	• 사용 빈도가 높은 조사와 연결 어미를 사용하여 문장을 구성할 수 있다. • 일상생활에 관한 간단한 대화를 구성할 수 있다. • 일상적이고 친숙한 소재에 대해 생활문을 쓸 수 있다. • 간단한, 메모, 편지, 안내문 등의 실용적인 글을 쓸 수 있다.
		3급	• 사적이고 친숙한 소재의 글을 유창하고 정확하게 쓸 수 있다. • 자신에게 친숙한 사회적 소재에 대해 글을 쓸 수 있다. • 설명문의 구조를 이해하여 간단한 글을 쓸 수 있다.

기준	등급		내용
영역	쓰기	3급	• 문어와 구어의 기본적인 특성을 구분할 수 있으며, 문어체 종결형을 사용해 글을 쓸 수 있다.
	듣기	1급	• 한국어 기본적인 음운(자음, 모음, 받침)을 식별할 수 있다. • 일상생활과 관련 있는 간단한 질문을 듣고, 대답할 수 있다. • 일상생활과 관련 있는 간단한 대화를 듣고, 내용을 파악할 수 있다. • 사적이고 친숙한 소재에 관한 매우 간단한 이야기를 듣고, 내용을 파악할 수 있다.
		2급	• 구별하기 어려운 음운이나 음운 변동을 식별할 수 있다. • 일상생활과 관련 있는 평이한 질문을 듣고, 대답할 수 있다. • 일상생활과 관련 있는 평이한 대화나 이야기를 듣고, 내용을 파악할 수 있다. • 사적이고 친숙한 소재에 관한 매우 간단한 이야기를 듣고, 내용을 파악할 수 있다. • 대부분의 일상 대화를 듣고, 내용을 파악할 수 있다.
		3급	• 대부분의 일상 대화를 듣고, 내용을 파악할 수 있다. • 사적이고 친숙한 소재에 관한 대부분의 이야기를 듣고, 내용을 파악할 수 있다. • 친숙한 사회적 소재를 다룬 평이한 대화나 담화를 듣고 내용을 파악할 수 있다. • 광고나 인터뷰, 일기예보 등의 실용 담화를 듣고, 대체적인 내용을 파악 할 수 있다.
	읽기	1급	• 기본적인 표지나 표지어의 의미를 이해할 수 있다. • 짧은 서술문을 읽고, 소재를 파악할 수 있다. • 일기, 편지 등 간단한 생활문을 읽고, 내용을 파악할 수 있다. • 메모, 영수증 등 간단한 실용문을 읽고, 정보를 파악할 수 있다.

기준	등급	내용
영역	읽기	**2급** • 실생활에서 자주 접할 수 있는 표지어의 의미를 이해할 수 있다. • 일상생활과 관련된 설명문이나 생활문 등의 글을 읽고 내용을 파악할 수 있다. • 실생활에서 자주 접하는 간단한 광고나 안내문 등의 실용문을 읽고, 정보를 파악할 수 있다.
		3급 • 일상생활을 다룬 대부분의 생활문을 이해할 수 있다. • 친숙한 사회·문화 등의 소재를 다룬 간단한 글을 읽고 내용을 파악할 수 있다. • 일상생활에서 흔히 접하는 간단한 광고, 안내문 등의 실용문을 읽고, 정보를 파악할 수 있다.

위의 등급별 평가 기준의 내용을 기준으로 하여 추출 목록을 '등급별'에 따라 분류하면 (10)과 같다.

(10) 메타 계량법에 따른 〈등급별 어휘 목록〉

　가. 1급과 2급에 해당하는 어휘

　　ㄱ. 5개의 목록에 모두 있으면서 『등급별』에서 1등급인 경우

　　　있다, 그렇다, 크다, 많다, 어떻다, 이렇다, 다르다, 새롭다, 어렵다, 쉽다, 필요하다, 작다, 높다, 늦다, 분명하다, 낮다, 아름답다, 길다, 깊다, 어리다, 젊다, 강하다, 아프다, 넓다, 빠르다, 넓다, 가깝다, 멀다, 심하다, 싫다, 짧다, 고맙다, 바쁘다, 나쁘다, 무섭다, 맑다, 옳다, 푸르다, 따뜻하다, 밝다, 복잡하다, 희다, 깨끗하다, 미안하다, 기쁘다, 시원하다, 반갑다, 붉다, 급하다, 조용하다, 튼튼하다, 세다

　　ㄴ. 5개의 목록에 모두 있으면서 『등급별』에서 1등급이 아닌 경우

　　　낡다, 검다, 가능하다, 부럽다, 이르다

　　ㄷ. 5개의 목록 중에 『기초 어휘』에만 없는 경우

　　　없다, 같다, 좋다, 중요하다, 자연스럽다, 훌륭하다, 즐겁다, 예

쁘다, 좁다, 힘들다, 다양하다, 재미있다, 이상하다, 비슷하다, 괜찮다, 부드럽다, 심각하다, 바르다, 뜨겁다, 가볍다, 부족하다, 자유롭다, 건강하다, 곱다, 간단하다, 알맞다, 똑같다, 독특하다, 편하다, 어둡다, 하얗다, 착하다, 유명하다, 충분하다, 춥다, 뛰어나다, 무겁다, 특별하다, 낮다, 가난하다, 비싸다, 궁금하다, 약하다, 행복하다, 굵다, 안녕하다, 소중하다, 위험하다, 둥글다, 싸다, 대단하다, 슬프다, 편리하다, 활발하다, 거칠다, 부끄럽다, 빨갛다, 짙다, 귀엽다, 답답하다, 피곤하다, 덥다, 죄송하다, 두껍다, 안전하다, 엉뚱하다, 영원하다, 조심스럽다, 두렵다, 아쉽다, 저렇다, 노랗다, 불쌍하다, 친하다, 귀하다, 굳다, 까맣다, 더럽다, 외롭다, 환하다, 멋지다, 파랗다, 괴롭다, 가득하다, 귀찮다, 밉다, 아깝다, 어리석다, 차다, 감사하다, 고요하다, 그립다, 똑똑하다, 친절하다

나. 3급에 해당하는 어휘

ㄱ. 5개의 목록 중에 『기초 어휘』에만 없는 경우

엄청나다, 단순하다, 일정하다, 당연하다, 확실하다, 올바르다, 흔하다, 강력하다, 틀림없다, 상당하다, 적절하다, 거대하다, 드물다, 유일하다, 철저하다, 화려하다, 낯설다, 못지않다, 순수하다, 조그맣다, 진지하다, 편안하다, 엄격하다, 완벽하다, 완전하다, 안타깝다, 동일하다, 신선하다, 어색하다, 평범하다, 두드러지다, 진하다, 유리하다, 억울하다, 건전하다, 다름없다, 당당하다, 별다르다, 밀접하다, 소박하다, 부당하다, 잦다, 투명하다, 우습다, 익숙하다, 만족하다, 적합하다, 힘차다, 날카롭다, 느리다, 만만하다, 못되다, 신기하다

ㄴ. 5개의 목록 중 1개의 목록에만 없는 경우

아무렇다, 불과하다, 자연스럽다, 정확하다

ㄷ. 5개 중 2개의 목록에 없는 경우

(맛있다, 어떠하다) 커다랗다, 수많다, 바람직하다, 불편하다, 놀랍다, 풍부하다, 위대하다, 뚜렷하다, 불안하다, 특정하다, 솔직하다, 적당하다, 마땅하다, 아무렇다, 불가피하다, 치열하

다, 잘다, 뒤늦다, 불행하다, 정당하다, 폭넓다, 유사하다, 강
렬하다, 성실하다, 고통스럽다, 무관하다, 섬세하다, 명백하다,
상관없다

등급별에 따른 어휘 목록은 '1급, 2급'과 '3급'으로 나눈다. (8)에서 제
시한 목록을 기준으로, '3급'은 5개의 목록 중에서 한 번이라도 '3급'에
해당하는 어휘들이 있으면 이들을 모두 '3급'의 어휘 목록으로 제시하였
다. 즉, (10나-ㄱ)은 (8ㄴ-1)에서 고딕체로 되어 있는 부분과 (8ㄴ-2), (8ㄴ-3)
('맛있다, 어떠하다'를 제외한)을 '3급' 어휘 목록으로 선정하였다.

이들의 어휘 목록 선정을 (9)의 교육 평가 기준으로 보면, 물건을 살 때
관련된 어휘들로는 '있다, 그렇다, 크다, 많다, 어떻다, 이렇다, 다르다, 새
롭다, 어렵다, 쉽다, 필요하다, 작다, 싫다, 고맙다, 나쁘다, 미안하다, 반갑
다' 등이 있고, 취미와 관련된 어휘들로는 '어렵다, 쉽다, 재미있다' 등이
있고, 날씨와 관련된 어휘들로는 '맑다, 따뜻하다, 시원하다' 등이 있다.
교육 어휘들은 고루 분포되어 있다.

다음 의미 관계에 따라 어휘 목록을 추출하면 (11)과 같다.

(11) **의미 관계에 따른 어휘 목록 추출 결과**
　　ㄱ. 반의관계에 있는 어휘들
　　　　있다, 없다, 크다-커다랗다, 작다-**조그맣다**, 잘다, 어렵다, 쉽다,
　　　　낮다, 높다, 길다, 짧다, 강하다, 세다, 약하다, 가깝다, 멀다, 싫다,
　　　　좋다, 나쁘다, 옳다-바르다, **올바르다**, 바람직하다, 복잡하다, 단
　　　　순하다, 간단하다, 깨끗하다, 더럽다, 새롭다, 낡다, 싸다, 비싸다,
　　　　넓다, 폭넓다, 좁다, 밝다, 어둡다, 부족하다, 충분하다-풍부하다,
　　　　가볍다, 무겁다, 차다, 뜨겁다, **드물다**, 귀하다, **흔하다, 만만하다**-
　　　　익숙하다, 낯설다, 밀접하다, 상관없다, **부당하다**, 정당하다
　　ㄴ. 유사관계[6]에 있는 어휘들

―――――――――――――

6) 여기서는 뜻이 비슷한 유의 관계를 더 넓은 범위인 '유사 관계'로 본다.

그렇다, 저렇다, 어떻다, **어떠하다**, 이렇다, 다르다, 같다, 똑같다, 아름답다, 곱다, 귀엽다, 어리다, 젊다, 예쁘다

ㄷ. 날씨 관련 어휘들

따뜻하다, 맑다, 시원하다, 춥다, 덥다, 환하다

ㄹ. 감정 관련 어휘들

기쁘다, 즐겁다, 슬프다, 무섭다, 부럽다, 재미있다, 이상하다, 두렵다, 아쉽다, 외롭다, 부끄럽다, 답답하다, 아깝다, 불쌍하다, 안타깝다, 괴롭다, 고통스럽다, 귀찮다, 그립다, 밉다, 우습다, 어색하다, 만족하다, 신기하다, 억울하다, 놀랍다, **맛있다**

ㅁ. 색깔 관련 어휘들

희다, 붉다, 빨갛다, 노랗다, 까맣다, 파랗다, 하얗다, 푸르다, 검다

ㅂ. 인사 관련 어휘들

미안하다, 반갑다, 고맙다, 튼튼하다, 건강하다, 괜찮다, 안녕하다, 착하다, 친하다, 감사하다, 똑똑하다, 친절하다, 죄송하다, 궁금하다, 필요하다

ㅅ. 사람의 성격이나 성품 관련 어휘들

활발하다, 거칠다, 조용하다, 훌륭하다, 부드럽다, 행복하다, 불행하다, 소중하다, 자유롭다, 엉뚱하다, 멋지다, 유명하다, **진지하다**, **편안하다**, **엄격하다**, **완벽하다**, **평범하다**, **날카롭다**, **소박하다**, **당당하다**, **화려하다**, **순수하다**, **철저하다**, 어리석다, 솔직하다, 성실하다, 섬세하다

ㅇ. 시간 관련 어휘들

급하다, 바쁘다, 늦다, 뒤늦다, **느리다**, 빠르다, 이르다

ㅈ. 건강 상태 관련 어휘들

아프다, 힘들다, 피곤하다, 낫다, **힘차다**

ㅊ. 정도성 관련 어휘들

비슷하다, 유사하다, 심각하다, 심하다, 대단하다, 뛰어나다, 두드러지다, 가득하다, 알맞다, **적합하다**, **적절하다**, 적당하다, 독특하다, 특별하다─**별다르다**, 특정하다, 다양하다, 중요하다, **엄청나다**, 거대하다, 위대하다, 건전하다, 잦다, 투명하다, 완전하다, 신선하다, 다름없다, 동일하다, 못지않다, 유일하다, **틀림없다**, 분명하다, 명백

하다, 뚜렷하다, 정확하다, **확실하다**, 가난하다, 영원하다, **일정하
다**, 불과하다, 자연스럽다, 아무렇다, **강력하다**, **못되다**, **상당하다**,
치열하다, 강렬하다, **유리하다**, **당연하다**, 마땅하다, 불가피하다,
무관하다
ㅋ. 교통 관련 어휘들
안전하다, 조심스럽다, 위험하다, 편리하다, 불안하다, 편하다-불
편하다
ㅌ. 관련성을 찾기 어려운 어휘들
많다, 수많다, 굵다, 두껍다, 짙다-**진하다**, 깊다, 가능하다, 둥글
다, 굳다, 고요하다
ㅍ. 추가되는 어휘들
적다, 가늘다, 얇다, 옅다, 얕다, 모나다, 시끄럽다, 녹다, 불가능
하다

(11)은 (10)을 '의미 관계'에 따라 분류한 것이다. 그 결과 다른 어휘들
은 서로 관련성을 보이지만, (11ㅌ)에서 '많다-수많다, 짙다-진하다, 굵
다-두껍다'는 서로 그 뜻이 비슷한 어휘들이나 그 외의 것은 그 관련성
을 찾기가 힘들다. 따라서 이 경우에는 어휘 목록을 추출하는 과정에서
생기는 문제로, 이를 보완하여 전체 표제어 목록을 선정한다.

2) 표제어 배열

『의미로 분류한 현대 한국어 사전』에서의 표제어 배열은 의미 분류에
따른 배열이다. (12)와 같이 분류 기준을 제시하고 있다.

(12) 『의미로 분류한 현대 한국어 사전』의 분류 기준
① 한국어 사용자가 인지하는 의미를 분류 기준으로 삼는다.
② 의미를 기준으로 모은 어휘는 [사람]과 가까운 것부터 제시한다.
③ 각 장에서 제시한 [상태와 정도]·[동작]을 가리키는 어휘는 42장

과 43장에서 다시 묶어서 제시한다.

학습자가 해당 학습 어휘를 1차적으로 의미 분류해야 하는데, 학습자가 편집자와 어휘에 대한 인식이 다를 경우에는 다시 찾기 해야 하는 번거로움이 있다.

『외국인을 위한 한국어 학습사전』과 『한국어사전』에서와 같이 표제어 배열은 가나다순의 배열로 하는 것이 적합하다. 실제로 사전 사용의 숙련도를 살필 때, 학습자는 가나다순 찾기를 힘들어 한다. 이는 사전 사용 교육이 따로 이루어지지 않는 한국어 교육 현장의 현실과 학습자의 게으름 등을 그 원인으로 볼 수 있다. 그러나 이는 충분한 사용 교육을 통해 극복할 수 있다.

따라서 한국어 학습사전의 거시구조의 모형은 우선, 표제어의 선정의 범위 문제에서는 '메타계량법'을 이용한 표제어 선정과 '한국어 교과 내용'을 고려한 표제어 선정, 의미 관계를 고려한 표제어 선정 등으로 세 가지의 과정을 거쳐 표제어의 범위를 결정해야 한다. 그 결과 (13)과 같은 한국어 학습사전의 거시구조 모형을 제시한다.

(13) 한국어 학습사전의 거시구조 모형

> **주표제어** (가나다순 배열)
> **부표제어** (가나다순 배열)
> **가표제어** (동사, 형용사 불규칙 어간)

표제어의 배열의 문제는 다른 기존의 학습사전과 같이 표제어의 첫글자순은 가나다순으로 하고 그 경계는 문자별로 한다.

2. 미시구조 모형

사전의 미시구조 내의 항목들로는 일반적으로 표제어, 발음, 원어, 품사, 뜻풀이, 용례, 관련된 말 등이 있다. 이를 참고로 하여 한국어 학습사전의 미시구조 모형을 제시해 보기로 한다.

1) 발음과 한자, 원어, 품사

표제어의 음운 정보에서 '발음'은 표준발음법을 따르며, 국제음성기호는 적지 않는다. 초·중급 학습자는 국제음성기호 읽기를 어려워한다. 그래서 (14ㄱ)과 같이 한국어 발음 그대로 표기해 주는 것이 더 적절하다. 글자 그대로 발음되는 것은 발음 표기하지 않으며, 글자와 달리 발음되거나 장단이 있을 때는 한국어로 발음 표기한다.

(14) 발음, 한자, 원어 표기
　　ㄱ. 노력 몡 알맞다[알 : 맏따] 혱 노선[노 : 선] 몡
　　ㄴ. 거리¹(距離) 몡 거리² 몡
　　ㄷ. 노트북 몡 notebook

(14ㄴ)에서 한자는 '한자어 : 고유어'에 따른 동음이의관계에 있는 단어에만 한자를 쓴다. 그 외에는 한자를 쓰지 않는다. 이는 이 연구의 사전 사용자가 초·중급 수준의 학습자이기 때문에, 한자는 이들 학습자에게 또 다른 언어 문제이다. 따라서 여기서는 (14ㄴ)의 경우를 제외하고는 한자를 제시하지 않는다. 한편, (14ㄷ)처럼 외래어 표제어일 경우는 그 원어를 밝혀 준다.

한편, 품사에서 같은 형태이면서 비슷한 의미를 가졌으나 품사를 달리

하는 경우에는 (15)처럼 그것들을 따로 표제어로 만들지 않고, 명사-부사(예 : 어제, 조금 등), 동사-형용사(예 : 감사하다 등) 등을 한 표제어 아래, 즉 '형용사'는 '동사' 표제어 아래에 같이 싣도록 한다. 그 앞에 '-'기호를 사용한다.

(15) **품사가 다른 같은 형태**
　　감사하다[감 : 사하다] 동 도움을 준 상대에 대해 좋은 마음을 가지다.
　　(중략) 형 도움을 준 상대에 대해 좋은 마음이 있다.

　불규칙적으로 활용하는 동사와 형용사는 발음 뒤 '(　)' 안에 그 불규칙활용의 모습을 보여 준다. 이 때 그 결합 어미는 '관형형 > 연결형 > 시제형 > 높임형 > 활용하지 않는 형'순으로 한다.

　결합 어미의 활용 배열순서는, 학습자의 학습 단계에서 활용 형태에 대한 난이도를 고려하여 '관형형, 연결형'과 '시제형, 높임형, 활용하지 않는 형'으로 1차 분류한다. '시제형, 높임형, 활용하지 않는 형'은 학습자의 형태적 오류율이 적은 활용형이다. 이에 반해 '관형형, 연결형'은 그렇지 않다.

　『한국어 학습자의 오류 유형 조사 연구』[7]의 분석 결과, '어미 오류'에서는 연결어미의 형태 오류가 가장 많았다. 이때 형태적 오류를 비교적 높게 범하는 것은 '연결어미'와 '전성어미'이다. 이 두 어미 중에 학습자는 '연결어미' 오류를 많이 범하지만 연결어미는 전성어미보다 그 형태가

---

7)『한국어 학습자의 오류 유형 조사 연구』(고석주 외 5인, 한국문화사, 2004)에서는 오류 유형을 언어권별, 급별, 성별, 모국어별에 따른 오류율과 오류 유형별 빈도의 차이를 제시하였다. 한국어 학습자의 오류 유형에서 1급은 '조사 > 어휘 > 철자 > 어미'순으로, 어미 오류는 '연결 > 시제 > 전성 > 종결'순으로, 2급은 '어휘 > 조사 > 철자 > 어미'순으로, 어미 오류는 '연결 > 시제 > 종결 > 전성'순으로, 3급은 '어휘 > 조사 > 철자 > 어미'순으로, 어미 오류는 '연결 > 시제 > 전성 > 종결'순으로, 4급은 '어휘 > 조사 > 어미 > 철자'순으로, 어미 오류는 '연결 > 전성 > 종결 > 시제'순의 결과 분석이 나왔다.

다양하기 때문에 고정적인 형태의 '관형형'을 먼저 제시하는 것이 학습자의 활용도를 높인다.

한편, '시제형, 높임형, 활용하지 않는 형'의 순서는 역시 형태적으로 활용하지 않는 형이 가장 나중에, 그 다음으로 높임형의 형태는 '-시-', '-으시-' 2개이므로, 변화 형태가 많은 시제형보다 뒤에 둔다.

따라서 활용 형태의 순서 매김을 (16)에서와 같이 '관형형 > 연결형 > 시제형 > 높임형 > 활용하지 않는 형'순으로 하는 것이 타당하다.

   (16) **동사와 형용사의 불규칙 활용**

      ㄱ. **가깝다**[가깝따](가까운, 가까울, 가까우니, 가까우면, 가까워, 가까웠다, 가깝고) 형

      ㄴ. **아프다**(아픈, 아플, 아프니, 아프면, 아파, 아팠다, 아프고) 형

      ㄷ. **만들다**(만드는, 만들, 만드니, 만들면, 만들어, 만듭니다, 만들었다, 만드시다, 만들고) 동

'ㅂ'불규칙, 'ㅡ'탈락, 'ㄹ'탈락의 불규칙 활용 동사와 형용사가 어떤 조건에서 변하는지 살피고 그 조건에 맞게 불규칙 활용 모습을 보여 주도록 해야 한다. 그리고 활용하지 않는 조건 역시 함께 제시해 주어야 한다. 이는 학습자의 오류를 막기 위한 정보 제공이다.

2) 뜻풀이와 용례, 문형 정보

뜻풀이는 사전의 미시구조에서 핵심이 되는 부분이다. 그러나 여기서 제공하는 정보의 정형성을 찾는 것은 복잡하고 불분명하다.

『외국인을 위한 한국어 학습사전』은 상세한 뜻풀이를 하고 있지만, 뜻풀이 방식의 잘못, 부적절함이 보이고, 정보 면에서 다른 항목과의 일관성, 통일성이 부족하다. 『한국어사전』(임홍빈)에도 비교적 상세한 뜻풀이

를 하고 있다. 유의어쌍의 의미 차이를 밝힐 목적으로 의미론적으로 접근한 뜻풀이어서 '초급·중급'의 학습자에게 어려운 뜻풀이이다. 한편, 『의미로 분류한 현대 한국어 사전』은 한 표제어에 한 의미(중심 의미)만이 제시되어 있고, 자세한 풀어쓰기보다는 요약쓰기식을 취하고 있다는 것이 특징이다. (17)을 보면 세 사전의 뜻풀이 방식이 뚜렷이 다름을 볼 수 있다.

(17) '날리다'의 뜻풀이 비교
ㄱ.『외국인을 위한 한국어 학습사전』
1 (무엇을) 공중에 **날**게 하거나 띄우다.
2 공중으로 던지거나 흩어지게 하다.
ㄴ.『한국어사전』(임홍빈)
1 사람이 동물이나 물체를 공중을 통하여 <u>한 위치에서 다른 위치로 가는</u> 상태가 되게 하다
2 사람이 깃발과 같은 것을 올려 바람에 나부끼는 상태가 되게 하다
ㄷ.『의미로 분류한 현대 한국어 사전』
(대상을 높이 던지거나 하여) 공중으로 이동하게 하다.

(17)´ 수정
날리다 동 사람이 어떤 대상을 하늘로 향해 던져 이동시키다.

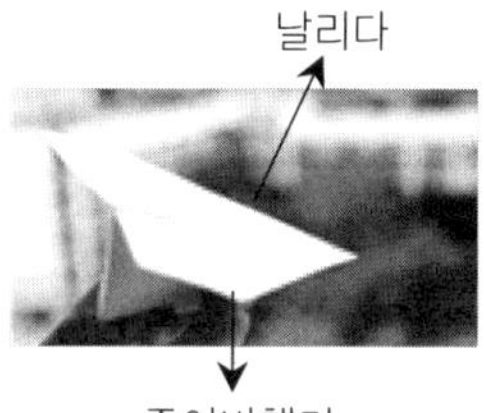

종이비행기를 **날린다**

(17ㄱ)은 '날다'에 문법적 대치형 '-게 하다'를 제시하거나 유의어를 사용하여 뜻풀이한 방식인데 반해, (17ㄴ)은 '날다' 단어를 사용하지 않고 '날다'의 의미를 위치의 이동으로 뜻풀이한다. 한편, (17ㄷ)은 긴 풀이식보

다 짧은 풀이식을 선호하기 때문에, 한자어를 많이 사용하여 뜻풀이하는 경향이 있다.

(17ㄱ)과 같이 문법적 대치형은 학습자에게 단어를 이해시키는 데에 도움을 주지 못한다. 따라서 (17)′와 같이 뜻풀이를 수정하고, 여기에 삽화를 제공하여 학습자에게 단어의 의미를 이해시킨다.

뜻풀이에서 3개 이상의 뜻을 가진 표제어의 경우, 이들 각각의 뜻에 '길잡이말'을 붙여 줌으로써 학습자의 이해도를 높일 수 있다. 이는 앞선 설문 조사에서도 밝혀진 바이다. 길잡이말의 형태는 명사를 제시한다. 이때 제시어는 미시구조 내의 여러 항목에 제공된 단어들을 사용한다. (18)이 그 예이다.

(18) 뜻풀이에서의 길잡이말
　　　흘리다 㙟 ♂눈물 1 눈물, 땀, 피 등을 나오게 하다.
　　　　　　　　　　♂액체 2 액체나 가루 등을 떨어뜨리거나 옷에 묻게 하다.
　　　　　　　　　　♂물건 3 가지고 있던 물건을 잃어버리다.
　　　　　　　　　　♂말 4 남의 말을 잘 듣지 않고 스쳐 지나치다.

다음, **용례를 볼 때**, 『외국인을 위한 한국어 학습사전』은 기본적으로 단문에서 복문의 형태로 제시하고, 해당 표제어를 다 보여주기로 표기한다. 그리고 『한국어사전』(임홍빈)에서는 해당 표제어 부분을 '~'로 표기하고 꼴의 형태가 변하면 다 보여주기로 표기한다. 그런데 『의미로 분류한 현대 한국어 사전』은 용례가 없다.

용례는, 학습자가 표제어의 뜻풀이를 바탕으로 문맥에서의 해당 표제어의 쓰임을 확인하여 그 의미와 용법을 이해하는 데 주요한 역할을 한다. 그리하여 뜻풀이의 의미 정보에 따라 용례 역시 이에 적절한 용례 유형을 결정해야 한다. 뜻풀이와 용례는 서로 의미 정보를 공유하게 하고, '반복 보여 주기'를 하면 학습자의 학습 속도를 높일 수 있다.

이에 따라 한국어 학습사전의 용례의 기본 형식을 형태와 내용의 측면에서 (19)로 제시한다.

(19)　한국어 학습사전에서의 용례 기본 형식
　　ㄱ. 형태의 측면
　　　① 단어족(결합된 합성 어휘)은 기타 용례들과 다른 공간 속에서 배치시켜야 한다.
　　　② 구(자주 결합되는 어구)
　　　③ 문장(구어체 / 문어체, 격식체 / 비격식체)
　　　　－해당 표제어의 특성에 따라 문체를 선택한다.
　　　④ 대화체(화용적 조건에 따른 표제어의 쓰임)
　　　⑤ 작품 속의 인용 용례는 삼가는 것이 좋다(수식이 많음－복잡성).
　　ㄴ. 내용의 측면
　　　① 단독형은 사용해서는 안 된다(뜻풀이 이해의 측면에서 비효용적).
　　　② 상황제시형(연상적 의미 조건을 통한 예문 제시)
　　　③ 부가형(속성적 의미 조건을 통해 새로운 정보 추가)
　　　④ 화용조건형(대화체 속에서 화용 조건 제시)－대화체
　　　⑤ 보충형(표제어의 단어 생산성)

(19ㄱ)에서, 단어족은 학습자에게 새 어휘 정보이므로 다른 공간에 두어 시각화 한다. 그리고 구 형태는 부표제어 항목에서 다루는 '연어'와의 관계를 고려하여 부표제어에서 다루어야 할지, 용례 항목에서 다루어야 할지 그 판단 기준을 세워야 한다. 이때 '－을 / 를 하다'나 '－이 / 가 되다'는 용례에서 다루도록 한다. 그리고 대화체 형식의 용례는 화용적 조건에 따른 뜻풀이일 경우에 그 용례로서 제시한다.

한편, (19ㄴ)에서 '단독형'은 해당 단어의 의미가 문장에서 이해되거나 추리되지 않는 용례로 학습자가 단어 의미를 파악할 수 없다. 그러므로 이 용례형은 학습사전에서 사용하지 않는다.

‘상황제시형’은 해당 단어에 연상되는 관련 단어들을 사용하여 용례를 제시하는 경우이다. 이 용례형은 학습자가 쉽게 해당 단어에 접근할 수 있다.

‘부가형’은 해당 단어 속성적 의미를 지닌 단어들을 사용하여 해당 단어의 의미를 이해하거나 추리할 수 있는 경우이다.

‘화용조건형’은 화용 조건을 대화체에서 제시함으로써 학습자에게 해당 단어의 의미를 이해시키는 경우이다.

‘보충형’은 해당 단어의 생산성을 고려한 용례로서, 해당 단어와 잘 결합하는 단어들을 하나의 단위로 인식하므로 학습의 경제성과 편의성, 용이성을 위한 용례형이다. 이때 이들을 다른 공간에 두어 시각화 한다.

용례의 배열은 짧은 것에서 긴 것으로 배열, 문장은 단문에서 복문의 순서로 배열하되 사용 빈도가 높은 용례를 제시하도록 해야 한다. 여기서 말뭉치를 통한 추출이 한 방법이 된다.

이들에 대해 실제 보기를 제시하면 (20)과 같다.

(20) **용례 보기 1**
　ㄱ-1. 단어족 – 보충형

인기 몡 무엇에 대한 많은 사람들의 관심과 좋아하는 마음	예 인기 가요, 인기 가수, 인기 상품, 인기 배우

　ㄱ-2. 구(자주 결합되는 어구)

관 여름, 가을, 겨울	봄 몡 사계절 중 겨울과 여름 사이에 오는 계절 예 **따뜻한 봄**

ㄱ-3. 문장(구어체 / 문어체, 격식체 / 비격식체)

㈜ 보고², 에게 ㉗ 께	한테 ⑲ 어떤 사람에게 ㉖ 친구**한테** 선물을 사 주려고 합니다. [격식체] / 나중에 저한테[**구어체**] 전화해요.[비격식체]

ㄱ-4. 대화체(화용적 조건에 따른 표제어의 쓰임) — 화용조건형

드리다¹ ⑲ ♂**물건** 1 윗사람에게 무엇을 주다

㉖ 할아버지 : 학생, 연필을 가지고 있으면 좀 줄 수 있어?

학생 : 예, **드리겠습니다**. 여기 있습니다.

♂**말** 2 윗사람에게 어떤 말을 하다

㉖ 할아버지 : 네 동생이 언제 오는지 말해 줘.

손자 : 예, 말씀 **드리겠어요**.

♂**인사나 절** 3 윗사람에게 인사하거나 절을 하다

㉖ 할아버지 : 그 사람이 내 인사를 받아 **주지** 않았어.

할아버지의 아들 : 어? 그 사람이 할아버지께 인사를 **드렸다고** 했는데요?

ㄱ-5. 작품 속의 인용 용례는 삼가는 것이 좋다(수식이 많음 — 복잡성).

이웃 ⑲ 가까이 있는 집, 또는 사람 ㉖ 그 때 마침 친정에 다니러 온 고모가 자기 이웃 마을에 산다는 점쟁이 이야기를 꺼냈다. ≪윤흥길, 장마≫	이웃 마을 이웃 동네 이웃 사람

한편, (20ㄱ-5)는 초·중급 학습자에게는 부적절한 용례이다. 긴 수식 문장은 독해·해독을 어렵게 하므로 초·중급 학습자에게 부적절하다.

(20)′ 용례 보기 2

ㄴ-1. 단독형은 사용해서는 안 된다(뜻풀이 이해의 측면에서 비효율적).

낮 명 해가 뜰 때부터 해가 질 때까지의 동안

예 **낮**에 도착했어요.

ㄴ-2. 상황제시형(연상적 의미 조건을 통한 용례 제시)

<신체적 반응>

얼굴 명 눈, 코, 입이 있는 머리의 앞쪽 부분

예 신부는 부끄러운지 **얼굴**이 빨개져요.

<대립관계, 유의관계에 따른 용례>

이기다 동 ♂**경기나 싸움** 1 경기나 싸움에서 상대를 누르다 비

승리하다 반 지다 관 비기다

예 지난번에는 1 : 1로 **비겼는데** 이번 축구 경기에서

는 우리가 3골을 넣어서 1 : 3으로 **이기고** 상대편은

졌다. 우리는 **승리해서** 기뻤다.

♂**어려움** 2 어려움을 잘 넘기다

♂**감정, 욕망** 3 생기는 감정을 겉으로 나타나지 않게 하다

ㄴ-3. 부가형(속성적 의미 조건을 통해 새로운 정보 추가)

하늘 명 해, 달, 별 등이 떠 있는 공간

예 비 온 후의 **하늘**은 참 맑아요.

내용의 측면에서 (20′ㄴ-1)은 '단독형'으로, 기존 학습사전에서 많이 사용하는 용례형이다. '낮에 도착했어요.'의 문장에서는 '낮'의 의미가 무엇인지 문장 내에서 학습자는 이해하거나 추리할 수 없다. 그러므로 이 용례는 학습사전의 용례로 부적절하다.

(20′ㄴ-2)는 '상황제시형'으로, 부끄럽게 될 때 얼굴이 빨개지는 신체적 반응을 용례에 반영하여, 학습자에게 '얼굴'의 의미를 추리할 수 있게 한다. 그리고 '비기다, 승리하다, 지다' 등 해당 단어의 대립관계나 유의관계에 따른 관련 단어들을 사용하여 학습자에게 '이기다'의 의미를 이해시키거나 추리하게 한다.

(20′ㄷ-3)의 '부가형'은 '하늘'의 속성, 즉 '맑다, 흐리다, 푸르다' 등을 사용하여 학습자에게 '하늘'의 의미를 이해시키거나 추리하게 하는 용례이다.

(21) 한국어 학습사전의 용례 제시 규칙
　　① 내용 측면에서 본 단독형은 사용하지 않는다.
　　　(뜻풀이 이해 측면에서 비효율적)
　　② 용례에 배열 순서를 정해야 한다.
　　　(구－온전히 뜻풀이의 조건에 맞는 용례－부가나 보충하는 용례)
　　③ 사용 빈도가 높은 용례를 제시하고 배열해야 한다.
　　④ 문형 정보에 딱 맞는 형태의 용례이어야 한다.
　　⑤ 지나치게 복잡한 수식의 형태를 가진 용례는 삼간다.

　(19)의 용례 형식을 바탕으로 한국어 학습사전의 용례 제시 규칙을 세우면 (21)과 같다. '단독형' 용례는 사용하지 않고, 학습자 이해의 면에서 복잡하고 긴 수식의 형태를 가진 용례는 삼가야 한다. 그리고 표현 향상을 위해서는 기억하기 간단한 형태로 유형화된 것을 먼저 제시하는 것이 좋으며, 자주 사용하는 용례를 우선해야 한다.

　문형 정보의 배치에서, 『외국인을 위한 한국어 학습사전』은 용례 제시가 끝난 뒤에 둔다. 학습에서 어떤 정형이 주어진 후에 실전 연습을 하는데, 이 사전은 연습 후에 '정형'을 제시한다. 제한된 지면에서 이 방식은 학습자를 번거롭게 한다.

(22) 문형 정보를 앞세운 용례
　즐겁다★★★ [즐겁따 tsɯlgəpˀtʼa] 형 (무엇이) 마음에 들어서 만족스럽다. 기분이 좋다. ‖ 나는 대학교 생활이 아주 즐겁습니다. / 저희들은 즐겁게 노래도 불렀습니다. / 즐거운 휴가가 되기를 바랍니다. ▷ (①이) ②가 즐겁다((① 사람)) 반괴롭다. 참'기쁘다'와 '즐겁다'의 다른 점 ☞ 기쁘다.
　발음하기 「즐거운[즐거운tsɯlgəun], 즐거워[즐거워tsɯlgəwə], 즐겁습니다[즐겁씀니다tsɯlgəpˀsʼɯmnida]」

　　　　　　　　　　—『외국인을 위한 한국어 학습사전』에서

(22)´ 수정

<table>
<tr><td>즐겁다 [즐겁따](즐거운, 즐거울, 즐거우니, 즐거
우면, 즐거워, 즐거웠다, 즐겁고) 혱 무엇
이 마음에 들어서 기분이 좋다. ∞(①이)
②가 예 나는 대학교 생활이 아주 즐겁
습니다. / 저희들은 즐겁게 노래도 불렀
습니다. / 즐거운 휴가가 되기를 바랍니
다. (중략)</td><td>① 사람</td></tr>
</table>

(22)´에서와 같이 '문형 정보'를 먼저 제시한 후에 '용례'를 제시하는 것
이 학습자의 인지와 독해에도 편하다. 그리고 문형 정보를 나타내기 위한
기호들은 간단히 해야 한다. (22)´와 같이 격틀 어휘 정보는 다른 공간에
두는 것이 복잡함을 피하고, 학습자의 어휘망 이해를 위해 적절하다.

3) 관련된 말

『외국인을 위한 한국어 학습사전』에서는 '관련된 말'로, '수 표현, 준말,
본딧말, 비슷한말, 반대말, 큰말, 작은말, 센말, 여린말, 파생어, 사동사, 주
동사, 피동사, 능동사, 관련어, 참고 정보' 등을 제시하고 있다. 어휘 정보
를 '준말, 본딧말, 비슷한말, 반대말, 큰말, 작은말, 센말, 여린말, 파생어,
사동사, 주동사, 피동사, 능동사, 관련어' 순으로 제시했다.

이들 '관련된 말'은 형태면에서, 표제어와 형태적으로 비슷한 꼴이 있
는 반면에 그렇지 않는 것도 있다. 그리고 의미면에서, 표제어와 크게 차
이가 없는 것이 있는 반면에 그렇지 않은 것이 있다. 따라서 관련 어휘
정보의 순서를 먼저 형태적으로 비슷한 꼴을 앞세우고, 그 다음으로는 의
미적으로 비슷한 꼴을 앞세워 '준말, 본딧말, 큰말, 작은말, 센말, 여린말 / 사
동사, 주동사, 피동사, 능동사, 파생어 / 유의어, 반의어' 순으로 하는 것이

어휘 학습의 효율성을 높인다.

　『외국인을 위한 한국어 학습사전』은 다른 학습사전에 비해 많은 정보를 제시하고 있다. 그만큼 이 정보들 사이의 관련성을 확인하여 '통일성'과 '일관성'을 갖도록 해야 한다. 그러나 이 사전은 그렇지 못하다. 이들을 제시하면 (23)과 같다.

(23)　**오류 부분**
　　　가. 단일 오류형
　　　　　1. 명사에는 '비슷한말'이 있는데 동사에는 '비슷한말'이 없는 경우
　　　　　　　(ㄱ) **대접**[2] 명 비 대우
　　　　　　　대접하다 동 ─ ?× / {비 대우하다}
　　　　　2. '비슷한말'이 표제어로 올려 있지 않은 경우
　　　　　　　(ㄱ) **대접**[2] 명 비 대우
　　　　　　　?× {대우 명 비 대접2}
　　　　　3. 비슷한말'쌍에서 한 쪽에는 있으나 다른 한 쪽에서는 없는 경우
　　　　　　　(ㄱ) **도저히** 뮈 비 도무지, 차마
　　　　　　　도무지 뮈 비 전혀, ?×{도저히}
　　　　　　　전혀 뮈 비 도무지, 통5
　　　　　　　차마 뮈 비 도저히
　　　　　　　(ㄴ) **머리칼** 명 비 머리, ?×{머리카락}
　　　　　　　머리카락 명 비 머리, 머리칼
　　　　　　　머리 명 비 머리카락, 머리칼
　　　　　4. '비슷한말'쌍이 서로 '비슷한말'이 아닌 한쪽이 '관련어'로 들어 있는 경우
　　　　　　　(ㄱ) **가꾸다** 동 비 꾸미다 관 기르다, 키우다
　　　　　　　꾸미다 동 관 가꾸다
　　　　　5. '외래어'가 '비슷한말'에 포함되어 있는 경우와 없는 경우로 일괄적이지 못한 경우
　　　　　　　(ㄱ) **노트** 명 비 공책
　　　　　　　공책 명 비 노트

(ㄴ) 메뉴 명 관 식단, 차림표
6. 같은 꼴로 보아 의미상으로 '비슷한말'이 있을 듯하나 '비슷한
   말'이 아닌 '관련어'로 되어 있거나 이 둘 다 없는 경우
   (ㄱ) 뜻밖에 부 비 의외로
       뜻밖 명 관 의외
   (ㄴ) 분명히 부 비 명확히
       분명하다 형 ?×{비 명확하다}
7. 한 문법 형태에 대한 일괄적이지 못하게 처리된 경우
   (ㄱ) 터뜨리다 동 비 터트리다
       떨어뜨리다 동 관 떨어트리다
   (ㄴ) 시부모 명 비 시부모님
       할아버지 명 관 할아버님
8. '비슷한말'인데도 '관련어'로 되어 있는 경우
   (ㄱ) 몹시 부 관 굉장히, 대단히, 매우, 무척, 아주
       무척 부 관 굉장히, 대단히, 매우, 몹시, 아주
       굉장히 부 관 대단히, 매우, 몹시, 무척, 아주
   (ㄴ) 아주 부 비 굉장히, 대단히, 매우[1], 몹시, 무척, 꽤
       매우 부 비 굉장히, 대단히, 몹시, 무척, 아주
       대단히 부 비 굉장히, 매우[1], 몹시, 무척, 아주
   (ㄷ) 시키다 동 비 주문하다
       주문하다 동 관 시키다
9. 어깨번호가 정확히 명시되지 않은 경우
   (ㄱ) 한번 부 비 매우[?×{1}], 아주, 참[3]
10. 같은 꼴('－하다, －되다')인데도 다른 한 쪽은 서로 '비슷한
    말'이 아닌 경우
    (ㄱ) 구별되다 동 비 구분되다
        구별하다 동 비 구분하다
    (ㄴ) 생각되다 동 비 간주되다, 판단되다
        생각하다 동 관 간주하다, 보다, 여기다, ?×{간주하다, 판
                     단하다}
11. '관련어'가 되어야 할 것이 '비슷한말'이 된 경우

　　　(ㄱ) **발전되다** 동 비 발전하다

　　　　　 발전하다 동 ?×

　　　(ㄴ) **비롯되다** 동 ?×

　　　　　 비롯하다 동 비 비롯되다

　　12. '비슷한말'의 한 쪽이 표제어로 올라 있지 않은 경우

　　　(ㄱ) **별안간** 부 비 갑자기, ?×{느닷없이} 부

　나. 복합 오류형

　　1. 가-2와 가-3의 복합 오류가 일어난 경우

　　　(ㄱ) **동^1** 명 비 동쪽, ?×{동녘}

　　　　　 동쪽 명 비 동1, 동녘

　　2. 가-9와 가-3의 복합 오류가 일어난 경우

　　　(ㄱ) **참^3** 부 비 정말$^{?×\{2\}}$, ?×{참으로}

　　　　　 정말^2 부 비 $^{?×}${참^3} 매우, 참으로

　　　　　 참으로 부 비 참^3

　　3. 가-8과 가-9의 복합 오류가 일어난 경우

　　　(ㄱ) **몹시** 부 관 굉장히, 대단히, 매우$^{?×\{1\}}$, 무척, 아주

　　　　　 무척 부 관 굉장히, 대단히, 매우$^{?×\{1\}}$, 몹시, 아주

　　　　　 굉장히 부 관 대단히, 매우$^{?×\{1\}}$, 몹시, 무척, 아주

　　4. 가-11과 가-3의 복합 오류가 일어난 경우

　　　(ㄱ) **발전되다** 동 비 발전하다

　　　　　 발전하다 동 ?×

　　　　　　　　　　　　* ?× : 있어야 하는 데 없는 경우

　　관련된 말은 표제어의 어휘 확장 면에서 학습의 효과를 기대할 수 있는 항목이다. 그리고 학습자에게 한국어 어휘 의미망을 구축하기 위한 정보를 제공해 줄 수 있는 부분이다. 따라서 (24)와 같이 '관련된 말'을 '용례' 뒤에 붙이는 것이 아니라 따로 공간을 두어 제시함으로써 이들 정보를 학습자에게 가시화한다.

(24) 관련된 말

<table>
<tr>
<td>⑮ 감소하다,
줄어들다
㊀ 늘어나다</td>
<td>★증가하다 ⑤ 양이 많아지다 ↔①이 ㉖ 우리 반 학생 수가 12명에서 15명으로 증가했다. / 해마다 10%씩 증가하는 판매량에 모두들 신이 난다. / 차가 증가할수록 공기가 좋지 않다.</td>
<td></td>
</tr>
</table>

4) 참고상자

기존 학습사전의 '참고상자' 정보 내용을 살피면, 『외국인을 위한 한국어 학습사전』에서는 그 뜻이 비슷하지만 다르게 쓰이는 어휘나 상·하위어 어휘, 화용적 정보 등을 싣고, 『한국어사전』(임홍빈)에서는 유의어쌍을 대상으로 이들의 의미적 차이 정보를 제공하고 있다. 『의미로 분류한 현대 한국어 사전』은 상·하위어 어휘에 해당하는 정보를 제공한다.

이들을 참고로, 이 연구에서는 참고상자의 범위를 다음 (25)로 제시한다.

(25) 한국어 학습사전의 참고상자의 내용 범위 선정
  ① 비슷한 단어에 대한 의미 차이에 대한 정보
  ② 상하관계에 따른 관계어에 대한 정보
  ③ 일상 회화 속에서 잘 쓰이는 어휘 단위와 표현에 대한 정보
  ④ 문법과 관련된 정보

여기서 '참고상자'의 내용 범위로, 기존의 사전과 달리 참고정보에서 다루었던 '문법과 관련된 정보'도 아울러 다룬다. 이는 앞선 설문 조사에서, 학습자에게 중요한 정보 2번째가 '문법 정보'였으므로 이를 가시화하는

방법으로 참고상자에서 다룬다. (25)를 기준으로 한 모형의 보기는 (26)과
같다.

(26) 학습사전의 참고상자

빌리다 图 남의 것을 돌려주기로 하고 잠시 얻어 쓰다. (중략)

꾸다 / 빌리다
'꾸다'는 그 물건을 그대로 돌려 줄 수 없을 때 쓰고, '빌리다'는 원래의 것을 다시 돌려줄 수 있을 때 쓴다.

입다[입따] 图 ♂옷 1 옷을 몸에 걸치거나 두르다. (중략)

옷과 관련된 표현		
입을 때의 단어	벗을 때의 단어	물건(의류)
입다	벗다	옷
쓰다	벗다	모자, 안경 종류, 우산
끼다	벗다 / 빼다	장갑, 안경, 렌즈, 반지
매다 / 하다	풀다	목도리, 넥타이, 스카프
신다	벗다	신발류, 양말류

5) 부표제어

부표제어와 삽화는 학습자의 이해를 돕기 위한 가시적인 기술 방법
의 하나이다. 따라서 미시구조 모형을 제시할 때 따로 칸을 두어 제시
한다.

연어 및 관용구, 속담 등을 부표제어로 제시하고 의미의 결합관계에서
생성되는 여러 의미들을 유형화시키는 것은 학습자의 단어 이해의 폭을
넓히기 위함이다.

『외국인을 위한 한국어 학습사전』은 부표제어 순서를 가나다순으로 하

고, 그리고 타동사와 자동사를 각각 묶어 배열한다. 그러나 (27)을 보면, 자동사와 타동사의 순서가 일관성을 보이지 못한다.

(27) 눈물 뎽 (중략)
　　　◇ 눈물을 글썽이다
　　　◇ 눈물을 흘리다
　　　◇ 눈물이 [나다·나오다]
　　　◇ 눈물이 흐르다
　　　활기 뎽 중략
　　　◇ 활기가 넘치다
　　　◇ 활기가 없다
　　　◇ 활기가 있다
　　　◇ 활기를 띠다

　　부표제어의 배열은 자동사 다음에 타동사를 배열하도록 한다. 이는 조사의 쓰임에 오류를 많이 보이는 학습자를 위한 것이다. 부표제어로 연어뿐만 아니라 관용구나 속담 등을 제공할 때 뜻풀이와 용례, '관련된 말' 항목을 구성하도록 한다. (28)이 바로 그 예이다.

(28) **부표제어**
　　나다[1] 뎽 ♂**발생** 1 없던 것이 생기다.
　　　　♂**감각** 2 감각으로 느끼게 되다.
　　　　♂**감정** 3 감정이 생기다.
　　　　◇ **고장이 나다** 기계 등이 작동이 안 되다. ㉜ A : 라디오가 소리가 잘 안 들려요. B : **고장이 난** 것 같아요.
　　　　◇ **시간이 나다** 마음대로 쓸 수 있는 시간이 생기다. ㉜ 오전에는 할 일이 많아 바빴는데 일을 다 끝내고 나니까 **시간이 나요**

6) 삽화

기존 학습사전의 삽화는 '뜻풀이'의 풀이 이해를 돕기 위해 제공된다. 그러나 한국어 학습사전에서의 '삽화'는 단순히 '풀이'의 이해를 돕기 위한 보조적 역할에서 벗어나 여러 정보를 제공할 수 있도록 '삽화'의 정보 제공량을 늘린다.

외국의 학습사전은 삽화가 아주 다양하고 체계적인 모습을 보인다. 이를 『New Oxford ESL Dictionary』(2004)과 『MACMILLAN Essential Dictionary for Learners of AMERICAN ENGLISH』(2007 / 10쇄), 그리고 『The AMERICAN HERITAGE ENGLISH as a Second Language Dictionary』(1998),[8] 일본어 학습사전인 『Informative Japanese Dictionary 日本語お學ぶ人の辭典』(일본어 학습사전, 2002)[9] 등의 사전 삽화 검토를 통해 살펴보기로 하겠다.

삽화는 '그림 삽화'와 '사진 삽화'로 나눌 수 있다. 이 연구에서는 이들 사전에 실린 모든 삽화를 분야별, 품사별로 나누어 조사 분석하였다. 그 결과는 (29)~(32)와 같다.

(29) 『IJD』(2002)

분야별				품사별	
행동	25	의복	8	명사	166
인체	8	교통	9	동사	20
생활용품	41	운동	3		
동·식물	30	취미	2		
건축	12	악기	2		

(30) 『MEDLAE』(2007, 10쇄)

분야별				품사별	
행동	45	의복	3	명사	46
인체	1	교통	0	동사	45
생활용품	14	운동	1		
동·식물	1	취미	0		
건축	5	악기	5		

---

8) 『New Oxford ESL Dictionary』(2004)을 줄여서 'NOESLD'로, 『MACMILLAN Essential Dictionary for Learners of AMERICAN ENGLISH』(2007 / 10쇄판)은 'MEDLAE'로, 『The AMERICAN HERITAGE ENGLISH as a Second Language Dictionary』(1998)은 'TAHESLD'로 하겠다.

9) 『Informative Japanese Dictionary 日本語お學ぶ人の辭典』(일본어 학습사전, 2002)은 줄여서 'IJD'로 하겠다.

분야별				품사별	
식품	11	문화	14	계	186
수학	5	기계	7	삽화 형식	
도량	2	분비물	1	그림	186
인간	3	천문	1	사진	0
예술	2	계	186	계	186

분야별				품사별	
식품	1	문화	0	계	91
수학	2	기계	4	삽화 형식	
도량	4	분비물	1	그림	91
인간	3	천문	1	사진	0
예술	0	계	91	계	91

분야별로, 『IJD』은 생활용품[10]이 가장 많고 그 다음으로 동·식물, 행동, 문화 등의 순으로 삽화가 제공되어 있다. 그리고 품사별로는 동사보다는 명사가 훨씬 많았다. 이에 반해 『MEDLAE』은 동사 중심의 삽화가 많이 실렸다. 이 두 사전의 공통된 특징은 삽화의 형식이 모두 그림 삽화라는 것이다.

(31) 『TAHESLD』(1998)

분야별				품사별	
행동	0	의복	1	명사	231
인체	5	교통	0	동사	0
생활용품	28	운동	9		
동·식물	61	취미	5		
건축	11	악기	12		
식품	4	문화	3	계	231
수학	31	기계	50	삽화 형식	
도량	0	과학	5	그림	126
인간	2	천문	4	사진	105
예술	0	계	231	계	231

(32) 『NOESLD』(2004)

분야별				품사별	
행동	27	의복	3	명사	200
인체	4	교통	0	동사	27
생활용품	55	운동	9		
동·식물	45	취미	6	기타	6
건축	6	악기	16		
식품	12	문화	1	계	233
수학	7	기계	30	삽화 형식	
도량	3	천문	1	그림	98
인간	1	기타	16	사진	135
예술	0	계	233	계	233

『TAHESLD』(1998)은 분야별로는, 동·식물이 가장 많고, 다음으로 기계,

---

10) 여기서 생활용품에는 그릇류, 가구류, 가전제품류, 공구류, 액세서리류 등을 포함한 것이다.

수학, 생활용품, 악기 등의 순으로 분포되어 있다. 그리고 품사별로 보면, 동사에는 삽화를 제공하지 않고 있다. 삽화의 형식은 그림과 사진으로 크게 나눌 수 있는데, 이 사전의 경우에는 '그림'뿐만 아니라 '사진'도 '그림'만큼이나 많이 싣고 있다.

한편, 『NOESLD』은 이전 두 학습사전보다 전체적으로 그 분포가 다양하고, 가장 많은 분야는 '생활용품'이고 그 다음으로 '동·식물', '기계', '행동', '악기' 등의 순으로 나타났다. 삽화의 형식에서는 '그림'보다는 '사진'이 더 많고, 품사별로 보면 역시 명사 부분이 많다.

삽화의 유형을 형식적인 면과 내용적인 면으로 나눌 때, 형식적인 면에서는, 1) 직접 그린 삽화와 다의 뜻풀이의 번호가 붙어 있는 삽화(33가), 2) 가리킴 선이 분명한 삽화(33나), 3) 예문을 이용한 삽화 표제어(33다), 4) 유사 단어 함께 다룬 삽화(33라) 등을 살펴볼 수 있다.

(33) **형식적인 유형**

가. 국자 / 올챙이

나. 컵

다. 밴드

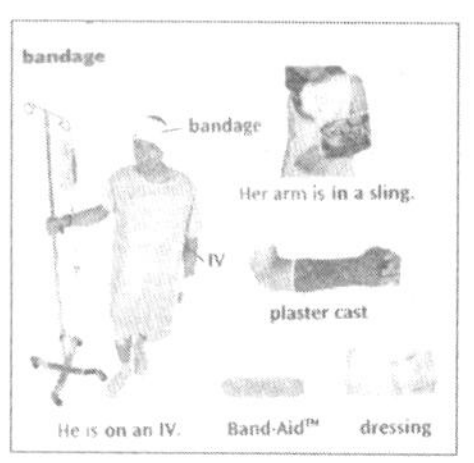

라. 사이

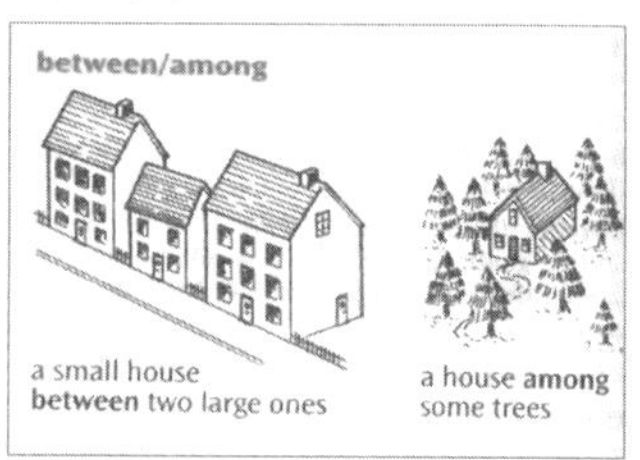

그리고 내용적인 면에서 살핀 삽화 유형을 (34)로 제시한다.

(34) **내용적인 유형**

가. 표제어와 지시물이 같은 삽화

물다

나. 상위어 표제어 아래 하위어들로 이루어진 삽화

액세서리

다. 표제어와 관련된 것까지 제시한 삽화

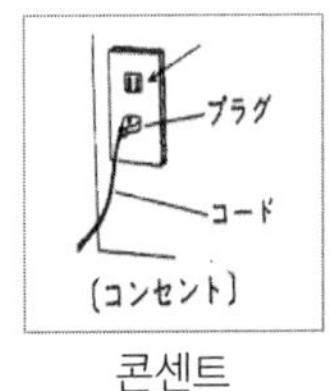

콘센트

라. 표제어와 비슷한 종류를 함께 제시한 삽화

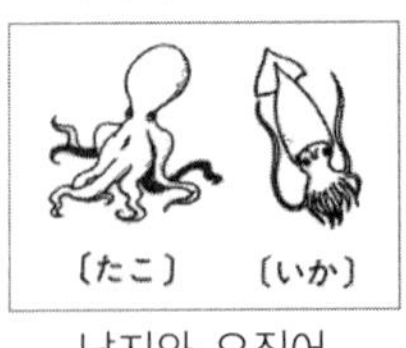

낙지와 오징어

마. 실제 표제어의 대표성에 초점을 두고서 제시한 삽화

시치고산 축제

바. 표제어의 다양한 쓰임을 제시한 삽화

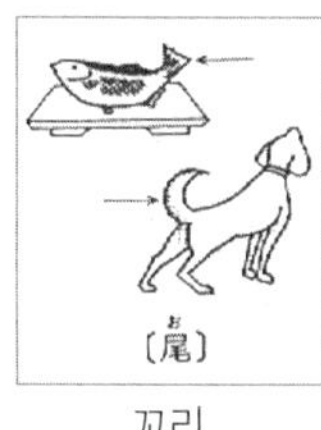

꼬리

사. 표제어의 뜻에 상반되는 삽화를 함께 제공하는 삽화

높다

아. 표제어 대상의 기능을 수행한 채 보이는 삽화

기계톱

자. 표제어가 가지고 있는 성질(기능, 구성)을 이용한 삽화

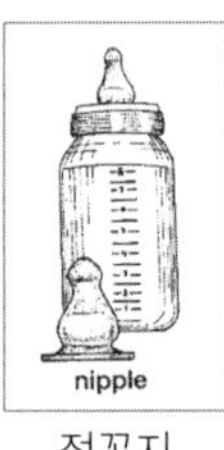

젖꼭지

(34가)는 무는 행위를 바로 보여 주는 삽화이며, (34나)는 상위어인 '액세서리' 아래에 '귀고리, 목걸이, 반지' 등을 함께 제시한 삽화이다. 그리고 (34다)는 콘센트와 관련된 '코드, 퓨즈' 등을 함께 제시한 삽화이다. (34라)는 '낙지'와 비슷한 '오징어'를 함께 제시한 삽화이다. (34마)는 일본 '시치고산 축제'를 축제 때 입는 의상들을 보인 삽화이다. (34바)는 '꼬리'가 생선의 꼬리, 개의 꼬리에 쓰임을 보인 삽화이다. 또 (34사)는 '높다'의 대립정보 '낮다'를 함께 제시한 삽화이다. (34아)는 '기계톱'의 기능을 보이면서 기계톱을 보인 삽화이다. 그리고 (34자)는 젖꼭지를 젖병의 일부분임을 젖병과 함께 보인 삽화이다.

(34)를 통해 '삽화'가 의미 정보를 제공해 줄 수 있는 독립된 항목으로서의 역할을 할 수 있음을 알 수 있다. 한편, 삽화들 중에서 몇 가지 검토되어야 할 것들을 보면 (35), (36)과 같다.

(35) 설명식 가리킴 표시어 달기

ㄱ.

껍데기

ㄴ.

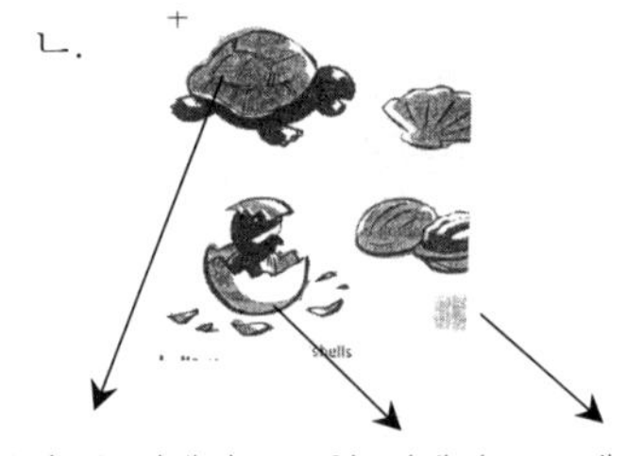

거북의 등 껍데기   알 껍데기   조개 껍데기

(35)는 오른쪽과 같이 설명식 가리킴 표시어를 제시해 주는 것이 효율적이다.

(36)　표제어의 뜻을 잘 드러내지 못하는 삽화

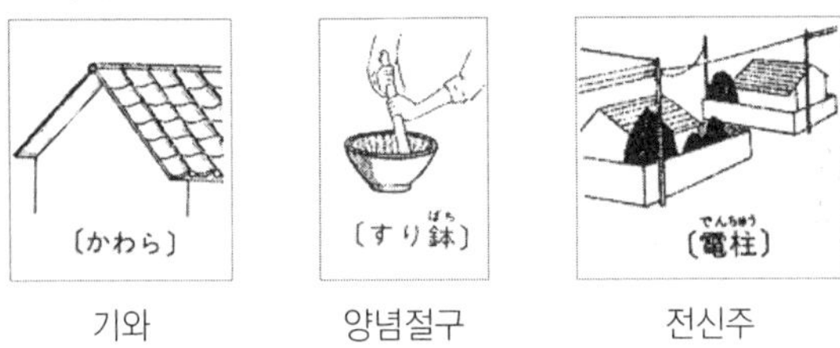

기와　　　　　　양념절구　　　　　전신주

(36)은 표제어의 의미가 잘 드러내지 않는 삽화이다. 무엇이 '기와', '양념절구', '전신주'인지 그림 삽화를 보아서는 알 수 없다. 이 경우 가리킴을 사용해야 한다.

앞서 외국 학습사전에서는 정보 전달의 장치로, 다양한 삽화를 사용하고 있음을 보았다. 이러한 인식은 한국어 학습사전 편찬에서도 반영되어야 한다.

한편, 이운영(2002)의 『『표준국어대사전』 연구 분석』에서 『표준국어대사전』의 삽화를 논의했다. 이들 삽화를 품사 및 범주에 따라 분류하고, 삽화 표제어 전문 분야별로 분류하고 있다. 이는 (37)과 같다.

(37)에서, 삽화가 일반어보다는 전문어에 더 많이 실려 있음을 알 수 있고, 명사 표제어에 많이 실려 있다. 그리고 분야별로는 동물과 식물 분야에 삽화가 가장 많고, 그 다음으로 '지명'과 '건설' 분야에 삽화가 많다.11)

---

11) 여기서 제시한 분류의 기준에서, '가톨릭, 기독교, 불교' 등을 목록으로 제시하였는데, 이는 '종교' 목록 안에 들어가는 것으로 수치가 중복될 가능성이 있다.

(37) 이운영(2002)의 삽화에 대한 분석

삽화 표제어 품사별 분류

품사	일반어	전문어	합산	통용	계
명사	2,064	5,714	7,778	4	7,774
무품사	0	873	873	0	873
계	2,064	6,587	8,651	4	8,647

삽화 표제어 전문 분야별 분류

가톨릭	2	법 률	25	전 기	50
건 설	328	불 교	141	정 치	1
경 제	12	사 회	1	종 교	0
고 적	187	생 물	14	지 리	73
공 업	66	수 공	58	천 문	118
광 업	43	수 산	19	철 학	2
교 육	0	수 학	181	출 판	26
교 통	29	식 물	1,560	컴퓨터	22
군 사	102	심 리	4	통 신	12
기 계	98	약 학	1	한 의	38
기독교	1	언 론	0	항 공	14
논 리	1	언 어	7	해 양	8
농 업	45	역 사	230	화 학	46
동 물	1,737	연 영	24	인 명	0
문 학	5	예 술	19	지 명	339
물 리	150	운 동	153	책 명	13
미 술	42	음 악	218	고유명사	3
민 속	150	의 학	182	계	6,598

한편, 『외국인을 위한 한국어 학습사전』의 삽화를 조사한 결과, 명사에만 삽화가 있었다. 그리고 대부분이 그림 삽화보다는 사진 삽화를 제공하고 있다. 분야별로는 생활용품이 가장 많고, 다음으로 '건축, 동·식물, 문화, 식품'순이다. 특히 문화와 건축 분야 쪽이 다른 학습사전에 비해 많은 편이다. (38)이 그 조사 결과이다.

이들 삽화들을 내용적인 면에서 조사한 결과, 대부분이 '표제어와 지시물이 같은 삽화'의 유형이었고, 그 외에 '상위어 표제어 아래 하위어들로 이루어진 삽화'와 '표제어와 관련된 것까지 제시한 삽화'가 비슷하게 분포하고 있다.

(38) 『외국인을 위한 한국어 학습사전』(2006)의 삽화에 대한 분야별, 품사별 통계 조사

분야별				품사별	
행동	0	의복	2	명사	117
인체	3	교통	1	동사	0
생활용품	30	운동	3	기타	6
동·식물	18	취미	2		
건축	25	악기	1		
식품	13	문화	14	계	117
수학	1	기계	4	삽화 형식	
도량	0	천문	0	그림	29
인간	0	기타	1	사진	88
예술	0	계	117	계	117

그리고 이 사전에서는 (39)와 같이 '문화'의 면을 다루는 삽화들이 보인다. '실제 표제어의 대표성에 초점을 두고서 제시한 삽화'들로, '불국사, 굿, 사물놀이, 절, 윷놀이 등'이 이에 해당한다. 이때 대표성을 무엇으로 결정할 것인가가 중요하다.

(39) 실제 표제어의 대표성에 초점을 두고서 제시한 삽화

굿

한편, 이 사전의 삽화는 (40)과 같이, 삽화의 대상물이 분명하지 않은 삽화(예 : 날개, 쟁반)들이 보인다. 뿐만 아니라 전체와 부분의 포착이 잘못되어 오히려 그 대상물을 알아보기 힘든 삽화(예 : 계단)도 보인다.

(40) **문제가 되는 삽화들**

날개   쟁반   계단

사전은 한정된 지면 속에서 얼마나 유용하고 효율적인 정보를 제공해 주느냐가 관건이기 때문에 이에 '삽화'가 기여할 수 있는 부분을 찾아보았다. 한국어 학습사전에서의 '삽화'는 의미관계에 따른 의미 정보를 바탕으로 해서 '삽화'의 유형을 설정한 다음 어떤 표제어에, 또 어떤 유형의 '삽화'로 넣을 것인가 하는 것을 결정함으로써 다양한 정보를 제공할 수 있도록 한다.

(41)처럼 대립관계, 상하관계, 관련어휘 등의 의미 정보를 사용하여 삽화를 제시한다면 단어의 이해에 도움을 준다.

(41) **어휘의 의미 관계에 따른 삽화 유형 결정**
　　ㄱ. 대립관계 정보
　　　　주다와 받다

산신령이 나무꾼에게 도끼를 **주자** 나무꾼이 그것을 **받았다.**

ㄴ. 상하관계 정보

옷

ㄷ. 관련어휘 정보

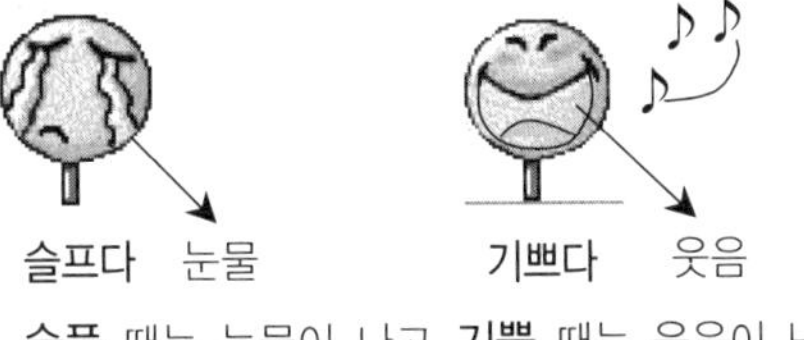

(41ㄱ)은 '주다'의 대립정보인 '받다'를 삽화에 제공한다. 이 대립정보는 '관련된 말' 항목에서도 제공하고 용례에서도 제공한다. 같은 정보를 여러 항목에서 공유하여 학습자에게 '반복 보여 주기'하여 단어의 의미를 이해시킨다.

(41ㄴ)은 '옷'과 관련된 상하관계 정보를 삽화를 통해서 제공한 것이며, (42ㄷ)은 '슬프다' 표제어와 관련된 감정을 나타내는 어휘 정보로 '기쁘다' 등의 삽화와 함께 제공한 것이다. 이때 '눈물이 나다'와 '웃음이 나다'를 삽화 용례로 제시하여 연상적인 어휘 학습이 되도록 한다.

이상 미시구조 내의 각 항목들에 대해 논의하였다. 이들을 정리하여 한국어 학습사전의 미시구조 모형을 (42)로 제시한다.

(42) 한국어 학습사전의 미시구조의 모형

| 표제어[어깨번호][한자][발음][활용형][품사][원어][길잡이말][뜻풀이][문형정보][용례][관련된말][참고상자] |
| 부표제어[뜻풀이][용례][관련된말] |
| 삽화[표제어 가리킴말][가리킴 표시말][용례] |

(42) 모형에서, 배치는 첫째, '길잡이말'이 '뜻풀이' 앞에 제시되어 있다는 것과 '문형정보'가 '용례' 앞에 있다는 것이 특징이다. 그리고 '문형정보'는 자연스런 인식의 과정을 고려하여 단순한 것에서 복잡한 것으로, 틀을 먼저 제시한 후에 그 틀에 맞게 응용하는 순으로, 학습자가 쉽게 이해하고 익힐 수 있게 하기 위한 배치이다. 한편, 기존의 학습사전에 다루었던 '참고 정보'를 '참고상자'에 포함시켜 학습사전의 시각적인 간결함과 판단 기준을 정하기가 힘든 경우 등을 고려한 모형이다.

이상에서 학습사전의 미시구조에서 다루어지는 항목들에 대한 논의를 통해 한국어 학습사전의 미시구조 모형을 제시했다. 미시구조에서는 뜻풀이 항목을 중심으로 그와 관련된 항목들과의 상호보완적인 관계를 이룬다. 동시에 의미 정보나 화용 정보를 학습자에게 제공해 줌으로써 표제어에 대한 이해와 쓰임을 보다 효율적으로 익힐 수 있도록 모형을 제시하고자 했다.

3. 한국어 학습사전 내용 구조 총괄 모형

이 연구는 한국어 학습사전을 편찬하기 위한 기초 연구이므로 앞서 국내에 편찬된 학습사전 즉, 『한국어사전』(임홍빈)과 『외국인을 위한 한국어 학습사전』(국립국어원), 『의미로 분류한 현대 한국어 학습사전』(신현숙) 등을 대상으로 해서 학습사전의 거시구조와 미시구조의 면을 검토하면서 이 연구에서 제안하고자 하는 학습사전의 거시구조와 미시구조의 이상적인 모형을 제시했다.

이 결과를 통하여 (43), (44)와 같이 한국어 학습사전의 내용 구조 총괄 (전체) 모형을 제안한다.

(43) 한국어 학습사전 내용 구조 총괄 모형

주표제어 (가나다순 배열) **부표제어** (가나다순 배열) **가표제어** (동사, 형용사 불규칙어간)

표제어[어깨번호][한자][발음][활용형][품사][원어][길잡이말][뜻풀이][문형정보][용례][관련된 말][참고상자]
부표제어[뜻풀이][용례][관련된 말]
삽화[표제어 가리킴말][가리킴 표시말][용례]

(44)

㈿ 망치

⊕못을 치다

못1 명 두 사물을 이어 붙이거나 어떤 것을 벽에 걸 수 있게 두드려 고정시키는, 길고 뾰족하게 생긴 쇠로 된 도구 예 옷이 **못**에 걸려 찢어졌다. / 벽이 단단하여 **못**이 들어가지 않는다. / 발로 **못**을 밟지 않게 조심해야 한다.

◆**못을 박다** 어떤 곳에 못을 망치로 두드려 고정시키다 예 아버지께서 벽에 **못을 박는다**.

◇**못을 박다** 더 이상 다른 말을 못하게 상대에게 분명히 자기 생각을 말하다. 예 그에게 더는 할 수 없다고 **못 박았다**.

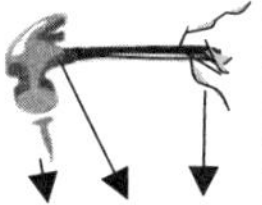

☞ **못**을 망치로 두드린다.

부표제어는 반드시 뜻풀이를 해주어야 하고 관련된 말은 수의적이다. 한편, 삽화는 표제어만을 가리키는 경우 '표제어 가리킴말'을 사용하고 표제어가 상하관계에 있는 관련어일 경우 '가리킴 표시말'을 사용하고, '관련된 말'의 의미 정보를 이용한 삽화의 경우에는 '용례'를 사용한다.

제6장
어휘 학습 효율을 높이기 위한 학습사전

외국어로서의 한국어 학습사전은 같은 한국어를 대상으로 하는 일반 사전과는 목적과 기능에서 본질적으로 다를 수밖에 없다. 일찍이 대역 사전의 수준에서 발달해 온 (외국어로서의) 한국어 사전은 이제 외국어로서의 한국어 사전의 목적은 어디에 있으며 그 기능은 어떠해야 하는가에 초점을 맞추어 가능한 한 그 기능적 목적에 맞춘 편찬 의도로 거시적·미시적 구조를 세련시켜 만들어지고 있다.

그러나 아직 사용자인 한국어 학습자의 수준과 요구를 구체적으로 조사 분석하고 이를 바탕으로 사용자 중심의, 사용자의 관점에서, 사용자에게 가장 적합하게, 그러면서 외국어로서의 한국어를 효율적으로 습득하기 위한 도구로서의 한국어 사전에 대한 검토는 충분하지 않은 실정이다.

이러한 현황에서 이 연구는, '외국어로서의 한국어 학습사전'의 본질적인 기능은 무엇인가를 찾기 위해, 곧 '사용자 중심의 한국어 사전'의 모형을 구축하기 위해, 그리하여 한국어를 더욱 효율적으로 학습하게 하는 데에 도움을 주기 위해, 사용자인 한국어 학습자를 대상으로 사전 구성의 다면적 내용에 따른 설문조사를 두 차례 실시하였다.

이에 앞서 기존 사전과 학습사전을 검토하여 문제점을 밝히고, 이 문제점을 고려한 설문 내용을 조사 분석하여, 이에 따라 한국어 학습사전의 거시구조와 미시구조를 정밀 검토하여 사용자 중심의 가장 효율적이고 이상적인 한국어 학습사전 내용 구조 모형을 구축 제안한 것이다.

설문 대상자, 즉 외국인 학습자들이 학습사전에서 가장 중요하다고 생각하는 것은 일반 사전과 마찬가지로 바로 '의미'이나 이 의미 또한 모어 화자의 머릿속에 담긴, 모어 화자가 필요로 하는 의미와는 차이가 있으며, 그 의미를 습득하기 위한 의미 기술은 결코 일반 국어사전의 의미 기술과 같을 수는 없었다.

이리하여, 사용자 중심의 한국어 학습사전 내용 구조 모형을 제시하기 위해 먼저, 외국인 학습자가 한국어 학습사전에서 찾고자 하는 단어의 '의미'의 특성과 의미 습득 과정에 대해 논의하고, 이에 따라 외국인 학습자에게 한국어 어휘의 의미를 쉽게 이해시키고, 다양한 의미 정보 제공을 통해 정확한 의미 전달을 할 수 있는 한국어 학습사전 내용 구조 모형을 제안하고자 했다.

이 장에서는 앞에서 논의한 내용을 요약, 정리하고 앞으로 어떤 문제들을 심화시켜 연구할 것인지를 논의하며 글을 맺기로 한다.

기존 외국인 학습사전의 의미 기술 연구가 '의미'와 '의미 정보', '의미 기술'에 대한 관계가 불분명한 상태에서, 뜻풀이 항목에서 다루어지는 개념적 의미를 중심으로 이루어져 왔으며, 학습사전 사용자에 대한 연구가 미흡함을 앞선 연구를 통해 살폈다.

1. 사용자 관점에서 바라본 한국어 학습사전

이에 설문 조사를 통해, 사용자의 관점에서 학습자가 필요로 하는 한국어 학습사전은 어떤 사전이며, 학습자 사용 사전 조사를 통해 학습자 요구 사전을 파악하려고 했다. 또한 이 조사가 사용자 중심의 한국어 학습사전의 요건을 제시할 수 있는 근거 자료가 될 수 있다는 입장에서 설문 조사했다.

설문 조사 결과 분석은 '사전과 교육/학습의 관점'과 '사전에 대한 인식/태도의 관점', 그리고 '사용자의 필요의 관점'을 중심으로 이루어졌다.

'사전과 교육/학습의 관점'에서의 분석은, 한국어 학습에서 설문 대상자의 사용 사전 종류, 사용 시기, 사용 상황, 사용 목적에 대한 조사 내용으로, 학습자는 소사전으로, 개인 학습을 목적으로, 우선적으로 단어의 의미를 찾기 위해 학습사전을 사용한다고 했다.

'사전에 대한 인식/태도의 관점'에 대한 분석은, 학습자(사전 사용자)의 사용 사전에 대한 인식 및 태도, 한국어 단일어 사전(한−한 사전)의 사용과 한국어 능력 향상과의 관계에 대한 인식, 학습자의 사전 정보 중요도 인식과 사용 사전의 뜻풀이에 대한 만족도 및 필요성에 대한 조사 내용으로, 초·중급의 학습자 대부분 이중 언어 사전을 사용하고 있으나 사용 사전에 대해 만족하고 있지 않으며, 한−한 사전의 사용이 한국어 능력 향상에 도움이 된다고 인식하고 있었다. 그리고 학습자가 가장 중요하게 인식하는 정보는 '의미'이며, 사용 사전의 뜻풀이에 대해 만족스러워 하지 않으며, 이런 불만족을 해결해 줄 수 있는 학습사전을 요구하고 있음을 알 수 있었다.

'사용자의 필요의 관점'에서의 분석은, 표본사전을 제시한 후, 설문 대상자의 이해도 및 평가, 학습사전에 대한 설문 대상자의 요구 사항에 대한 조사 내용으로, 학습자의 단어 이해도를 높이기 위해 어휘 정보들을 가시화 하는 것이 중요하고 자연스러운 인지 과정에 따른 정보 기술이 필요하다는 것이 분석 결과이다.

이 연구에서 제시하는 한국어 학습사전은, 외국어 및 제2언어로서 한국어를 배우는 초·중급 중심의 외국인 학습자를 대상으로 하는 사전이며, 이들 학습자의 학습 목적과 어휘 의미 파악을 위한 사전이다.

따라서 사용자 관점에서의 한국어 학습사전의 요건은, 1) 뜻풀이를 이해하기 쉽게 풀이해야 하며, 2) 뜻을 쉽게 이해할 수 있는 규범화된 용례와 다양한 용례가 필요하다. 뿐만 아니라 3) 언어생활에서 자주 쓰이는 어휘, 오류 표현 등의 정보도 필요하며, 4) 언어 정보를 되도록 정형화시켜 시각적으로 보기 편하게 해야 한다. 그리고 5) 제공되는 정보의 범위를 한정하고 통일시켜야 하며, 6) 인지의 과정에 맞게 학습사전의 체재가 이루어지도록 한다. 그리고 7) 의미 정보는 쉽고 가능한 유형화시켜 제공해야 한다.

2. 사전 내용 구조에서의 의미정보

어휘의 의미가 단어 그 자체의 속성에 의한 의미뿐만 아니라 다른 어휘와의 관계 속에서 다양한 의미를 갖게 된다는 입장에서, 이들 다양하고 복잡한 의미가 한국어 학습사전에서는 의미 정보로서 어떤 형태로, 어느 위치에서, 어떤 방식으로 제공·전달되어야 하는지에 대해, 미시 구조 내 '뜻풀이' 항목을 중심으로 하여 여러 항목들과의 관련성을 살폈다. 여기서 이들 여러 항목들은 상호보완적인 관계 속에서 의미 정보를 공유할 수 있다.

3. 사전 내용 구조에서의 의미 기술 모형

한국어 학습사전에서의 의미 기술은, 1) 미시구조 내의 뜻풀이 항목에서의 의미 기술과 2) 미시구조 내의 여러 항목간의 관계에 따른 의미 기술로 나누어 그 모형을 제시하였다. 여기서 미시구조 내 뜻플이 항목에서의 의미 기술 방식은 아래 <표 1>로 제시한다.

<표 1> 뜻풀이 항목의 의미 기술 방식

독립형	전개형	대칭적 전개형	1) 대립어−부정 표현에 의한 풀이	선택형
			2) 유의어에 의한 풀이	
			3) 상하관계어나 방향대립어에 의한 풀이	
			4) 비유에 따른 풀이	
		비대칭적 전개형	5) 사건 결과, 상태에 따른 풀이	
			6) 대상의 구성 요소 설명에 따른 풀이	
			7) 자질에 따른 풀이	
			8) 화용적 조건에 따른 풀이	
	나열형		9) 2개 이상의 뜻풀이 나열에 따른 풀이	
	메타 언어형		10) 수사, 외래어, 조사, 어미, 접사, 보조 용언, 감정 감탄사, 기본적 수관형사, 한자어 지시관형사, 부정부사, 접속부사	고정형
의존형	파생형		11) 명사+하다, 되다 형태	
	합성형		12) 합성어(합성명사·동사·형용사·관형사·부사)	
	참조형		13) 가표제어(불규칙 활용형태의 동사, 형용사어간 부분)	

의미 기술의 모형을 '기본 의미 기술 모형과 변형 의미 기술 모형'으로 둔 것은, 한국어 학습사전에서의 의미 정보를 '뜻풀이 항목'에서만이 아니라 미시구조 내 다른 항목들에서도 제공하기 위해서였다. 한편, 표제어에 대한

의미 기술의 모형을 제시하기 위해서 표제어의 품사에 따라서 그 의미 기술 모형을 제시하였다. 이 때 '어미와 조사'는 문법적인 의미를 가진 것이므로 함께 다루었다. '기본 의미 기술 모형'은 아래 <표 2>로 제시한다.

<표 2> 한국어 학습사전의 기본 의미 기술 모형

표제어[어깨번호][한자][발음][품사][길잡이말][뜻풀이][문형정보][용례][관련된 말][참고상자]
부표제어[뜻풀이][용례][관련된 말]
삽화[표제어 가리킴말][가리킴 표시말][용례]

그리고 '품사에 따른 변형 의미 기술 모형'은 14가지로 아래와 같이 구체적으로 제시한다.

1) 고유명사의 변형 의미 기술 모형

사전의 크기에 따라, 목적에 따라 해당 표제어 선정의 기준이 모호해지기 쉬우므로 그 기준을 분명히 해야 함. 기초 단계의 한국어 학습사전의 경우 외국인 학습자에게는 아주 제한된 표제어이다.

① 기술 모형

표제어(한자)(발음)[품사][길잡이말][뜻풀이]
삽화[표제어 가리킴말]

② 예시
세종[세 : 종] 몡 ♂인명 한국 역사에서 조선 시대의 제4대 왕으로 한글(훈민정음)을 만든 왕 '세종대왕'이라고도 한다.

만 원 지폐 세종(대왕)

2) 보통명사의 변형 의미 기술 모형

다양한 의미적 특성에 따라 뜻풀이 기술 방식은 그 특성에 따라 다양하게 선택한다. '동물과 식물', '상하관계어'일 경우에 삽화를 제공한다.

① 기술 모형

표제어(어깨번호)(한자)(발음)[품사](길잡이말)[뜻풀이][용례](관련된 말)(참고상자)
(부표제어)
(삽화)

② 예시

곰[곰 :] 몡 깊은 산에 살며 몸집이 크고 행동이 둔한 동물 몌 깊은 산에 갈 때는 **곰**을 조심해야 한다. / 그 사람은 행동이 느린 게 **곰** 같다. / 그는 **곰** 같은 사람이라서 믿을 만하다.

곰

사람을 동물에 비유할 때 '곰'은 몸이 뚱뚱하고 행동이 느린 사람을 말하고, 사람의 성격을 비유할 때는 좋게는 믿을 수 있는 사람으로, 나쁘게는 바보 같은 사람을 말하기도 한다.

3) 대명사의 변형 의미 기술 모형

[뜻풀이]에서는 반드시 '화용적 조건'을 설명하고, 뜻풀이 기술 방식은 '화용적 조건에 따른 풀이'가 적당하다. [용례]에서는 반드시 직접 지시대상이 나오는 문장으로, 대화체형을 제시한다.

① 기술 모형

표제어(어깨번호)[품사](길잡이말)[뜻풀이][용례][관련된 말](참고상자)

② 예시

<table>
<tr><td>1 곤 그,
나,
너,
저희</td><td>우리² 때 ♂인간 지시 1 화자가 자기와 자기편의 사람들을 모두 가리키는 말 ⑩ (철수와 마이클이 일본어로 이야기를 하고 있었다.) 마이클 : 저 친구가 왜 **우리**를 보죠? 철수 : 아마 **우리**가 한국어도, 영어도 아닌 일본어로 말을 하고 있어서 그럴 거예요.
2 화자가 청자를 제외한 자기편 사람을 모두 가리키는 말 ⑩ (철수와 마이클은 영희의 생일 파티에 초대되어 갔다.) 영희 : 철수 씨와 마이클 씨는 벌써 가세요? 철수 : **우리** 먼저 가겠어요. 내일 마이클 씨와 저는 시험이 있어요.
3 화자가 자기와 관련된 사람이나 사물을 가리키는 말 ⑩ 철수 : 집이 어디예요? 영희 : **우리** 집은 여기서 멀어요. / 마이클 : 철수 씨, 당신의 누나를 좀 소개시켜 주세요. 철수 : 우리 누나는 결혼을 했어요.</td></tr>
</table>

4) 수사의 변형 의미 기술 모형

수량이나 순서를 가리키는 의미만을 가지고 있어서 '길잡이말'과 '문형 정보'를 필요하지 않다.

① 기술 모형

표제어(어깨번호)[품사][뜻풀이][용례][관련된 말][참고상자]

② 예시

<table>
<tr><td>곤 두, 이</td><td>둘 쥐 숫자 2 ⑩ 저는 언니가 둘 있어요 / 둘 다 감기에 걸렸다. / 우리 **둘**이 학교에 가지 않았다.</td></tr>
</table>

> '둘'이 세는 말 앞에서는 '두'(두 개, 두 명, 두 마리)를 쓰고, 세는 말이 한자어
> 일 경우 대부분 '이'를 쓴다.
> ⑩ 지우개가 책상 위에 **두** 개가 있다. / 교실에는 학생이 **두** 명 있다.
>   우리 집에는 고양이가 **두** 마리 있다.
>   이 주일 동안 집에만 있었어요. / 불고기 이 인분만 주세요.

5) 동사 · 형용사의 변형 의미 기술 모형

뜻풀이 기술 방식은 해당 표제어의 의미 특성에 따라 선택적이다.

'명사+하다, 되다'의 동사, 형용사의 뜻풀이 기술 방식은 '파생형'이 적
절하다.

① 기술 모형

표제어(어깨번호)(한자)(발음)[품사](길잡이말)[뜻풀이][문형정보][용례](관련된 말)(참고상자)
(부표제어)
(삽화)

② 예시

1 ㊛ 크다,
   성장하다
2 ㊛ 크다,
   성장하다

자라다 〔동〕 1 사람이나 생물의 크기나 부피가 커지다. ➙**①**이, **①**이 **②**에 / 에서 / 으로 ⑩ 아이들이 무럭무럭 자랐다. / 나무가 봄에 잘 자란다. / 아이가 어른으로 **자랐다.** 2 어떤 환경이나 배경에서 생활하면서 성장하다. ➙**①**이 ⑩ 나는 초등학교 6학년 때까지 부산에서 **자랐다.** / 철수

1 ① 생물,
   사람
2 ① 사람

> 가 어릴 때는 서울에서 **자**
> **라다가** 커서 부산으로 이
> 사했다.

'자라다'와 '커지다'의 차이점

'자라다'는 생물이나 사람의 몸이나 몸의 일부의 크기나 부피가 커지는 것이지만, '커지다'는 물체의 길이나 넓이, 부피, 무게, 힘의 크기가 이전보다 더 크게 되는 것이다.
    ⓔ 아이가 자라서(○) / 커져서(×) 어른이 된다.
       풍선이 커진다.(○) / 자란다.(×)

6) 보조 용언의 변형 의미 기술 모형

보조 용언은 본용언의 품사 성격과 함께 문형 정보나 '관련된말'이 형성되므로 보조 용언의 해당 표제항에서는 '문형정보'와 '관련된 말'이 필요하지 않다.

① 기술 모형

표제어(어깨번호)[품사](길잡이말)[뜻풀이][용례][참고상자]
(부표제어)

② 예시

싶다[십따] ⑱ 【보조】 ♂의도 1 (−고) 의도하는 마음이 있다. ⓔ 주말에 영화를 보고 **싶다**. ♂바람 2 (−으면) 바라는 마음이 있다. ⓔ 방학이 빨리 왔**으면 싶다**. ♂생각 3 (−다, −ㄹ까, −나, −지) 그런 생각이 들다. ⓔ 차가 막히겠**다 싶어** 일찍 출발했다. / 내일 여행을 갈**까 싶다**. / 친구가 언제 가**나 싶어** 전화를 해 보았다. / 하늘을 보니 비가 오**지 싶다**.

> '싶다' 앞에 '−고(의도) / −으면(바람) / −다, −ㄹ까, −나, −지(생각)'와 연결된다.

7) 관형사 변형 의미 기술 모형

관형사는 뒤에 오는 명사를 수식하므로 '문형정보'가 필요하지 않지만, 범위를 한정시켜 수식하는 명사의 의미를 구체화시키는 품사이기 때문에 다의의 의미를 가지지 않으므로, '길잡이말'도 필요하지 않다.

① 모형 제시

표제어(어깨번호)[품사][뜻풀이][용례](관련된 말)(참고상자)

② 예시

<table>
<tr><td>관 그런,
저런</td><td>이런 관 이와 같은 예 어제 갑자기 친구가 죽었어요.
이런 일을 당하고 보니 정신이 없어요.</td></tr>
</table>

8) 성상부사 변형 의미 기술 모형

위치나 수량, 정도를 뜻하여 정도성 자질(뜻바탕)을 가지고 있으므로, 뜻풀이에서 '정도성' 자질을 기술해 주어야 한다.

① 모형 제시

표제어(어깨번호)[품사](길잡이말)[뜻풀이][용례](관련된 말)(참고상자)(삽화)

② 예시

<table>
<tr><td>1 부 굉장히,
대단히,
매우,
무척,
꽤
2 부 아예</td><td>아주 부 ♂정도 1
정도나 수준이 보통보다 높게 예 이 서점에는 잡지가 아주 많다.</td><td>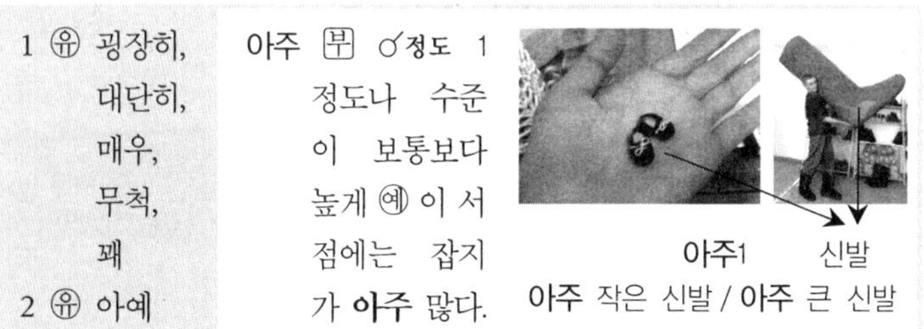</td></tr>
</table>

3 ㉔ 전혀	2 ♂일이나 소식 어떤 일이나 소식 등이 없어질 정도로 ㉞ 담배를 **아주** 끊었다. /그는 친구들과 **아주** 소식을 끊고 산다. 3 ♂일·대상 아무 일(대상)도 ㉞ 그는 그 이후로 일은 **아주** 하지 않으려고 한다.

9) 상징부사 변형 의미 기술 모형

상징어는 상태나 동작의 모양이나 소리를 직접 시늉한 말이므로 공기하는 풀이씨에 따라 의미적 제약이 아주 강하므로 어깨번호나 길잡이말 항목이 필요하지 않다.

① 모형 제시

표제어[품사][뜻풀이][용례](관련된 말)(참고상자)
부표제어
(삽화)

② 예시

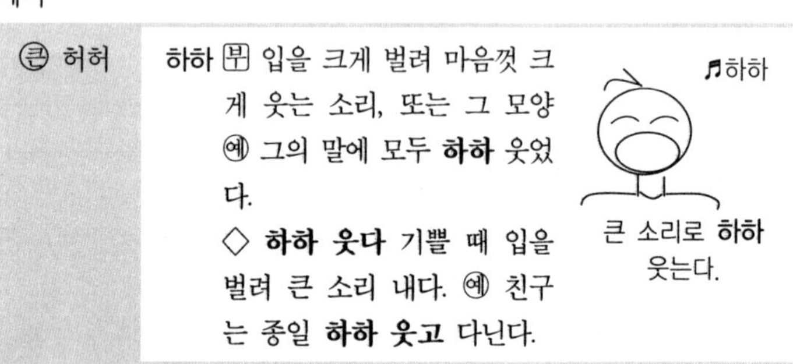

㉡ 허허	하하 ㈜ 입을 크게 벌려 마음껏 크게 웃는 소리, 또는 그 모양 ㉞ 그의 말에 모두 **하하** 웃었다. ◇ **하하 웃다** 기쁠 때 입을 벌려 큰 소리 내다. ㉞ 친구는 종일 **하하** 웃고 다닌다.

'하하'는 입을 크게 벌려 웃는 소리, 또는 그 모양이고 '호호'는 입을 작게 벌려 웃는 소리, 또는 그 모양이다. 한국어에서 '하하'는 남자의 웃음으로, '호호'는 여자의 웃음으로 나타낸다.

10) 지시부사 변형 의미 기술 모형

[용례]에서는 화용적 조건을 제시한 예문을 제시하고, 상하관계 정보를 이용한 용례를 제시한다.

① 모형 제시

표제어(어깨번호)[품사][길잡이말][뜻풀이][용례][관련된 말][참고상자]
(삽화)

② 예시

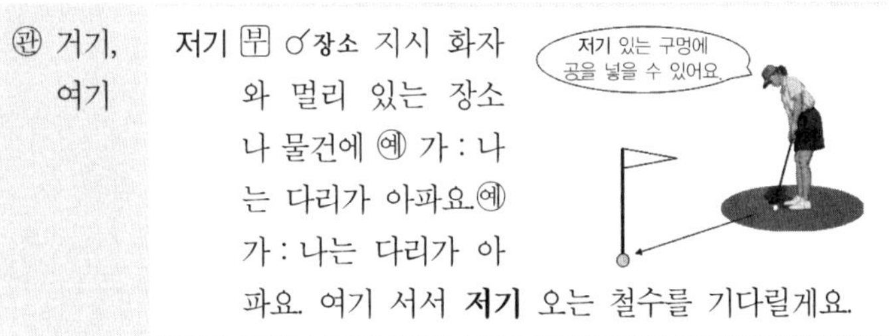

관 거기, 여기

저기 〔부〕 ♂장소 지시 화자와 멀리 있는 장소나 물건에 예 가 : 나는 다리가 아파요. 예 가 : 나는 다리가 아파요. 여기 서서 **저기** 오는 철수를 기다릴게요.

'저기'는 화자와 멀리 있는 장소나 물건일 때 쓰고, '거기'는 청자와 가까이 있는 장소나 물건일 때 쓴다. '여기'는 화자와 가까이 있는 장소나 물건일 때 쓴다.

11) 부정부사 변형 의미 기술 모형

부정부사는 용언의 부정법과 관련된 것으로, 뜻풀이 기술 방식은 '메타언어형'이 적절하다.

① 모형 제시

표제어[어깨번호][품사][뜻풀이][용례][관련된 말][참고상자]
부표제어

② 예시

<table>
<tr><td>
ⓑ 아니
ⓚ -지 않다,
　못2
ⓑ 그렇지
　않아도
</td><td>
안² ⓑ 어떤 일이나 상태를 부정하는 뜻을 나타낸
다. ⓔ 나는 TV를 안 본다.
▶ 안 그래도 어떤 일을 하려는 때가 상대방과
맞았을 때 하는 말 ⓔ 가 : 우리 내일 여행을
갑시다. 나 : 안 그래도 제가 철수 씨 에게 여
행을 가자고 막 하려고 했는데요.
</td></tr>
</table>

<table>
<tr><td colspan="2" align="center">'안'과 '-지 않다' 부정법</td></tr>
<tr><td>
　'안'과 '-지 않다'는 동사나 형용사를 부정할 때 사용하는 문법
으로, '안'은 동사, 형용사의 앞에, '-지 않다'는 동사, 형용사(어간)
의 뒤에 온다.
ⓔ 철수는 밥을 안 먹었다.(○) / 않 먹었다.(×)
　　철수는 밥을 먹지 않았다. / 먹지 안았다.(×)
</td></tr>
</table>

12) 문장부사 변형 의미 기술 모형

　양태부사의 뜻풀이 기술 방식은 '화용적 조건에 따른 풀이'가 적절하고, 접속부사의 뜻풀이 기술 방식은 '메타언어형'이 적절하다.

　[참고상자]에서, 양태부사는 말본바탕에 따른 공기관계, 접속부사는 '화용적 조건' 등에 대한 정보를 제공한다.

① 모형 제시

<table>
<tr><td>표제어[품사][뜻풀이][용례](관련된 말)[참고상자]</td></tr>
<tr><td>(부표제어)</td></tr>
</table>

② 예시

혹시 [혹씨] ⓑ 1 확실하지 않지만 ⓔ 철수 : 그가 왜 안 올까요? 영

희 : **혹시** 그 사람이 약속을 잊어버린 게 아닐까요?

> 주로 의문을 나타내는 문장에 쓴다. 강조할 때는 '혹시나', '혹시라도'를 쓰기도 한다.

13) 감탄사의 변형 의미 기술 모형

감정감탄사는 일정한 어조가 결부되거나 얼굴 표정이나 손짓 등이 동반되어 구어체에 많이 쓰이므로 기술하는 것보다 실제 상황에 따른 얼굴 표정이나 손짓 등이 함께 주어진 삽화를 통해서 더 잘 이해할 수 있다. 의지감탄사는 상대방의 사회적 지위에 따라 어느 정도 구별되는 형태이므로 이에 대한 설명을 참고상자에서 다룬다.

① 모형 제시

표제어 (어깨번호)[품사][뜻풀이][용례](관련된 말)(참고상자)
(부표제어)
(삽화)

② 예시

아² 〔감〕 1 놀라거나 기쁠 때, 또는 아프거나 슬플 때 내는 소리

⑩ 가 : 시험에 합격했어요? 나 : **아**, 떨어졌어요.

2 모르는 것을 알았을 때 내는 소리

⑩ 가 : 이 문제는 이렇게 풀어요. 나 : **아**, 알고 봤더니 쉽네요.

14) 조사, 어미의 변형 의미 기술 모형

문법적인 관계를 표시한다는 데 공통점을 보이므로, '조사'와 그 의미

기술 모형을 같은 방식으로 다룬다.

① 모형 제시

> 표제어(어깨번호)[품사][뜻풀이][용례](관련된 말)(참고상자)

② 예시

ㄱ. 다가¹ 조 1 장소를 강조할 때 쓴다. 예 여기**다가** 넣으세요. / 학교**다
가** 전화를 거세요. 2 ('−에'와 결합하여)더 있음을 나타낼 때 쓴다.
예 여동생 한 명**에다가** 남동생이 두 명 있다. 3 ('−로'와 결합하
여) 수단, 방법을 강조할 때 쓴다. 예 술**로다가** 화를 풀면 안 된다.

ㄴ. −아라¹ 【어미】 1 명령·지시할 때 쓴다. 예 집에 어서 가라. 2 소
망하거나 기원할 때 쓴다. 예 새해 복 많이 받아라.

> 2는 친한 사람이나 아랫사람에게 말할 때 쓴다. '말다'에 '−아라'가 결합하
> 면, '마라'이다.
> 예 잡다 → 잡아라 / 놓다 → 놓아라 / 먹다 → 먹어라 / 입다 → 입어라
>   말다 → 마라 ; 가지 마라.(○) / 가지 말아라.(×)

4. 학습사전 내용 구조의 모형

한국어 학습사전의 의미 기술의 모형을 토대로 하여 한국어 학습사전
의 거시구조 모형과 미시구조 모형, 그리고 부표제어와 삽화 모형을 제시
하고 최종적으로 '한국어 학습사전 내용 구조 총괄 모형'을 제시하였다.
그 모형은 다음과 같다.

한국어 학습사전에서 표제어 선정과 그 범위는 메타 계량법을 통해서,
'학습'의 목적 아래 '학습의 효용성'을 고려하여 등급별 표제어를 선정이 필
요하다. 메타 계량법에 의한 표제어 선정 절차에 따라 표제어를 선정한다.

〈메타 계량법에 의한 표제어 선정〉
① 선정된 어휘 목록에서 공통된 어휘를 추출한다.
② 학습 단계 내용을 바탕으로 한 등급별(1급, 2급, 3급 이내) 어휘 목록
　추출한다.
③ 어휘 목록 추출 시(표제어 선정 시)에 의미 관계를 고려한다.

　위의 메타 계량법에 의한 표제어 선정을 한 후, 다음 <표 3>의 모형으
로 거시구조 모형을 제시한다.

<표 3> 한국어 학습사전 거시구조 모형

주표제어 (가나다순 배열)
부표제어 (가나다순 배열)
가표제어 (동사, 형용사 불규칙어간)

　<표 4>의 한국어 학습사전 미시구조 모형에서의 배치는 첫째, '길잡이
말'이 '뜻풀이' 앞에 제시되어 있다는 것과 '문형정보'가 '용례' 앞에 있다
는 것이 특징이다. 그리고 '문형정보'는 자연스런 인식의 과정을 고려하
여 단순한 것에서 복잡한 것으로, 틀을 먼저 제시한 후에 그 틀에 맞게
응용하는 순으로, 학습자가 쉽게 이해하고 익힐 수 있게 하기 위한 배치
이다. 한편, 기존의 학습사전에 다루었던 '참고 정보'를 '참고상자'에 포
함시켜 학습사전의 시각적인 간결함과 판단 기준을 정하기가 힘든 경우
등을 고려한 모형이다.

<표 4> 한국어 학습사전 미시구조 모형

표제어[어깨번호][한자][발음][활용형][품사][원어][길잡이말][뜻풀이] [문형정보][용례][관련된말][참고상자]
부표제어[뜻풀이][용례][관련된말]
삽화[표제어 가리킴말][가리킴 표시말][용례]

학습사전의 거시구조와 미시구조의 모형을 토대로, 이 연구에서 제안하고자 하는 한국어 학습사전의 거시구조와 미시구조의 이상적인 총괄 모형은 <표 5>로 제시한다.

〈표 5〉 한국어 학습사전 내용 구조 총괄 모형

주표제어 (가나다순 배열) **부표제어** (가나다순 배열) **가표제어** (동사, 형용사 불규칙어간)

표제어[어깨번호][한자][발음][활용형][품사][원어][길잡이말][뜻풀이][문형정보][용례][관련된말][참고상자]
부표제어[뜻풀이][용례][관련된말]
삽화[표제어 가리킴말][가리킴 표시말][용례]

앞으로 이제까지의 연구 결과를 통해서 실제 한국어 학습사전을 만들고자 한다. 이 외에 외국인 학습자가 한국어 학습에서 어려워하는 '동사와 형용사, 부사', 그리고 '조사와 어미' 등 특정 어휘를 대상으로 학습사전에 대한 연구도 계속적으로 진행해 나갈 것이며, 만들어진 학습사전을 한국어 어휘 교육에서 '학습의 도구 및 교구'로서 어떻게 사용할 것인가에 대한 연구도 함께 이루어질 수 있도록 할 것이다.

필자는, 이 연구에서 구축한 '외국어로서의 한국어 학습사전' 가상 모형을, 기 출판된 학습사전들과 실제로 비교 분석할 수 있는 과정—설문 조사 및 모집단 추출 실험 적용 분석 등—을 거치지 못한 것이 아쉬움으로 남는다. 향후 이 비교 분석 실험을 실시하여, 그야말로 사용자 중심의 효율적이고 이상적인 한국어 학습사전을 마련함으로써, 한국어 교육에 기여하는 데에 남은 힘을 쏟고자 한다.

참고문헌

〈참고 저서 및 논문〉

강현화(2000), 「외국인을 위한 한국어사전과 말뭉치」, 『이중언어학』 16권 1호, 이중언어학회, 99~117면.

고석주 외 5인(2004), 『한국어 학습자 말뭉치와 오류분석』, 한국문화사.

권경근(2006), 「한국어 문형 사전의 체재에 대하여」, 『우리말학회 전국 학술 대회 발표 논문집』, 우리말학회.

김광해(2003), 『등급별 국어교육용 어휘』, 박이정.

김광해(1987), 『유의어·반의어 사전』, 한샘.

김동언(1995), 「뜻풀이로 본 국어사전 편찬사」, 『한국어학』 2, 75~102면.

김성화(2003), 「형용사 유의어연구 (5)−'기쁘다/즐겁다'」, 『어문학 교육』 제26집, 한국 어문 교육 학회, 5~31면.

김영안·강신권 공역(시드니 I. 랜도우 저)(2002), 『사전편찬론−예술성과 장인정신』, 한국문화사.

김준수·옥은주·옥철영(2001), 「사전의 뜻풀이말에서 추출한 개념어휘 및 의미자질」, 『제2차 아시아 사전학회 국제 학술대회 발표집』, 연세대학교 언어정보개발원, 188~193면.

김해동(2004), 「외국어 교재 개발을 위한 학습자의 요구 비교−한국어 학습자와 영어 학습자」, 『외국어로서의 한국어교육』 29, 연세대학교 언어연구교육원 한국어학당, 1~38면.

김혜경·윤애선(2006), 「동사 어휘의미망의 반자동 구축을 위한 사전정의문의 중심어 추출」, 『언어와 정보』 제10권 제1호, 한국언어정보학회, 47~69면.

남기심·고영근(2005, 18쇄), 『표준국어문법론』, 탑출판사.

남길임(2005), 「온라인 사전의 로그 파일(log file) 분석을 통한 사전 검색 양상 연구」, 『한국사전학』 6, 한국사전학회, 87~104면.

남길임(2006), 「『외국인을 위한 한국어 학습사전』에서의 어휘 기술 방법론 연구-시간 표현을 중심으로」, 『한글』 271, 한글학회, 133~160면.

남길임(2007a), 「사전 편찬과 국어 정보화의 과제」, 『새국어생활』 제17권 제2호, 국립국어원, 79~92면.

남길임(2007b), 「학습자 말뭉치를 활용한 『한국어 용법 사전』(가칭)의 편찬」, 『한말연구』 제20호, 한말연구학회, 131~154면.

남길임(2007c), 「사전텍스트의 화용정보 유형 연구」, 『텍스트언어학』 27집, 텍스트연구회편.

문금현(2004), 「한국어 유의어의 의미 변별과 교육 방안」, 『한국어 교육』 제15권 3호, 국제한국어교육학회, 63~92면.

박선자(1996), 『한국어 어찌말의 통어의미론』, 부산 세종출판사.

박선자(1998), 「한·일 상징어 비교 연구」, 『한국민족문화』 11, 부산대학교 한국문화연구소, 1~104면.

박선자·정연숙(2007), 「외국인을 위한 『한국어 학습사전』에서 본 의미 기술의 제 문제」, 『한국어의미학회 제21차 전국학술대회 발표 논문집』, 한국어의미학회.

박수연(2003), 「외국인을 위한 '한국어 학습사전'에서 동음이의어의 구별에 관한 연구-길잡이말을 중심으로」, 『외국어로서의 한국어 교육』 28, 연세대학교 언어연구교육원 한국어학당, 71~110면.

박수연(2006), 「한국어 학습사전의 연구 동향 분석」, 『이중언어학』 제31호, 이중언어학회, 35~53면.

박형익(2004), 『한국의 사전과 사전학』, 월인.

배도용(2007), 「한국어 학습자를 위한 올림말의 뜻풀이 모형」, 『언어과학』 제14권 2호, 한국언어과학회.

배주채(2001), 「외국인을 위한 한국어사전의 방향」, 『성심어문논집』 제23집, 성심어문학회, 39~67면.

배희임·강영(2001), 「외국인의 학습과정을 고려한 '한국어문법 학습사전 집필에 관한 연구」, 『이중어어학』 제18권, 이중언어학회, 165~189면.

서상규(2000), 「한국어 교육 기초 어휘 의미 빈도 사전의 개발 사업 보고서」, 문화관광부·한국어 세계화 추진 위원회.

서정행·시라이시 치에미·윤애선(2007), 「의미성분분석을 이용한 한·일 가열요리

동사 대역관계」,『언어과학』제14권 3호, 63~87면.

오미정(2004), 「한국어 교육용 어휘 교재 개발 연구」,『한국어 교육』제15권 3호, 국제한국어교육학회, 145~167면.

유현경(2000), 「사전에서의 동형어 구별을 위한 새로운 제안-구분자(distinguisher)의 사용에 대하여」,『사전 편찬학 연구』제10집, 133~159면.

유현경·강현화(2002), 「유사관계 어휘정보를 활용한 어휘교육 방안」,『외국어로서의 한국어 교육』27, 연세대학교 언어연구교육원 한국어학당, 243~269면.

이광호(2002), 「유의어 정도성 측정을 위한 집합론적 유형화」,『문학과 언어』제24집, 문학과 언어학회, 57~78면.

이병근(1992), 「사전 정의의 유형과 원칙」,『새국어생활』2-1, 2~21면.

이병근(2000), 『한국어 사전의 역사와 방향』, 태학사.

이상섭(1998), 「사전의 뜻풀이에 대한 소견」,『사전편찬학연구』제8집, 연세대학교 언어정보개발연구원, 한국문화사, 7~32면.

이상섭(2000), 「국어사전 사용자 설문에서 드러난 몇 가지 사실」,『사전편찬학연구』제10집, 연세대학교 언어정보개발연구원, 한국문화사, 59~79면.

이영주(2006), 「유의어 지도 방법 연구-중학교 교과서를 중심으로」, 한남대학교 교육대학원 국어교육전공, 석사학위 논문.

이운영(2002), 『「표준국어대사전」연구 분석』, 국립국어연구원.

이정화(2001), 「한국어 학습자 사전 개발을 위한 몇 가지 검토-한국어 교재와 기존 사전 검토를 중심으로」,『이화어문논집』제19집, 이화어문학회, 275~293면.

이제길(1985), 「유의어의 의미분석에 관한 연구」, 원광대학교 교육대학원 국어교육전공, 교육학석사학위논문.

이해영(2006), 「한국어 교재를 위한 어휘 및 문법 학습 활동 유형」,『외국어로서의 한국어교육』31, 25~56면.

이희자(2000), 「말뭉치(corpus)를 이용한 국어 어휘 의미 기술에 대하여-'말뭉치'를 이용한 『국어사전편찬론』을 위한 서설」,『사전편찬학연구』제10집, 연세대학교 언어정보개발연구원, 한국문화사, 81~132면.

이희자·우재숙(2006), 「국어사전의 '관련어' 연구」,『한국사전학』제7호, 한국사전학회, 161~189면.

임승연(2002), 「외국인을 위한 한국어 다의어 사전 개발에 관한 연구」, 한양대학교 교육대학원 석사학위 논문.

임지룡(1992), 『국어 의미론』, 탑출판사.

전은주(2002), 「국제 도시 부산에서의 한국어 교육 실태와 발전 방안 연구-지역 특성을 고려한 학습자 중심의 한국어 교육과정 개발을 중심으로」, 『한국어 교육』 제14권 2호, 국제한국어교육학회, 361~395면.

정상근(2001), 「한국어 학습사전에서 용언활용형의 표제어 선정 방안 연구」, 『한국어 교육』 제12권 2호, 국제한국어교육학회, 201~221면.

정순기·리기원(1984), 『사전편찬리론연구』, 평양 : 사회과학출판사.

정연숙(2007), 「한국어 학습 사전에서의 의미 관계 기술의 문제」, 『우리말학회 2007년도 여름 전국학술대회 발표 논문집』, 우리말학회.

정호성(2002), 『주요 어휘 용례집—동사 편』 (상 / 하), 국립국어연구원.

정호성(2001), 『주요 어휘 용례 수집 및 정리—형용사 편』, 국립국어연구원.

조남호(2002), 『현대 국어 사용 빈도 조사—한국어 학습용 어휘 선정을 위한 기초 조사』, 국립국어연구원.

조남호(2003), 『한국어 학습용 어휘 선정 결과 보고서』, 국립국어원.

조재수(1984), 『국어사전편찬론』, 과학사.

최경봉(1998), 『국어 명사의 의미 연구』, 태학사.

최규수(2006), 「한국어 문형 설정의 기준에 대하여」, 『우리말학회 전국 학술 대회 발표 논문집』, 우리말학회.

하치근 외(1995), 『외국어로서의 한국어 교육에 관한 연구』, 언어와 언어교육 10, 동아대학교 어학연구소.

한상미(2002), 「학습자 자율성에 기초한 한국어 어휘 교육 사례 연구」, 『한국어 교육』 제13권 2호, 국제한국어교육학회, 279~307면.

한송화·강현화(2004), 「연어를 이용한 어휘 교육 방안 연구」, 『한국어 교육』 제15권 3호, 국제한국어교육학회, 293~316면.

한영균(1999), 「전자말뭉치를 이용한 사전 편찬론—1999년도 국어정보화 인력 양성 사업 결과보고서」, 문화관광부.

한영균(2001), 「한국어 학습자 사전 개발을 위한 어휘 계량적 접근」, 『울산어문논집』 제15집, 울산대학교 인문대학 국어국문학부, 65~94면.

한영균(2006), 「『표준국어대사전』의 用例에 대한 辭典學的 檢討—用言의경우」, 『국어학』 제48집, 289~311면.

한정한·도원영(2005), 「한국어 동사 의미망 구축을 위한 어휘의미관계 유형」, 『한국어학』 28, 245~268면.

Apresjan, J.(2000, translated by Kevin Windle), 「Systematic Lexicography」, Oxford University press.

Béjont, H.(2000), 「Modern Lexicography : An Introduction」, Oxford University press.

Cowie, A. P.(1999), 「English Dictionaries for Foreign Learmers : A History」, Oxford University press.

Cruse, D. A.(1986), 「Lexecal Semantics」, Cambrige University Press. (임지룡・윤희수 옮김(1989), 『어휘 의미론』, 경북대학교출판부.)

Hartmann, R. R. K.(2001), 「Teaching and Researching Lexicography」, Pearson Edition Limited.

Hartmann, R. R. K. & Gregory James(1998), 「Dictionary of Lecicography」, Routledge London and New York.

Hulstijn, J.(1993), 「When do foreign language readers look up the meaning of unfamiliar words? The influence of task and learner varials」, 「Modern Language Journal」 77, pp.139-147.

Jackson, H.(2002), 「Lexicography : An intriduction」, Routledge is an imprint of the Taylor & Francis Group, London and New York.

Laufer, B.(1993), 「The effect of dictionary definitions and examples on the use L2 words」, 「Cahiers de lexicologie」 63(2), pp.131-142.

Leech, G. N.(1981), 「Semantics」, The Study of Meaning Second edition-revised and updated, Penguin Books.

Nida, E. A.(1975), 「Comonential Analysis of Meaning, 」, The Hague : Mouton. (조항범 역(1990), 「의미분석론」, 탑출판사)

Nist, S. L. and Olejinik(1995), 「The role of context and dictionary definitions of word knowledge」, 「Reading Research Quarterly」 30(2), pp.172-193.

Stark, M.(1999), 「Encyclopedic Learners' Dictionaries : A Study of their Design Features from the User Perspective」, Max Niemeyer Verlag Tübingen.

Sevensén, B.(1993, translated from the Swedish by John Sykes and Kerstin Schofied), 「Practical Lexicography」-Principles and Methods of Dictionary-Making, Oxford University press.

Sidney I. Landau(1984), 「Dictionaries : The Art and Craft of Lexicography」, New York : Charles Scribners Sons.

Thomas Herbst and Kerstin Popp(1999), 「The Perfect Learners' Dictionary(?)」, Max Niemeyer Verlag Tübingen.

Tono, Y.(2001), 「Research on Dictionary Use in he Context of Foreign Language Learning」－Focus on Reading comprehension, Max Niemeyer Verlag Tübingen.

Weinreich, U.(1962), 『Lexicographic Definition in Descriptive Semantics in Problems in Lexicography』, F.W.Householder and S.Saporta, eds. Bloomington : Indiana University Press.

Zgusta, Ladislav.(1971), 『Manual of lexicography』, The Hague : Mouton ; Prague, Academia, pp.257-258.

〈참고 사전〉

국립국어연구원(1999), 『표준국어대사전』, 두산동아.

국립국어원・한국어세계화재단(2006), 『외국인을 위한 한국어 학습사전』, 신원프라임.

박용수(1992, 10쇄), 『우리말 갈래사전』, 한길사.

신현숙・김미형・임소영・임혜원(2000), 『의미로 분류한 현대 한국어 학습사전』, 한국문화사.

연세대학교 언어정보개발연구원 편(2000, 4쇄), 『연세한국어사전』, 두산동아.

이희자・이종희(2001), 『한국어 학습용 어미・조사 사전』(한국어 학습용), 한국문화사.

임홍빈(2004, 2판), 『한국어사전』, 시사에듀케이션.

장태진(1998), 『국어변말사전』, 한국문화사.

Macmillan Education(2007, 10쇄), 『MACMILLAN Essential Dictionary for Learners of AMERICAN ENGLISH』, Bloomsbury Publishing Plc.

Oxford University Press(2004), 『New Oxford ESL Dictionary』, Oxford New York.

American Heritage(2001, 4쇄), 『The AMERICAN HERITAGE ENGLISH as a Second Language Dictionary』(1998), Houghton Mifflin Company.

監修 阪田 雪子・編集主幹 遠藤 織枝・編集 にほんごの會(2002), 『日本語お學ぶ人の辭典 Informative Japanese Dictionary』(일본어 학습사전), 教學社.

姜信道・池在運(2006, 14쇄), 『정선한중・중한사전』, 진명출판사.

菅野裕臣 외(1988), 『コスモス朝和辭書』, 白水社.

〈한국어 교재〉

경희대학교국제교육원 한국어교육부(2005), 『한국어 초급 Ⅰ-Ⅱ, 중급 Ⅰ-Ⅱ, 고급 Ⅰ-Ⅱ』, 경희대학교 출판부.

부산대학교 국제교류교육원(2007), 『친절한 한국어1, 2』, 인터비젼.

서강대학교 한국어교육원(2007), 『서강한국어 1, 2, 3, 4』, 하우.

서울대학교 언어교육원(2007), 『한국어 1, 2, 3, 4, 5』, 문진미디어.

성균 어학원(2007), 『배우기 쉬운 한국어 1, 2, 3, 4, 5』, 성균관대학교 출판부.

연세대학교 한국어학당(2004), 『한국어 1, 2, 3, 4』, 연세대학교출판부.

이화여자대학교 언어교육원(2006), 『말이 트이는 한국어 ⅰ, ⅱ, ⅲ, ⅳ, ⅴ』, 이화여
　　　자대학교 출판부.
한국어교육문화원(2007), 『easy Korean for foreigners 쉬워요 한국어 1, 2』, Korea
　　　Language Plus.
한국어교육문화원(2006), 『가나다 한국어 1, 2』, Korea Language Plus.
한국어문화연수부(2003), 『한국어 1, 2, 3』, 고대민족문화연구소.

〈참고 사이트〉

http://www.korean.go.kr(국립국어원)
http://dic.yonsei.ac.kr(연세한국어사전)

설문지 ❶

설 문 지

이 설문지는 한국어 학습자의 한국어 학습사전에 대한 이해와 그 실용성에 대해서 조사하는 것입니다. 이 조사는 연구를 위한 것으로, 연구의 목적 이외에 쓰지 않을 것입니다. 여러분의 성실한 답변 바랍니다. 설문에 응해 주셔서 감사합니다!

조사자 : 정연숙

※ 설문 응답자에 대한 정보를 알기 위한 항목입니다. 질문에 답해 주십시오.
　－○표를 해 주시고 (　　　　)에는 답을 써 주십시오.
　① 성별(性別 ; sex distinction)　(여자 / 남자)
　② 연령(나이 ; age) (　　　) 살
　③ 국적(國籍 ; nationality) (　　　　)
　④ 학력(學歷 ; educational background)
　　*(　　) 초졸(初卒 ; a primary[an elementary] school graduation)
　　*(　　) 중졸(中卒 ; a middle school graduation),
　　*(　　) 고졸(高卒 ; a (senior) high school graduation),
　　*(　　) 대졸(大卒 ; a university graduation),
　　*(　　) 대학원졸(大學院卒 ; a graduate school)
　⑤ 현재 배우는 한국어 급수(learning level) (1급,　2급,　3급,　4급,　5급,　6급)
　⑥ 나의 한국어 능력정도 (能力 ; level) (1급 / 2급 / 3급 / 4급 / 5~6급 정도 / 그 이상)
　⑦ 지금 가지고 있는 한국어 사전 종류 (자세하게 써 주십시오.)
　　• 종이 사전 (✔표를 해 주세요.)
　　　㉠ (　　　) 소사전, ㉡ (　　　) 중사전, ㉢ (　　　) 대사전
　　　(한－한 사전, 한－영 사전, 영－한 사전, 중－한 사전, 한－중 사전, 한－대만 사
　　　전, 러－한 사전, 일－한 사전, 베트남－한 사전, 스페인－한 사전, 몽골－한 사전
　　　기타 (　　　　　　　)
　　• 전자 사전 (　　　　　　　　　　　　　　　　)))

✓ 사전에 실린 아래 단어를 보고 물음에 답하십시오.

–면서***[면서 mjənsə](어미) 1 앞의 행위를 함과 동시에 뒤의 행위를 함과 동시에 뒤의 행위를 같이 할 때 쓴다. '어떤 일을 하는 동시에'의 뜻. ‖항상 텔레비전을 보면서 식사를 하시나요? / 걸어가면서 이야기하시다. / 나는 피아노를 치면서 노래를 불렀다. 🕮 –며. 🕮 1. 동사 뒤에 쓴다. 2. 앞뒤 문장의 주어가 같아야 한다. 2. 앞의 상태와 뒤의 상태를 동시에 가지고 있을 때 쓴다. '어떤 상황, 특성을 동시에 가지며'의 뜻. ‖그는 부드러우면서 침착했다. 🕮 1. 형용사나 '이다' 뒤에 쓴다. 2. 앞뒤 문장의 주어가 같아야 한다. '–면서도'로 바꿔 쓸수 있다. 3 어떤 행위나 상태가 지속되는 동안에 뒤의 행위를 하거나 뒤의 상태가 되었을 때 쓴다. '어떤 동작, 상태가 지속되는 동안에'의 뜻. ‖나는 여태까지 살아오면서 다른 사람을 속인 적이 한 번도 없어요. / 한국에서 살면서 가장 기뻤던 일은 무엇입니까? 🕮 동사 뒤에 쓴다. 4 어떤 행위나 상태가 시작됨과 동시에 뒤의 동작, 상태가 되었을 때 쓴다. '어떤 동작, 상태가 시작되면서부터'의 뜻. ‖경기가 좋아지면서 물가가 약간 올랐다. / 날씨가 추워지면서 거리에 차가 더 많아졌다. 🕮 –면서ㅓ부터. 5 앞의 상태인데도 뒤의 행위를 하지 않을 때 쓴다. '어떠함에도 불구하고, 어떠하지만'의 뜻. ‖그는 부자이면서 남을 도와주지 않는다. / 너는 그 사람을 좋아하면서 왜 말도 안하니? 🕮 –면서도, 🕮 앞뒤 문장에 대립되는 내용이 온다. 6 편지의 끝인사로 자주 쓴다. ‖그럼, 희망찬 새해를 맞이하기를 바라면서, 안녕. 🕮 뒤의 문장을 생략하고 문장을 끝낼 때 쓴다.

쓰는방법 말이나 문장을 연결할 때 쓴다. 모음이나 'ㄹ' 뒤에 쓴다. 'ㄹ' 이외의 자음 뒤에는 '–으면서'를 쓴다. (가면서 / 크면서 / 놀면서 / 길면서 / 먹으면서 / 작으면서)

발음하기 「가면서[가면서 kamjənsə], 오면서[오면서 omjənsə], 걸면서[걸 : 면서 kə : lmjənsə]」

1. 왼쪽의 뜻풀이를 이해할 수 있는가? (　　)

　　① 1~6번까지 모두 이해할 수 있다.

　　② 몇 개만 이해할 수 있다.

　　③ 뜻은 이해가 되지만 그 쓰임의 차이를 알 수 없다.

　　④ 이해할 수 없다.

2. 왼쪽에 제시한 예문을 통해 각각의 뜻이나 쓰임(용법)을 더 잘 알 수 있는가? (　　)

　　① 모두 알기 쉽다.

　　② 어떤 것은 모르겠다. – 모르는 것 선택하기

　　　　(1번, 2번, 3번, 4번, 5번, 6번)　　[모르는 이유]

　　③ 이해하기가 어렵다.

　　④ 전혀 모르겠다.

3. 🕮(비슷한말)나 🕮(참고사항)의 설명이 단어의 쓰임을 이해하는 데에 도움이 되는가?

　　(　　)

① 도움이 된다.

② 도움이 되는 것도 안 되는 것도 있다.

③ 더 복잡하게 느껴진다.

④ 도움이 안 된다.

4. 위의 뜻풀이를 이해하는 데에 또 다른 단어 찾기가 필요한가? (   )

① 필요하지 않다.

② 1~2번쯤 다른 단어를 찾아야 한다.

③ 여러 번 자주 다른 단어를 찾아야 한다.

④ 뜻풀이 단어가 이해하기 어렵다.

5. 본인이 가지고 있는 사전과 다른 점은 무엇인가? (   )

① 형식이 다르다. 다르다면 무엇이 다른가? (   )

② 내용 면에서 좀 더 자세하다.

③ 예문이 잘 되어 있다.

④ 내가 가진 사전과 별 다른 점이 없다.

6. 위 단어의 풀이 방식의 장단점은?

① 장점(좋은 점)

② 단점(나쁜 점)

붓다[1]*** 【물음】 [붇 : 따 pu : t͈'a] 图 1 (액체나 가루를) 그릇에 쏟아 넣다. ∥그는 종이컵에다 커피를 넣고는 뜨거운 물을 부었다. / 꽃병에 물을 부어 주세요. ▷ ①이 ②를 (③에) 붓다(① 사람 ② 물 / 흙… ③ 그릇 / 컵…) ㉮ 따르다. ㉵ '붓다'는 액체나 가루를 다른 곳으로 옮길 때 쓴다. 2 (적금, 이자 등을) 일정한 기간마다 내다. ∥어머니는 적금을 부어 돈을 모으셨다. ▷ ①이 ②를 붓다(① 사람 ② 적금 / 곗돈…)

발음하기 「붓는[붇 : 는 pu : nnɯn], 부어[부어 puə], 붓습니다[붇 : 씀니다 pu : t͡s'ɯmnida]」

붓다[2] 【목이】 [붇 : 따 pu : t͈a'] 图 1 (살갗이) 불룩하게 솟아오르다. ∥밤 늦게 라면을 먹고 자면 아침에 얼굴이 부어요. / 목이 붓고 아픈 걸 보니 감기에 걸린 것 같습니다. ▷ ①이 붓다(① 눈 / 다리…) ㉯ 부풀다. ㉵ 가라앉다. 2 화가 나거나 불만이 있다. ∥어제 부부싸움 탓인지 아침부터 며느리가 퉁퉁 부어 있다. ▷ ①이 붓다(① 사람) ㉵ 주로 '부어'로 쓴다.

발음하기 「붓는[붇 : 는 pu : nnɯn], 부어[부어 puə], 붓습니다[붇 : 씀니다 pu : t͡s'ɯmnida]」

▶ 간이 붓다 ☞ 간[1].

---

1. 왼쪽의 '붓다[1]'과 '붓다[2]'의 뜻풀이를 통해서 이것들을 이해할 수 있는가? (   )

① 모두 이해할 수 있다.

② 이해할 수 없다. 이해 안 되는 것(1번, 2번)

그 이유는? (   )
2. 밑줄 그은 문형정보는 이해가 되는가, 그리고 이것이 그 쓰임을 이해하는 데에 도움
   이 되는가? (   )
   ① 문형정보의 이해와 그 쓰임이 이해가 된다.
   ② 둘 중의 하나가 잘 되지 않는다.
      이해 안 되는 것 선택하기 (문형정보(   ) 쓰임 (   ))
      이해 안 되는 이유는?

이끌다★☆☆[이끌다 ik'ɯlda] 图 1 (무엇 또는 누구를) 앞에서 잡고 끌다. 또는 따라오게 하다. ‖ 목동은 양들을 이끌고 집으로 돌아왔다. / 나는 동생들을 이끌고 동물원에 갔다. ▷①이 ②를 이끌다(① 사람 ② 사람 / 손 / 짐승…) 2 (단체 등을) 책임감을 갖고 지휘하다. ‖ 저는 우리 반을 잘 이끌어 가도록 노력하겠습니다. / 김 박사는 동료들을 이끌고 한국에 왔다. ▷① 이 ②를 이끌다(① 사람 ② 사회 / 단체 / 무리) 3 어떤 일을 주도적으로 끌고 나가다. ‖ 사회자는 토론의 분위기를 부드럽게 이끌었다. ▷①이 ②를 이끌다(② 분위기 / 회의) 4 (남을 잘 가르쳐 바르게)행동하게 하다. ‖ 선생님께서 저를 올바른 사람으로 이끌어 주셨습니다. ▷①이 ②를 ③으로 이끌다 ‖ 선생님은 세상에서 올바로 행동하고 살아가도록 이끌어 주시는 분이다. / 네가 형이니까 동생을 바르게 이끌어라. ▷①이 ②를 [－게 / 도록] 이끌다(① 사람 ② 사람) 5 (무엇이) 어떠한 상태로 이르게 하다. ‖ 회사가 경쟁력을 갖추도록 이끌었다. ▷①이 ②를 이끌다. ‖ 새 사장은 직원들을 잘 이끌어 가고 있다. ▷①이 ②를 이끌다

발 음 하 기 「이끄는[이끄는 ik'ɯnɯn], 이끌어[이끄러 ik'ɯrə], 이끕니다[이끔니다 ik'ɯmnida]」

▶ ～를 / 을 이끌고 (불편한 몸을) 힘들여 움직여서. ‖ 그는 지친 몸을 이끌고 집으로 돌아가는 버스에 올랐다.

1. 왼쪽의 단어에 대한 뜻과 쓰임을 이해할 수 있는가?
   ① 모두 이해할 수 있다.
   ② 이해할 수 없다. 모르는 것 선택하기 (1번, 2번, 3번, 4번, 5번)
      그 이유는? (   )

붙다★★★ 【근접】 [붇따 putt'a] 图 1 (무엇에) 닿아서 떨어지지 않다. ‖ 벽에 붙어 있는 사진이 가족사진이에요. ▷①이 ②에 붙다 ⑪ 떨어지다. 2 (어디에) 가깝게 있다. ‖ 아이는 엄마 옆에 붙어서 떨어질 줄 몰랐다. / 나는 김 선생님의 등 뒤에 붙어 따라갔다. ▷①이 ②에 붙다 (① 사람 ② 구체물) ‖ 우리 하숙집은 학교와 붙어 있어요. ▷①이 ②와 붙다. ⑪ 떨어지다 3 (권력을 가진 사람에게) 아첨하다. ‖ 남수는 항상 힘 있는 사람에게 붙어 일을 쉽게 해요. ▷①이 ②에게 붙다(① 사람 ② 사람) ⑫ 속된말. 4 (어디에 무엇이) 더해지다. ‖ 내리막길이라 자전거에 가속도가 붙었다. / 그 여자는 아이는 낳은 후에 몸에 살이 좀 붙었다. ▷①이

②에 붙다 5 (이자 등이) 더해지다. ‖은행에서 빌려 쓴 빚에 매달 이자가 붙는다. / 무슨 큰 범죄를 저질렀기에 그 사람한테 현상금이 천만 원이나 붙었어요? ▷①이 ②에 붙다(① 세금 / 이자 / 현상금…) ㉙ 붙이다. 6 (어떤 이름이) 주어지다. ‖그에게 돼지라는 별명이 붙었다. / 어쩌다 보니까 제게 노처녀라는 딱지가 붙었지 뭐예요. ▷①에게 ②가 붙다(② 별명 / 이름…) ㉙ 붙이다. 7 (한 곳에) 계속하여 머무르다. ‖남수는 하루도 집에 붙어 있지 않았다. / 쟤는 매일 책상 앞에 붙어 있는데, 왜 성적이 나쁠까요? ▷①이 ②에 붙다(① 사람 ② 장소) ㉚ '붙어 있다'로 쓴다. 8 (다툼이나 싸움이) 벌어지다. ‖그는 지나가던 사람과 싸움이 붙었다. ▷①이 ②와 ③이 붙다(③ 시비 / 싸움 / 흥정…) ㉙ 붙이다 9 (힘이) 생기다. 늘어나다. ‖그는 살에 탄력이 붙고 뼈가 굵어졌다. / 아이는 다리에 힘이 붙어서 잘도 뛰어다닌다. ▷①에 ②가 붙다(② 실력 / 탄력 / 힘…) 10 (목숨이) 이어지다. ‖그는 아직 숨이 붙어 있었다. ▷①이 붙다(① 목숨 / 생명 / 숨…) ㉙ 붙이다. 11 (귀신이) 들어가 머물다 ‖그 집에 귀신이 붙었다는 소문이 돌았다. / 굶어 죽은 귀신이 붙었는지 어쩜 그리도 잘 먹는지… ▷①이 ②에 붙다(① 귀신 / 악마 / 잡귀…) 12 (몸에) 꼭 끼다. ‖바지가 몸에 꽉 붙어요. / 옷이 비에 젖어 몸에 딱 붙어서 속옷이 비칠 정도였다. ▷①이 ②에 붙다(① 옷 / 내복 / 바지…② 몸) 13 (시험이나 학교에) 합격하다. ‖삼촌은 재수를 해서 원하던 대학에 붙었다. / 열심히 하셔서 시험에 꼭 붙으세요. ▷①이 ②에 붙다(① 사람 ② 시험 / 학교…) ㉑ 뽑히다 ㉟ 떨어지다. ㉙ 붙이다. 14 (불이나 불꽃이) 생기다. ‖장작에 불이 붙기 시작했다. / 연기만 나던 잔 나뭇가지에 불이 붙었다. ▷①이 ②에 붙다(① 불) 15 (어떤 일에 습관, 재미, 힘, 속도 등이) 생기거나 늘다. ‖그는 요즘 게임에 재미가 붙었다. / 그는 한국어에 자신이 붙었다. ▷①이 ②에 ③이 붙다(① 사람 ③ 재미 / 자신 / 정…) ㉙ 붙이다. 16 아주 가깝게 지내다. ‖그들 세 사람은 늘 찰떡처럼 한데 붙어 다니던 단짝들이었다. / 대학에 입학한 후, 유미와 나는 자주 붙어 다녔다. ▷①이 ②와 붙다(①이 ②와 붙다(① 사람 ② 사람) ㉙ 주로 '붙어 다니다, 붙어 있다'로 쓴다.

발음하기 「붙는[분는 punnɯn]」, 붙어[부터 putʰə], 붙습니다[붇씁니다 puts'ɯmnida)」

▶ 간에 붙었다 쓸개에 붙었다 하다 ☞ 간[1].

▶ 불이 붙다 ☞ 불[1].

▶ 입에 붙다 ☞ 입.

▶ 재수 옴 붙다 ☞ 재수.

---

1. 왼쪽의 단어에 대한 뜻과 쓰임을 이해할 수 있는가? (   )

　　① 모두 이해할 수 있다.

　　② 이해할 수 없다. 이해 안 되는 것(1번, 2번, 3번, 4번, 5번, 6번, 7번, 8번, 9번, 10번, 11번, 12번, 13번, 14번, 15번, 16번)

　　　그 이유는? (   )

2. '붙다' 단어에 대한 뜻풀이 정보량이 어떤가? (   )

　　① 자세하여 좋다.

　　② 적당하다.

③ 좀 줄여도 좋을 것 같다.
④ 너무 많아 더 혼란스럽고 부담이 된다.

<u>포인트</u>[포인트 pʰointʰɯ] Ⓔ point. 몡 1 중요한 점이나 강조할 만한 것. ‖ 건강이 제일이라는 것이 오늘 강연의 포인트입니다. / 이 옷의 포인트는 바로 이 꽃무늬이지. 뗍 요점·핵심. 2 탁구·농구 등의 운동 경기에서 점수를 얻는 것. ‖ 대학팀이 기업팀을 3(삼)포인트 차로 앞서가고 있습니다. 뗍 점3. 쵑 수를 나타내는 '1(일), 2(이), 3(삼), 4(사), …' 등의 말 뒤에 쓴다. 3 (경제에서) 주식의 가치, 이자율 등을 나타내는 말. ‖ 주가가 12(십이)포인트나 상승했다. 쵑 수를 나타내는 '1(일), 2(이), 3(삼), 4(사), …' 등의 말 뒤에 쓴다. 4 상품이나 서비스를 계속 이용하도록 하기 위해 상품을 살 때 마다 점수를 계산하는 단위. 쌓인 수치만큼 고객에게 혜택을 준다. ‖ 포인트 적립 / 1000(천)포인트가 되면, 구입하신 물건을 하나 더 드립니다. 뗍 점3. 쵑 수를 나타내는 '1(일), 2(이), 3(삼), 4(사), …' 등의 말 뒤에 쓴다.
▶ 포인트를 쌓다 ‖ 이 주유소에서 포인트를 많이 쌓아 사은품을 받았다.

<u>스케줄</u>[스케줄 sɯkʰedzul] Ⓔ schedule. 몡 어떤 일을 할 시간을 정하거나, 순서에 따라 그 일들을 계획한 것. 계획표. ‖ 오늘 스케줄이 어떻게 되지요?
▶ 스케줄을 잡다 ‖ 김 비서, 오늘 오후에는 좀 쉬고 싶으니까 아무 스케줄도 잡지 마세요
▶ 스케줄을 짜다 ‖ 말씀하신 대로 스케줄을 짜겠습니다.
▶ 스케줄이 빡빡하다 ‖ 스케줄이 빡빡해서 당분간은 못 만날 것 같다.

<u>스타일</u>[스타일 sɯtʰail] Ⓔ style. 몡 1 (옷이나 머리 등의) 모양. ‖ 요즘 유행하는 스타일은 어떤 건가요? 민지 씨는 화려한 스타일의 옷을 좋아하는 것 같아요.
▶ 스타일이 좋다 ‖ 김 선생님은 스타일이 좋으시다.
2 특색 있는 방식·양식 ‖ 미치 씨는 나와 생활 스타일이 비슷해요. / 카는 해외 시장에서 성능, 품질, 스타일 면에서 모두 예전에 비해 월등히 높은 점수를 얻었다. 3 문제. ‖ 작가들마다 그들 나름대로의 개성적인 스타일을 갖고 있다.

<u>데모</u>[데모 temo] 몡 1 여러 사람이 한 곳에 모여 큰 소리로 외치거나 함께 행동을 하면서 어떤 사실에 대한 의견을 널리 알리려고 하는 것. ‖ 오늘 시내에서 학생들의 데모가 있었다. 뗍 시위. 쵄 데모하다. 쵑 영어의 'demonstration'에서 온 말.
▶ 데모를 하다 ‖ 대학 시절에는 나도 데모를 많이 했어.
2 (여러 사람 앞에서) 발표할 내용이나 제품의 기능을 보여 주는 것. ‖ 전시장에는 여러 가지 컴퓨터 프로그램의 데모가 한창이었다. 쵄 데모하다. 쵑 영어의 'demonstration'에서 온 말.
▶ 데모를 하다 ‖ 여러 사람들 앞에서 데모를 할 때는 이상하게 실수를 더 많이 해요.

1. 위는 한국어의 외래어들이다. 이들의 뜻과 그 쓰임을 이해할 수 있는가? (   )
① 모두 이해할 수 있다.

> ② 이해할 수 없다. 이해 안 되는 것 (포인트, 스케줄, 스타일, 데모)
>
>   그 이유는? (   )
>
> 2. 이전에 내가 알고 있는 것과 그 뜻이나 쓰임이 다른가? (   )
>
>   ① 이전에 내가 알고 있는 것과 같다.
>
>   ② 뜻이나 쓰임이 조금 다르다. 다르다면 무엇이 다른가?
>
>   (   )
>
>   ③ 알고 있는 것이었으나 발음이 달라 처음에 이해할 수 없었다.

당당하다(堂堂——)[당당하다 taŋdaŋhada] 형 (태도가) 부끄러움이 없고 떳떳하다. ‖나는 누구 앞에서든 당당하다. / 나는 당당하게 그의 잘못을 지적하였다. ▷① 이 당당하다(① 사람 / 말 / 행동…)

발음하기 「당당한[당당한 taŋdaŋhan], 당당하여[당당하여 taŋdaŋhajə](당당해 [taŋdaŋhɛ]), 당당합니다[당당합니다 taŋdaŋhamnida]」

접하다(接——)[저파다 tsəpʰada] 동 1 가까이 있거나 마주 붙어 있다. ‖이곳은 인도와 중국의 국경이 접하는 지역이다. / 그는 뒷집과 접해 있는 담에서 뛰어 내렸다. ▷① 이 ② 와 접하다 2 (무엇을 가까이하여) 알게 되거나 경험하다. ‖아이들이 자연과 접할 기회를 많이 가질 수 있도록 하는 게 좋을 것 같습니다. ▷① 이 ② 와 접하다(① 사람 ② 사실 / 상황…) ‖이번 여 행은 한국의 전통문화를 접해 볼 수 있는 기회였어. / 개인이 아무리 애를 쓴다고 해도 그 많은 정보를 다 접할 수 없다. ▷① 이 ② 를 접하다(① 사람 ② 말 / 소식…)

발음하기 「접하는[저파는 tsəpʰanɯn], 접하여[저파여 tsəpʰajə](접해[저패 tsəpʰɛ]), 접합니 다[저팝니다 tsəpʰajə]」

기혼(旣婚)[기혼 kihon] 명 결혼한 상태. ‖기혼 남성 / 기혼 여성 / 기혼, 미혼에 관계없이 누구나 지원할 수 있습니다. 반 미혼.

기회★★★(機會)[기회 kihø / 기훼 kihwe] 명 무슨 일을 하기에 알맞은 시기나 경우. ‖기회가 없어서 인사를 못 했습니다. / 이번 기회를 놓치지 마세요 비 찬스

▶ 기회가 되다 ‖이번 사건은 좋은 기회가 될 거예요.

▶ 기회가 생기다 ‖기회가 생기면 같이 일해 보고 싶습니다.

▶ 기회가 없다 ‖기회가 없어서 말씀을 못 드렸습니다.

▶ 기회가 있다 ‖기회가 있으면 한 번 뵙고 싶습니다.

▶ 기회를 노리다 ‖좋은 기회가 오면 꼭 잡으려고 기회를 노리고 있어요

▶ 기회를 놓치다 ‖좋은 기회였는데 그 기회를 놓치고 말았어요

▶ 기회를 보다 ‖기회를 보던 도둑이 주인이 외출하자 바로 집으로 들어갔다.

▶ 기회를 엿보다 ‖적당한 기회를 엿보다가 상대를 공격했다.

▶ 기회를 잡다 ‖ 좋은 기회를 잡으려면 항상 준비를 해야 한다.

▶ 절호의 기회 ‖ 오늘 경기가 8강 진출의 절호의 기회다.

▶ [기회가·운이·형편이] 닿다 (기회나 운 등이) 생겨서 어떤 일을 할 수 있게 되다. ‖ 기회가 닿으면 한 번 해 보고 싶습니다. / 형편이 닿는 대로 연락드리겠습니다. ▷ ①이 [기회가·운이·형편이] 닿다(① 사람)

긴급(緊急)[긴급 kinɰɰp] 명 매우 중요하고 급한 상태. ‖ 긴급 뉴스 / 긴급 구조 / 아버지께서는 회사에서 긴급 회의가 있어서 일찍 출근하셨어요. 관 긴급하다. 참 주로 '긴급 사태, 긴급 상황'처럼 명사 앞에 쓴다.

1. 한자어에 대한 이해가 잘 되는가?

　① 한자를 보고서 바로 그 뜻을 이해할 수 있었다.

　② 한자를 보고 대략 추측할 수 있다.

　③ 내가 알고 있었던 한자와 그 뜻이나 쓰임이 조금 달라서 다시 확인해야 했다.

　　다른 것 선택하기 (당당하다, 접하다, 기혼, 기회, 긴급)

　　어떤 것이 다른가? (　　　　)

　④ 전혀 몰라 새로 익혀야 하는 것이었다.

어느***[어느 ənɰ] 관 1 여럿 중에서 어떤. ‖ 어느 나라 사람입니까? / 어느 학교에 다니세요? / 어느 계절을 좋아하세요? 비 어떤. 참 의문문에 쓴다. 2 확실하지 않은 사물, 사람, 때, 곳을 가리키는 말. ‖ 이사할 집을 보러 다녔지만, 어느 곳도 마음에 들지 않았다. / 여러 옷가게를 둘러보았지만, 어느 것도 마음에 들지 않았다. / 어느 날 강에서 이상하게 생긴 물고기가 잡혔다.

▶ 어느 모로 [보나·보더라도·봐도] 여러 가지 면에서 고려해 봤을 때. ‖ 어느 모로 보더라도 민지가 이 일을 맡는 것이 좋겠다.

▶ 어느 사이에 생각지도 못했던 틈에. ‖ 영식이는 어느 사이에 어른이 되어 있었다. / 어느 사이에 민지와 남수는 좋아하게 되었다.

▶ 어느 정도 1 조금. 얼마쯤. ‖ 한국에 온 지 5(오)개월 되니까 이제 어느 정도 한국 생활에 익숙해졌다. 2 정도나 수량의 크기를 묻는 말. ‖ 시험 성적이 어느 정도입니까? / 그 회사의 재정 상태가 어느 정도예요? / 그분의 병세가 어느 정도입니까?

'어느 / 어떤'의 쓰임

'어느 / 어떤'은 사람이나 사물에 대해 물을 때 쓰는 말로, '어느'는 여러 가운데에서 있는 무엇을 물을 때 쓰고, '어떤'은 특정한 것 자체를 묻기보다는 그것의 특성이나 상태 등을 물을 때 쓴다.

　(1) ㄱ. (가) : 어느 계절을 좋아해요?

　　　　(나) : 봄을 좋아해요.

> ㄴ. (가) : 어떤 날씨를 좋아해요?
>
>   (나) : 따뜻하고 맑은 날을 좋아해요.
>
> (2) ㄱ. (가) : 어느 [나라로 / 곳으로] 여행을 갈까요?
>
>   (나) : 일본으로 갔으면 좋겠어요.
>
>   ㄴ. (가) : 어떤 [나라로 / 곳으로] 여행을 갈까요?
>
>   (나) : 날씨가 따뜻한 곳이면 좋겠어요.

버티다[버티다 pətida] 图 1 오래 참고 견디다. ‖이 정도의 어려움을 버티지 못한다면 무슨 일을 할 수 있겠는가? / 그는 육체적 고통을 정신적 의지로 버티고 있었다. ▷①이 ②를 버티다(① 사람 ② 어려움 / 고통 / 역경…) 뗀 견디다 · 참다. 2 굽히지 않고 맞서다. ‖그는 자기 생각이 옳다고 버텼다. ▷①이 ②에게 (–다고) 버티다(① 사람 ② 사람) 3 (한 곳에 자리 잡고) 움직이지 않다. ‖그 남자가 입구에 버티고 서 있었다. ▷①이 ②에 버티다(① 사람 ② 장소) 4 쓰러지지 않도록 받치다. ‖나무꾼은 작대기로 지게를 버텨 놓고 쉬었다. / 남수는 아픈 몸을 두 다리로 간신히 버티고 있었다. ▷①이 ②를 ③으로 버티다(① 사람 ③ 구체물) 뗀 받치다 · 지탱하다.

발음하기 「버티는[버티는 pətinɯn], 버티어[버티어 pətiə / 버티여 pətijə](버텨[버텨 pətjə]), 버팁니다[버팁니다 pətimnida]」

▶ 버티는 데까지 버티다 할 수 있는 데까지 버티다. ‖이번 싸움에서 질지도 모르지만, 버티는 데까지 버텨 볼 생각입니다. ▷①이 버티는 데까지 버티다(① 사람)

'버티다'와 '견디다'의 다른 점

'버티다'는 신체적인 고통뿐 아니라 외부의 힘이나 압력에 대하여 저항하거나 참는 것을 뜻하며, '견디다'는 주로 신체적인 고통을 참는 것을 뜻한다. 또 일정한 장소에서 움직이지 않고 있는 것에는 '버티다'를 쓴다.

1. 위에서 따로 제시한 두 단어의 차이점을 이해할 수 있는가?

① 모두 이해할 수 있다.

② 모두 이해할 수 없다. 이해하지 못한 것은? (   )

 (어느–어떤, 어둡다–캄캄하다, 버티다–견디다)

 이해하지 못했다면 그 이유는?(   )

어둡다***[어둡따 ədupt'a] 혱 1 (빛이) 환하지 않다. 밝지 않다. ‖날이 벌써 어두웠네요. / 오늘은 비가 와서 교실이 어두워요. / 방이 좀 어둡지만 컴퓨터를 쓰기에는 괜찮아요. ▷①이 어둡다(① 장소 / 불빛 / 조명 / 불…) 뗀 밝다1. 2 (빛깔이) 짙고 검다. ‖이 모자는 모양은 좋은데 색깔이 너무 어두워요. / 저는 어두운 색을 좋아합니다. / 손님은 어두운 색보다 밝은 색이 더 잘 어울립니다. ▷①이 어둡다(① 색) 뗀 밝다1 · 산뜻하다. 3 (성격, 표정, 전망이) 밝지 못하다. ‖ 얼굴 표정이 어두운 걸 보니까 무슨 걱정거리가 있는 모양이군요. / 나는 그의 어두운 얼굴이 마음에 걸렸다. ▷①이 어둡다(① 성격 / 표정 / 얼굴 / 분위기 / 목소리…) ⑪ 밝다1. 4 (보거나 드는 능력이) 약하다. ‖ 이젠 눈이 어두워서 작은 글씨가 안 보이는구나. / 나는 귀가 어두운 할아버지께 큰 소리로 여러 번 말씀드렸다. ▷①이 어둡다(① 눈 / 귀…) 5 (어떤 일, 물건에 대하여) 잘 모르다. ‖ 숫자에 어두운 사람들은 수학을 싫어한다. ▷①이 ②에 어둡다(① 사람) ⑪ 밝다1. 6 희망이 없어 우울하다. ‖ 그의 노래는 어두운 현실에 희망을 던져 주었다.

발 음 하 기 「어두운[어두운 əduun], 어두워[əduwə], 어둡습니다[어둡씁니다 ədup̂s'ɯmnida]」

'어둡다'와 '캄캄하다'의 다른 점

'어둡다'는 '캄캄하다'는 구체적인 대상에 대해 빛이 약하거나 없다는 공통된 의미를 가지고 있으나, 그 쓰임이 다른 경우가 있다. 우선, 구체적인 의미에서 캄캄하다는 빛이 아주 없어서 까맣게 어두운 것을 나타내므로 다름과 같이 '색이 캄캄하다'로 쓰일 수는 없다.

  예) 밖이 어둡다(○) / 캄캄하다(○)

    그 옷은 색이 좀 어둡다(○) / 캄캄하다(○)

또, 추상적인 의미에서 '어둡다'는 단지 어떤 분야를 잘 모르는 것을 나타내는 반면, 캄캄하다는 주어가 미래에 어떻게 해야 할지를 몰라 걱정하는 뜻을 나타낸다.

  예) 그는 경제에 어둡다(○) / 캄캄하다(×)

    눈앞이 어둡다(×), 캄캄하다(○)

✓ 다음 설문에 답하십시오.

1. 지금 쓰고 있는 한국어 학습사전은 어떤 점이 좋습니까?
  ①   ②
  ③   ④
  ⑤

2. 지금 쓰고 있는 한국어 학습사전은 어떤 점이 나쁩니까?
  ①   ②
  ③   ④
  ⑤

3. 어떤 한국어 학습사전이 있었으면 좋겠습니까?
  ①

　　②
　　③
　　기타 (　　　　　　　　　　　　　)

4. 한–한 사전(한국어로 모두 되어 있는 사전)을 사용하면 한국어 능력이 향상된다
　고 생각합니까? (　　　　　　　)
　　① 실제 경험해 본 결과 한국어 능력이 향상되었다.
　　② 한국어 능력이 향상된다고 생각하지만 아직 사용해 보지는 않았다.
　　③ 사용해 보았는데 한국어 능력에 향상이 된다고 느끼지만 어려워서 자주 사용
　　　치 않는다.
　　④ 가끔 사용하지만 한국어 능력 향상과 관계없다.
　　⑤ 한–한 사전이 있기는 하지만 사용하지 않는다.
　　⑥ 한–한 사전이 없고 번역한 사전으로도 충분하다.
　　⑦ 한–한 사전은 외국인 학습자에게 필요 없다.

5. 사전에서 가장 필요하다고 생각하는 것은?
　　① 자세한 뜻풀이　　　　　　② 번역된 단어
　　③ 예문　　　　　　　　　　④ 문법 정보
　　⑤ 문형 정보　　　　　　　　⑥ 비슷한말, 반대말
　　⑦ 잘 쓰이는 어구　　　　　　⑧ 발음과 활용어미

설문지 ❷

설 문 지

이 설문은 '한국어 학습사전 연구'를 위한 것입니다. 설문에 대한 내용은 연구를 위한 목적 이 외에 사용하지 않을 것입니다.
성실한 답변을 부탁합니다. 감사합니다.
本问卷是为了"研究韩国语学习词典"。其内容不会擅自用于除研究以外的其他用途。希望各位同学能够多多配合，如实做答。非常感谢！

설문자 : 정연숙

✓ 설문 대상자 调查对象
  1) 해당 급수(韩国语等级 level) : (   ) 급
  2) 연령(年龄 years) : (   )세
  3) 학력(学历 an academic[educational] background) : 초졸(小学毕业 an elementary school), 중졸(初中毕业 a secondary school), 고졸(高中毕业 a high school) 대졸(大学毕业 university), 대학원(研究生 a graduate school)
  4) 국적(國籍 nationality) : (   )
  5) 성(性別 a sex) : 남(男 male)(   ) / 여(女 female)(   )

1. 당신은 사전을 사용할 때 무엇을 찾기 위해(알기 위해) 가장 많이 사용합니까?
   你使用词典的目的主要是为了找(知道)什么？ (   )
   ① 문법(文法 grammar)   ② 의미(意思 meaning)
   ③ 발음(发音 pronunciation)   ④ 철자(错字 spelling)

2. 사전에서 가장 중요하게 다루어야 한다고 생각하는 것은 무엇입니까?
   (   )중요도 순서는?
   你认为词典中最重要的内容应该是什么？ 请按你认为的重要性的顺序依次排列。
   ① 문법(文法 grammar)   ② 의미(意思 meaning)
   ③ 발음(发音 pronunciation)   ④ 철자(错字 spelling)

★ 중요도 순서는 重要性的顺序?

(>   >   >   >   기타其他   )

3. 당신은 언제 사전을 사용합니까? 你在什么时候使用词典? (   )

① 자주 수업 시간에 선생님과 함께 사전을 사용한다.

경常在上课时和老师一起使用词典。

② 가끔 수업 시간에 선생님과 함께 사전을 사용한다.

偶尔在上课时和老师一起使用词典。

③ 자주 수업 시간에 스스로 사전을 사용한다.

经常在上课时自己独自使用词典。

④ 가끔 수업 시간에 스스로 사전을 사용한다.

偶尔在上课时自己独自使用词典。

⑤ 수업 시간보다 혼자 공부할 때 자주 사전을 사용한다.

比起上课, 独自学习时更常使用词典。

⑥ 수업 시간에는 사용하지 않고, 혼자 공부할 때만 사용한다.

上课时不使用, 只有独自学习时使用。

⑦ 수업 시간에만 스스로 사전을 사용하고 그 외에는 사용하지 않는다.

只有上课时自己独自使用词典, 其他时候不使用。

4. 당신이 사용하는 사전에는 뜻풀이가 되어 있는가? 你现在所使用的词典有单词解释吗? (   )

① 없다. 대역어(번역) 没有。只有翻译。

② 있다. 有。(좋다 好(   ) / 보통 一般(   ) / 좋지 않다 不好(   ))

5. 뜻풀이 되어 있는 사전이 학습에 필요하다고 봅니까?

你觉得有单词解释的词典有助于学习吗? (   )

① 뜻풀이 되어 있는 사전이 꼭 필요하다. 非常需要。

② 뜻풀이 되어 있는 사전이 있다면 좋겠다. 希望有。

③ 뜻풀이 되어 있으나 잘 이해할 수 없다. 虽然有单词解释, 但很难理解。

④ 뜻풀이 되어 있으나 그 뜻풀이가 틀린 경우(이상한 경우)가 많다.

虽然有单词解释, 但有很多错误(别扭)的地方。

⑤ 우리말로 대역되어 있어서 뜻풀이가 필요 없다.

因为有中文翻译, 因此不需要单词解释。

6-1. 다음 두 개의 모델을 볼 때, 어느 것이 더 이해하기 쉬운가?
下面兩种模型, 哪一种更容易理解? (   )

A형(A型)

곱다 [형] 1 아름다워서 보기 좋다.‖그 꽃은 참 색깔이 곱고, 향기가 좋더군요 ▷
[1]이 곱다([1] 색/모양…) [반] 밉다. 2 (마음씨, 말씨, 행동 등이) 순하고 부
드럽다. ‖민지는 마음씨도 곱고, 얼굴도 예쁘다./올바르고 고운 말을 사용
합시다./한복을 곱게 차려 입으니까 참 아름답군요 ▷[1]이 곱다([1] 마음
씨/인심/마음…) [반] 거칠다. 3 부드러워서 만지는 느낌이 좋다.‖피부가
참 고우시군요. ▷[1]이 곱다([1] 피부/모래/가루/옷감…) [반] 거칠다. 4
(소리가) 부드럽다.‖목소리가 참 고우세요 ▷[1]이 곱다([1] 소리…) 5 얌전
하다.‖좋게 이야기할 때 곱게 물러나라. [참] 주로 '곱게'로 쓴다.

B형(B型)

곱다 [형]

> 1. 보기에 좋다 2. 착하거나 순하다 3. 느낌이 좋다 4. 듣기에 좋다 5. 조용하게

自 : 색, 색깔   ♂색, 모양 1보기에 좋다➡自/狀이‖그 꽃은 1. [반] 밉다

狀 : 모양   색깔이 곱고, 향기가 좋다.   2.3.4.5.

心 : 마음씨, 마음   ♂마음, 말, 행동 2 마음이 착하거나 말이나 [반] 거칠다

言 : 말, 말씨   행동이 부드럽다 ➡心/言/事이‖민지는 마음

事 : 태도, 행동   씨가 고와 불쌍한 사람들은 잘 도와준다./다

體 : 손, 피부, 얼굴   른 사람들을 기분 나쁘게 하지 않도록 고운

物 : 모래, 가루, 옷감   말을 써야 한다./새해 아침 부모님께 세배를

聲 : 소리, 목소리   하기 위해 한복을 곱게 차려 입는다.

♂촉감 3 만지는 느낌이 좋다➡體/物이‖힘
든 일을 하지 않은 그의 손은 곱다./엄마보
다 아기의 피부가 더 곱다./케이크를 만들려
면 고운 밀가루를 써야 한다.

♂소리 4 소리가 부드럽다➡聲이‖피아노는
소리가 맑고 고운 것이 좋다./아나운서들은
대부분 고운 목소리를 가지고 있다.

♂태도 5 조용하게‖좋게 이야기할 때 곱게
물러나라. [참]주로 '곱게'로 쓴다.

(A형 : 그 이유? A型。其理由是?   )
(B형 : 그 이유? B型。其理由是?   )

6-2. 위의 A형과 B형을 보고 다음 질문에 답해 주십시오.
　　请参照上面的A型与B型，回答下面问题。

　　1) 뜻풀이는 어느 것이 더 이해하기 쉽습니까?
　　　　单词解释哪个更容易理解?(① A형　② B형)
　　　(A형 : 그 이유? A型。其理由是?   )
　　　(B형 : 그 이유? B型。其理由是?   )

　　2) 문형에 대한 이해에서는 어느 것이 더 쉽습니까? (① A형　② B형)
　　　　对句型的理解哪个更容易?

　　3) B에서의 문형 정보에서 한자를 사용하는 것에 대해 어떻게 생각합니까?
　　　　你如何看待在B中的句型情报中使用汉字?

　　① A보다 이해하기 어렵다.　　比A更难理解。

　　② A보다는 이해하기 쉽지만 한자가 있어 어렵게 느껴진다.
　　　　虽然比A容易理解，但因有汉字所以感觉难。

　　③ B에 한자가 있기는 하지만 왼쪽에 설명하고 있어 별 문제가 되지 않는다.
　　　　虽然B中有汉字，但是因左边有说明，所以不成问题。

　　④ 이해하기 쉽다. 容易理解。

　　4) 예문을 제시한 후에 문형의 틀이 주어지는 것(A형)과 문형의 틀을 제시한
　　　후에 예문이 있는 것(B형) 중에서 어느 것이 이해하기 쉽습니까?
　　　(① A형　② B형)
　　　　在提示例题后提供句型模式(A型)和提示句型模式后再提供例题(B型)中哪个更容易理解?

　　5) '1. 보기에 좋다 2. 착하거나 순하다 3. 느낌이 좋다 4. 듣기에 좋다 5. 조용
　　　하게'와 '♂색, 모양 ♂마음, 말, 행동 ♂촉감 ♂소리 ♂태도' 등 요약어가
　　　뜻을 이해하는 데에 도움이 됩니까? 等简略语有助于理解单词意思吗?
　　　① 도움이 된다. 有帮助。
　　　② 별 도움이 되지 않는다. 没多大帮助。
　　　③ A보다 더 복잡하다. 比A更复杂。
　　　④ 도움이 되지 않는다. 根本没有帮助。

　　6) B형의 경우 공간을 나눈 것에 대한 거부감은 없습니까?
　　　　你对B型的划分空间有何看法?

① 단어를 이해하는 데에 도움이 되어 좋다. 好, 有助于理解单词。

② 공간을 나눈 것은 좋으나 어떻게 보아야 할 지 그 방법을 잘 모르겠다.

划分空间是好, 但不知道应该怎么看?

③ 공간을 나누지 않은 것이나 공간을 나눈 것이나 이해하는 데 있어 별 차이가 없다.

不管划不划分空间, 对于理解单词没有差别。

④ A형보다 더 복잡해서 이해하기 어렵다. 比A型更复杂, 很难理解。

7) A형의 사전과 B형의 사전의 장점이나 단점은 무엇입니까?

你认为A型词典和B型词典的优点和缺点各是什么?

① A형의 장점 A型的优点 :

② A형의 단점 A型的缺点 :

③ B형의 장점 B型的优点 :

④ B형의 단점 B型的缺点 :

❛ 감사합니다 ❜

저자 **정연숙**

부산대학교 문학박사
현 부산대학교 기초교육원, 국어국문학과 강사, 한국해양대학교 한국어 강사
저서 『언어와 사회, 그리고 문화』(공저)
　　　『열린 생각과 말하기』(공저)
논문 「우리말 셈숱월의 통어의미론적 연구」
　　　「'인간관계'를 나타내는 관용 표현의 인지의미적 접근」
　　　「한국어 학습 사전에서의 의미 관계 기술의 문제」

한국어 학습사전의 내용 구조

초판 인쇄 2009년 12월 15일 | **초판 발행** 2009년 12월 31일
지은이 정연숙
펴낸이 이대현 | **편집** 추다영
펴낸곳 도서출판 역락 | **등록** 제303-2002-000014호(등록일 1999년 4월 19일)
주소 서울시 서초구 반포4동 577-25 문창빌딩 2층
전화 02-3409-2058(영업부), 2060(편집부) | **팩시밀리** 02-3409-2059
전자우편 youkrack@hanmail.net
ISBN 978-89-5556-746-5 93710

정가 15,000원
■잘못된 책은 교환해 드립니다.